에코그라피

ÉCHOGRAPHIES

에코그라피

텔레비전에 관하여

자크 데리다, 베르나르 스티글레르 | 김재희, 진태원 옮김

차례

『에코그라피』 재출간에 부쳐

프랑스의 철학자 자크 데리다(1930~2004)와 그의 제자인 베르나르 스티글레르(1952~)의 대담을 묶은 『에코그라피』 번역 초판이 출간된 것은 지난 2002년이었다. 그 이래로 많은 변화가 있었다.

우선 이 책의 필자 중 한 사람인 자크 데리다가 2004년 췌장암으로 사망했다. 20세기 후반 프랑스 철학계뿐 아니라 전 세계적인 인문학 담론을 주도했던 인물 중 한 사람인 데리다가 사망함으로써, 보통 '프랑스 철학' 또는 '포스트 담론'으로 불리는 20세기 후반 철학 및 인문학의 가장 중요하고 혁신적인 운동은 막을 내리게 되었다. 루이 알튀세르, 자크 라캉, 미셸 푸코, 질 들뢰즈, 장프랑수아 리오타르, 자크 데리다 같은 위대한 이름과 결부되어 있는 이 철학 운동에 대해서는 앞으로 국내외에서 많은 연구와 토론, 비평들이 이루어질 것이다. 다만 이 운동에서 데리다의 작업, 특히 그의 『그라마톨로지』에서 수행된 혁신적인 작업이 불러일으킨 효과를 국내에서는 제대로 인식하거나 활용하지 못하고 있는 듯하여 아쉬움이 많이 남는다. 앞으로 기회가 되는 대로 『그라마톨로지』를 통해 펼쳐진 데리다의 철학이 얼마나 광범위한 잠재력을 지니고 있는지 소개해 볼 계획이다.

또 다른 변화는 이 책의 또 다른 필자인 베르나르 스티글레르가 세계적인 기술철학자로 부상했다는 점이다. 이 책이 국내에 출판될 당시만 해도 그는 아직 신진 학자 중 한 명에 불과했지만, 이제는 프랑스만이 아니라 미국을 비롯한 세계 학계에서 현대의 대표적인 기술철학자 중 한 사람으로 널리 인정받고 있다. 스티글레르는 『기술과 시간』(2001년까지 3권이 출간되었고, 앞으로 몇 권의 연작이 더 출간될 계획이다.), 『상징적 빈곤에 대하여』(2002; 2013년 2판) 등과 같은 저작을 통해 데리다의 그라마톨로지 이론과, 후설·하이데거의 현상학, 질베르 시몽동의 기술철학, 마르크스의 정치경제학 비판 등을 결합하여 독창적인 기술적 사유를 전개하고 있다. 국내에서도 앞으로 그의 저작에 좀 더 많은 관심을 기울일 필요가 있다.

이 책이 출간된 이후 국내에 읽을 만한 데리다 번역이 여러 권 출간된 것도 기억해 둘 만한 일이다. 이 책이 나온 당시만 해도 국내에 번역된 데리다 책들 중에는 원서 없이 읽을 수 있는 번역본을 거의 찾아볼 수 없었다. 『입장들』이라는 제목의 대담집이나 『다른 곳』 정도가 어느 정도 읽을 만한 번역본이었다. 하지만 그 이후 국내에는 이 책의 공역자 중 한 사람인 진태원의 번역으로 『법의 힘』이나 『마르크스의 유령들』 같은 데리다 후기 사상의 대표작들이 소개되었고, 『목소리와 현상』, 『정신에 대해서』 같은 주요 저작들 역시 충분히 독서 가능한 좋은 번역으로 출판되었다. 따라서 이제 국내 독자들도 얼마간의 집중력과 인내심을 가지고 있다면 데리다 사상에 직접 접할 수 있게 되었다.

그렇다고 해도 이 책은 여전히 나름대로 충분한 가치를 지니고 있다고 생각한다. 초판 옮긴이 서문에서도 말했듯이, 이 책의 미덕 중 하나는 후기 데리다 사상에 대한 좋은 입문서 역할을 할 수 있다는 점이다. 『법의 힘』, 『마르크스의 유령들』, 『우정의 정치』 같은 저작을 중심으로 데리다는 마르크스에 대한 새로운 독서와 법과 정의, 폭력의 관계에 관한 독창적인 성찰을 제시함으로써 현대 정치철학 연구의 새로운 지평을 제시해 주었다. 또한 『불량배들』 같은 저작에서는 도래할 민주주의라는 개념을 바탕으로 자유민주주의를 넘어서는 민주주의의 방향을 모색한 바 있다. 『에코그라피』는 독자들이 데리다의 정치사상에 쉽게 접근할 수 있는 중요한 길잡이가 될 수 있다.

더 나아가 스마트폰이나 인터넷 등으로 대표되는 현대의 정보 통신 기술과 매체 및 이미지의 문제에 관해 데리다와 스티글레르의 매우 흥미롭고 독창적인 논의를 살펴볼 수 있다는 점 역시 이 책이 지닌 중요한 장점이다. 두 사람의 대화를 따라가다 보면 독자들은 어느새 자신이 우리 삶의 핵심적인 지점에 다가와 있음을 깨닫게 될 것이다.

역자들은 이 책을 번역할 당시 대학원에 재학 중인 학생이었는데, 이제 학교를 졸업하고 각자 직장에서 전문적인 연구에 전념하고 있다. 이 책을 번역하면서 진행했던 독서와 세미나 등이 두 사람의 현재 학문 연구에 큰 밑거름이 된 것은 두말할 나위가 없다. 그런 만큼 이 책이 다시 출간되어 새로운 독자를 만나게 된 것이 역자들로서는 큰 기쁨이다. 많은 독자들이 이 책을 통해 데리다의 사상에 대하여, 현대의 정보 통신 이론과 매체 이론에 대하여 유익한 통찰을 얻을 수 있게 되기를 바란다.

초판과 마찬가지로 재판에서도 책을 내기 위해 많이 애써 준 민음사 편집부 여러분께 깊이 감사드린다.

2014년 2월
옮긴이

『에코그라피』에 대하여
── 옮긴이 서문

이 책은 자크 데리다와 그의 제자 베르나르 스티글레르의 대담 등을 묶어 프랑스의 갈릴레 출판사에서 1996년에 펴낸 책을 우리말로 옮긴 것이다.

이 책의 원제인 "Échographies de la télévision: Entretiens filmés"는 우리말로 옮기기가 무척 까다로운데, 무엇보다 '에코그라피(éhographie)'라는 단어가 복합적인 뜻을 지녔기 때문이다. 이 단어는 주로 의학 분야에서 널리 사용되는 용어로, 육안으로 식별하기 어려운 신체 내부의 상태(예컨대 임산부 배 속 태아의 상태나 안구 내부의 상태 등)를 고주파를 통해 진단하는 방법을 가리키며, '초음파 진단법'이나 '초음파 조영법' 등으로 번역된다. 따라서 이 의미를 그대로 적용하면, 이 책의 제목은 '텔레비전의 내부에 대한 정밀한 검사 및 진단'이라는 의미로 이해될 수 있을 것이다.

하지만 데리다와 스티글레르는 이런 의학상의 의미뿐 아니라 'écho-'라는 접두어가 지닌 의미상의 묘미까지 살려 이 단어를 사용한다. 즉 '메아리', '반향', '반응'과 같은 뜻을 지닌 écho라는 단어는 두 존재 사이의 공명을 통한 상호 작용이라는 의미를 함축하고 있다. 또한 상호 작용의 집행자들이 인간과 기계 장치로서의 텔레비전이라는 것을 감안하면, 이 말은 여기에서 한 걸음 더 나아가 인간과 기계 사이의 인터페이스라는 의미까지도 포함할 수 있을 것으로 생각된다. 그렇다면 에코그라피라는 제목은 바로 인간과 텔레비전 사이의 상호 작용, 인터페이스의 기록이라는 의미로 이해될 수 있을 것이고, 이를 우리말로 직역하면 "텔레비전의 반향 기록: 촬영된 대담" 정도가 될 것이다.

이런 측면에서 생각해 본다면 데리다와 스티글레르가 이 책에 굳이 이런 생소한 제목을 붙인 의도는, 텔레비전으로 대표되는 현대의 영상 매체 바깥에서 그와 거리를 둔 채 '초월적 위치'에서 비판하는 것이 아니라, 텔레비전이라는 매체에 직접 참여하여(본문에서 소개되고 있는 것처럼, 데리다와 스티글레르의 대담은 프랑스 국립시청각연구소(INA)에서 촬영 녹화되었다고 한다.) 영상 매체가 촉발하고 있는 변화를 체험하고, 더 나아가 이러한 변화를 일방적으로 거부하기보다는 이 변화의 조건과 가능성, 한계를 내재적으로 평가하자는 데서 찾을 수 있을 것이다.

여기에서 우리는, 텔레비전을 비롯한 영상 매체(및 보다 일반적으로는 기술) 바깥의 공간이 여전히 존재할 수 있으며 이 바깥의 초월적 공간에서 영상 매체들을 비판할 수 있다는 생각은 원격 기술의 시대에 더 이상 불가능할 뿐만 아니라, 지적·정치적으로도 바람직하지 않다는 이들의 공통된 생각을 읽을 수 있다. 그리고 이런 점에서 이 책의 원제는 이들의 생각을 잘 표현해 준다.

*

현재 우리나라의 지적 상황을 고려해 볼 때 이 책의 의의는 무엇보다도 데리다의 최근 작업에 대한 좋은 입문서가 된다는 데서 찾을 수 있다. 1990년대 이후 데리다는 『마르크스의 유령들』(1993)을 비롯한 여러 저작들을 통해 법과 정치, 세계화와 유럽, 마르크스주의의 상속과 민주주의의 문제, 정치적 난민과 환대의 윤리·정치, 『성경』의 종교적 전통(들) 및 유한성·장래·책임 등에 관해 주목할 만한 논의들을 제시해 왔다. 이 작업들은 그 자체로도 중요한 철학적 의미를 지니고 있지만, 특히 '현실 사회주의'의 종언 이후 폭력적으로 전개되고 있는 신자유주의적 세계화에 대한 좌파적 대응의 한 전범을 보여 준다는 점에서 각별한 의의를 지니고 있다.

그런데 국내에는 데리다의 이름이 많이 거론되고, 그에 관한 해설서도 몇 권 번역되어 있지만, 데리다 저서의 국역본들 중에는 논의를 제대로 파악하기 어려울 정도로 오역이 심한 것들이 많다. 그래서 대다수의 국내 독자들은 그의 작업들의 실제 면모를 제대로 접하기 어려웠다. 이런 사정 때문에 한편으로는 포스트모더니즘 일각의 뜬금없는 열광에 의해, 다른 한편으로는 리처드 로티나 하버마스, 또는 일부 트로츠키주의자들 등의 (일방적) 비판을 통해 그의 굴절되고 왜곡된 면모만이 부각되어 왔다. 이런 상황에서 이 책은, 『입장들』(1972)이 데리다의 초기 저작들에 대한 훌륭한 입문서 역할을 했던 것처럼, 데리다의 최근 작업에 대한 좋은 안내자 역할을 해 줄 수 있을 것으로 생각된다.

더욱이 논의의 난해함과 치밀함으로 정평이 나 있는 데리다의 다른 저작들에 비해 이 책은 대담이라는 형식을 통해 비교적 쉬운 어법으로 데리다의 생각을 표현해 주기 때문에, 데리다 사상에 익숙하지 않은 독자들이나 많은 철학적 훈련을 거치지 않은 독자들도 집중력을 가지고 이 책을 읽는다면 데리다의 사상에 좀 더 쉽게 접근할 수 있을 것이다.

이런 의미 이외에도 이 책은 매체 및 기술(技術) 일반에 관한 데리다의 체계적인 진술을 담고 있다는 점에서 특기할 만하다. 사실 「『기하학의 기원』 서론」(1962)이나 『그라마톨로지』, 『기록과 차이』(1967)

같은 초기 저작들에서부터 『마르크스의 유령들』이나 『신앙과 지식』 (1996) 같은 최근 저작들에 이르기까지 데리다의 작업에서 매체 및 기술의 문제는 중요한 위치를 차지하고 있었지만, 이 문제에 관해 데리다가 이처럼 포괄적인 진술을 하는 것은 이 책이 거의 유일하다고 볼 수 있다.

이는 정보 통신 기술과 생명 공학의 비약적인 발전에 따라 점점 더 우리의 삶에 대한 기술의 규정력이 증대되어 가는 상황에서 데리다(와 스티글레르)가 철학적으로 개입할 필요성을 느꼈기 때문일 것이다. 더욱이 현재의 기술적 발전은 1989년 이후 세계 정치·경제 질서의 급격한 전환이라는 정세와 맞물려 신자유주의적 세계 체제를 더욱 강화하는 데 일조하고 있기 때문에, 이런 종류의 개입의 필요성은 더 절실했을 것이다.

따라서 이 책은 한편으로는 그동안 그다지 주목받지 못했던 매체 및 기술에 관한 데리다의 사상에 보다 체계적으로 접근할 수 있는 기회를 제공해 준다는 점에서, 그리고 다른 한편으로는 기술·매체의 비약적인 발전에 따라 기존의 사고 범주들 및 행위의 가치 체계의 타당성이 상실되거나 약화되고 있는 상황에서, 점점 더 기술·매체적 틀에 따라 재편되고 있는 세계를 보다 적절하게 인식하고 효과적으로 개입하기 위해 필요한 것은 무엇인가에 관해 가치 있는 시사점을 제공한다는 점에서 국내의 논의에 얼마간 기여하는 바가 있을 것이다.

*

마지막으로 한 가지 지적해 두고 싶은 것은 이 책은 데리다의 단독 저서가 아니라, 데리다와 스티글레르라는 두 사람의 철학자가 텔레비전을 비롯한 현대의 원격 기술의 발전을 화두로 삼아 매체에 의한 현실의 (재)구성, 문자 매체와 영상 매체의 관계, 세계화와 국민·인종 갈등, 원격 기술의 발전에 따른 정치의 변화, 증거와 증언, 상속과 기억 등과 같은 여러 문제들에 관해 깊이 있는 논의를 펼치고 있는 공동 저서라는 점이다.

이 책의 중추를 이루는 대담에서 데리다의 상대역을 맡고 있는 베르나르 스티글레르는 현재 콩피에뉴(Compiégne) 기술 대학의 교수로 재직하고 있는 프랑스의 철학자로, 기술에 관한 주목할 만한 연구를 통해 프랑스뿐만 아니라 구미 학계에서 많은 주목을 받고 있는 기술 철학자이다. 그의 대표적인 저작으로는 『기술과 시간(La technique et le temps)』(1994~2001)이 있고, 그 외에도 기술과 관련된 다수의 논문들이 있다.

스티글레르의 작업은 『그라마톨로지』(1967) 등에서 시도되었던 초기 데리다의 기록학(grammatologie)의 문제 설정에서 출발하여, 한편으로는 후설, 하이데거 등의 현상학적 철학의 전통과 앙드레 르루아구랑(André Leroi-Gourhan)이나 질베르 시몽동(Gilbert Simondon) 같은 프랑스 기술 철학의 대가들의 작업을 융합하고, 다른 한편으로는 이에 기초하여 현재의 기술적 진화의 양상들을 이론적으로 분석·종합하는 데 초점을 두고 있다.

이처럼 기술 문제에 관해 오랫동안 연구해 온 전문적인 연구자이기 때문에 스티글레르는 현대 기술에 관해서는 데리다보다 훨씬 더 풍부한 지식과 정보를 지니고 있고, 때로는 데리다가 미처 깨닫지 못하고 있는 점들에 대해 날카로운 통찰력을 보여 준다. 데리다와의 대담에서도 스티글레르는 단순히 피동적인 질문자의 역할에 머물지 않고 대담의 전체적인 방향을 인도해 가면서 데리다의 생각을 보충하고 발전시키는 한편, 때로는 데리다의 생각을 자기 나름의 관점에서 정정하려는 모습도 보여 준다.

따라서 이 대담을 이끌어 가는 스티글레르의 역할을 공정하게 평가하고, 몇 가지 주제들에 관해 데리다와 스티글레르 사이에서 나타나는 미묘한 의견 차이를 놓치지 않기 위해서는 이 책의 구성에서 스티글레르가 차지하는 위상을 간과하지 말아야 한다. 양자 사이의 의견의 차이는 단순히 두 사람의 개인적인 견해 차이를 보여 주는 것이 아니라, 그동안 해체론을 풍부하게 만들어 온 해체론 내부의 다양한 스타일 및 사유 경향의 한 지표를 나타내는 것이고, 더 나아가 해체론의 장래에 관한 새로운 문제 제기의 시작을 표현하는 것이기도 하다. (이는 특히 스티글레르의 마지막 글에서 잘 나타나 있다.)

　　*

　국내에 번역된 데리다의 (최근) 저작들이 양적으로나 질적으로 부족하기 때문에, 국내의 독자들에게는 데리다의 논의가 생소하게 느껴질 수 있고, 어떤 부분에서는 알튀세르가 얼마간 전도된 방식으로 사용하던 스피노자의 표현을 빌리자면 "전제 없는 결론" 같은 인상을 줄 수도 있을 것 같아, 책의 원래 성격에 비추어 본다면 다소 많은 옮긴이 주를 달았다. 너무 개괄적인 것 같아 마음에 걸리지만, 데리다의 저작을 많이 접해 보지 못한 독자들에게 얼마간 도움이 될 수 있기를 바란다. 진태원과 김재희가 각각 전반부와 후반부를 맡아 번역했지만, 전체 번역 원고 및 옮긴이 주의 교열은 진태원이 맡았다. 따라서 번역 및 옮긴이 주에 대한 책임은 전적으로 진태원에게 있다.
　이 작은 책을 내면서 여러분들께 신세를 많이 졌다. 서울대 철학과의 김상환 선생님께서는 책의 번역을 주선해 주시고 여러 차례에 걸쳐 번역의 진행을 독려해 주셨다. 김현동, 박응석, 김혁기, 김문수 등은 이 책과 관련된 세미나에 참여해 활발한 토론과 문제 제기로 번역에 많은 도움을 주었다.

끝으로 민음사 편집부의 이수영 씨가 아니었다면 이 책은 훨씬 더 많은 비문과 난문, 오역으로 얼룩졌을 것이다. 게으른 옮긴이들을 추궁하고 독려하면서 좋은 책을 내기 위해 애쓴 이수영 씨에게 각별한 고마움을 전한다.

2002년 봄
김재희·진태원

1부
인공적 현재성

인공적 현재성*

…… 오늘날 자신의 시대를 사유한다는 것은(특히 자신의 주제에 대해 공적으로 말하는 위험을 감수할 때는 더욱 그렇습니다만) 이전보다 더욱더 공적인 말하기의 시간 자체가 인공적으로 생산된다는 사실을 확인하고 활용한다는 것을 의미합니다. 이는 하나의 인공물(인공적 사실, artefact)입니다. 이러한 공적인 행동의 시간은 그 사건 자체 속에서 언론 매체 장치에 의해 계산되고 제약되며 '양식화'되고 '주도'됩니다.(시간이 없으니 이 단어들을 사용하기로 합시다.) 이는 거의 무한한 분석을 요하는 것입니다. 여러분에게 물어보겠는데, 만약 어떤 사람이 아주 혼란스럽게도 정보나 통신이라 불리는 것의 원격 기술(télétechnologie)¹의 결

---

* 이 글은 데리다와의 대담(《파사주(*Passages*)》 57, 1993. 9)에서 발췌했다. 대담은 스테판 두아일리에(Stéphane Douailier), 에밀 말레(Éile Malet), 크리스티나 드 페레티(Cristina de Peretti), 브리지트 좀(Brigitte Sohm), 파트리스 베르메렝(Patrice Vermeren)과 이루어졌다.(이 대담의 영어 완역본이 "The Deconstruction of Actuality: An Interview with Jacques Derrida"라는 제목으로 *Radical Philosophy* 68(Autumn, 1994)에 수록되어 있다 ─ 옮긴이)

1 (옮긴이) technologie나 technology는 보통 발음대로 '테크놀로지'라고 하거나 '기술공학'이라고 번역되지만, 이 책에서는 '기술'이라고 번역했다. 이는 기술에 대한 데리다의 관점이, technologie를 '테크놀로지'나 '기술공학'이라고 옮길 때 전제되어 있는 관점과 일치하지

과로 그 구조와 내용이 끊임없이 변화하고 있는 어떤 공적인 공간, 따라서 정치적인 어떤 현재에 대해 우선적으로 주목하지 않는다면, 어떻게 오늘날 자신의 시대를 사유할 수 있고 특히 거기에 대해 말할 수 있겠습니까?

…… 도식적으로 말하자면 …… 현재성 일반을 만들어 내는 것에는 두 가지 특징이 있습니다. 다소 모험적이긴 하지만, 이에는 인공적 현재성(artefactualité)과 현재적 가상성(actuvirtualité)이라는 두 개의 합성어를 제시해 볼 수 있을 것입니다. 첫 번째 특징은 엄밀히 말하자면 현재성이 만들어진다는 점입니다. 이것이 무엇에 의해 만들어지는가를 알기 위해서라도, 이것이 만들어진다는 사실을 알고 있어야 합니다. 이것은 주어지는 것이 아니라, 항상 위계화하고 선별하는 작위적이거나 인공적인 다수의 장치들('주체들'과 행위자들(현재성의 생산자들이자 소비자들인 이들은 또한 때로는 '철학자들'이며, 항상 해석자들입니다.)이 결코 충분히 지

않기 때문이다. 이 후자의 용어들은 모두 근대 또는 현대적 기술과 근대 이전의 기술 사이에는 일종의 '단절' 내지는 '패러다임 교체'가 존재한다는 것을 전제하고, 근현대적 기술의 특징을 산업 및 과학적 활동과의 체계적인 연관에서 찾고 있다. 따라서 이런 관점은 산업과 과학의 매개체라는 점에서 근현대적 기술, 즉 technologie의 특징을 찾고 있으며,(다양한 실행 방식들로서의 techniques을 규정하고 조건 짓는 일종의 응용과학적 지식의 체계) 이에 따라 technologie의 범위 역시 이런 분야로 한정하고 있다.

하지만 이 책 전반에 걸쳐, 그리고 초기의 저작들 이래 현재까지 전개되고 있는 데리다의 관점에 따르면 기술은 생명체 자체의 성립에 필수적인 (**유사초월론적**) 매개를 이루는 것이고(이를 가장 잘 보여 주는 것 중 하나가 '원기록(archi-écriture)'이라는 초기 데리다의 '개념'이다.) 따라서 인간을 비롯한 모든 생명체의 구성적 토대(support)로 **항상 이미** 작용하고 있는 것이다. 그러므로 전근대적 기술과 근현대적 기술 사이의 단절이라는 기준에 따라 technique과 technologie를 구분하는 것은 부차적인 의미만을 지닌다. 더 나아가 데리다의 관점에 따르면 기술은 인간 자신의 실존적 (또는 오히려 실존론적) 구성 조건을 이루는 것이기 때문에, (대상으로서의) 자연과 (주체로서의) 인간 사이의 매개 영역에 한정되는 것이 아니라, 알파벳 체계와 같은 문자 기록 등도 기술에 포함되고, 재판 같은 사법 활동 역시 자신에 고유한 기술(technologie로서)을 전제한다.(이 책 2부의 「기억 행위들」 참조) 이런 관점 때문에 데리다 자신이 이 책 전반에 걸쳐 technique과 technologie를 구분하지 않고 섞어 쓰고 있으며, 따라서 이 책에서는 technique과 technologie 모두 '기술'이라고 번역하는 게 옳다.

각하지 못하고 있는 세력들과 이익들을 위해 활용되는 장치들)에 의해 능동적으로 생산되고 가려지고 투여되며 수행적으로 해석됩니다. '현재성'이 준거하고 있는 '현실(réalité)'이 아무리 독특하고 환원 불가능하고 완강하며 고통스럽거나 비극적이라 해도, 이는 항상 허구적인 공정을 통해 우리에게 도착합니다. 우리는 경계를 늦추지 않는 반(反) - 해석과 저항 등의 노고를 통해서만 이를 분석할 수 있습니다. 당대의 철학자에게 날마다 신문을 읽어야 함을 환기시켰다는 점에서 헤겔은 옳았습니다. 오늘날에는 철학자가 동일한 책임 의식을 가지고 어떻게, 그리고 누구에 의해 일간지와 주간지, 텔레비전 뉴스가 만들어지는지 알아내야 합니다. 반대쪽에서, 통신사나 텔레비전 프롬프터(방송 진행자에게 대본을 띄워 주는 작은 모니터 ─ 옮긴이) 쪽에서도 볼 필요가 있습니다. 이러한 지표의 범위 전체를 결코 잊지 말아야 합니다. 어떤 기자나 정치가가 우리의 눈을 똑바로 쳐다보면서 우리에게 말을 건네고 있는 것처럼 보일 때, 그(또는 그녀)는 다른 시간에, 때로는 다른 사람들에 의해, 그리고 심지어는 일군의 익명적인 문안 작성자들에 의해 다른 곳에서 만들어진 텍스트를 '프롬프터'가 화면에 비춰 주는 대로 읽고 있는 것입니다.

　…… 어떤 비판적 문화, 일종의 교육이 '필수적일' 테지만, 나는 두어 가지 원칙적인 주의 사항을 추가하지 않고서는 결코 '필수적일 것'이라고 말하지는 않을 것이며, 시민 및 철학자의 이러한 의무에 대해서도 말하지 않을 것입니다.

　첫 번째 것은 국민적인 것과 관계됩니다. …… 현재성〔뉴스〕²을 '형성하는' 검색기들에는 다른 모든 위계들(볼거리 위주이고 독해력이 필요없

2　(옮긴이) 프랑스어에서 actualité, 특히 복수로 사용된 actualités는 관용적으로 '뉴스'나 '시사'를 의미한다. 따라서 여기에서 데리다는 actualité에 포함되어 있는 '현재성'과 '뉴스'의 이중적 의미를 활용하여, "미디어에 의한 현재성의 구성 및 조작"이라는 자신의 논지를 전달하고 있다.

　　　　　　　　　　　　　　　　　　인공적 현재성

다고 가정되는 순서로 나열하자면, 우선 스포츠가 있고 다음으로는 정치적 문제가 아니라 '정치인', 그리고 '문화적인 것'이 있습니다.)을 과잉 규정하는[3] 국민적인 것과 지역적인 것, 지방적인 것(또는 서양적인 것)에 대한 근절될 수 없는 특권이(가속화되고 있는 (하지만 모호한) 국제화에도 불구하고) 존재합니다. 이러한 특권은 국민과 국민어, 국민적인 코드 및 스타일과의 근접성과 (공적인 것으로 가정되는) 관심에서 멀리 떨어져 있는 것으로 간주되는, 한 무더기의 사건들을 부차적으로 만들어 버립니다. 정보에 관해 '뉴스[현재성]'는 자생적으로 민족 중심적(ethnocentrique)이어서, 모든 국민주의적인 정념이나 교리나 선언에 앞서, 때로는 자국의

---

3 (옮긴이) 프로이트에게 빌려 와 알튀세르가 사용한 '과잉 규정(surdétermination)' 개념은 원래는 마르크스의 예상과는 달리 20세기 초반 유럽의 후진국이었던 러시아에서 사회주의 혁명이 발생한 이유를 '이론적으로 설명'하려는 목적 아래 고안된 개념이었다. 역사유물론의 일반적인 문제 설정에서 보자면 이 개념은 역사적 인과 관계의 복합성을 해명함으로써, 제2인터내셔널 이래의 진화주의적 경제주의와 헤겔주의적 목적론 양자를 넘어서려는 목표를 지니고 있다. 따라서 이 개념은 처음에는 토대에 대한 상부 구조의 반작용(또는 역규정)이나 사회적 심급들의 (상대적) 자율성을 해명하기 위한 이론적 토대였으며, 이런 의미에서는 '다원 규정', '중첩 규정'이라고 번역될 수도 있다.

하지만 이후 과소 규정(sousdétermination) 개념과의 불가분한 연관성이 명시되면서, 이 개념은 훨씬 '해체적인' 의미를 갖게 된다. 즉 두 가지 개념이 상호 연관되어 쓰일 경우 과잉 규정은 '이행을 가능하게 하는 정세적 조건'으로, 과소 규정은 '이행을 불가능하게 하는 정세적 조건'으로 이해될 수 있는데, 이때 중요한 것은 이 양자가 동시에 작용한다는 점이며, 이는 **이행**의 아포리아적 성격을 부각시킨다.(알튀세르의 '과잉 규정 – 과소 규정'에 대한 좀 더 상세한 논의는 진태원, 「과잉 규정, 이데올로기, 마주침: 알튀세르와 변증법의 문제」, 진태원 엮음, 『알튀세르 효과』(그린비, 2011) 참조) 따라서 이는 어떤 체계의 가능성의 근거는 **동시에** 그 체계의 불가능성의 조건을 구성한다는 데리다의 유사 – 초월론적(quasi-transcendental) 문제 설정과 '유사한' 개념적 함의를 가진다.(이는 복합적이면서도 중요한 쟁점이기 때문에 여기에서 논의하기는 어렵다. 데리다의 유사초월론에 관해서는 진태원, 「시간과 정의: 벤야민, 하이데거, 데리다」, 《철학 논집》34, 2013 참조) 이런 관점에서 본다면 데리다가 알튀세르의 여러 개념 중 과잉 규정 개념을 가장 선호하는 것은 당연한 논리적 귀결이다.

이 개념은 보통 '과잉 결정'이라고 번역되지만, 데리다가 결정(décision)과 규정(détermination)을 체계적으로 구분하여 사용하고 있기 때문에, 용어적 일관성을 위해 '과잉 규정'으로 번역한다.

문제에서도, 그리고 심지어는 이러한 '뉴스'가 '인권'에 대해 말할 때에도 외국의 경우는 배제합니다. 일부 언론인들은 이러한 법칙에서 벗어나기 위해 귀중한 노력을 기울이고 있지만, 이는 충분할 수 없으며, 최종 심급에서는 직업적 언론인들에 의해 좌우되지도 않습니다. 특히 구래의 국민주의들이 가장 '발전된' 언론 매체 기술을 활용함으로써 새로운 형태를 취하고 있는 오늘날,(구 유고슬라비아의 공영 라디오와 텔레비전 방송은 이것의 충격적인 사례 중 하나에 불과합니다.) 이를 망각해서는 안 됩니다. 지나가는 김에 말해 두자면, 일부의 사람들은 민족 중심주의에 대한 비판이나 또는 (그 이미지를 과도하게 단순화하면서) 유럽 중심주의에 대한 해체를 문제 삼고 폄하해야 한다고 믿어 왔습니다. 오늘날에도 여전히 도처에서 상당수의 이런 목소리들이 들리고 있는데, 이는 마치 바로 유럽의 중심부에서, 즉 경제적이고 국민적인 현실성과 '현재성'만 있을 뿐인 오늘날 동맹자나 적대자 모두에게 시장의 법칙만이 유일하게 작용하고 있는 어떤 유럽에서, 민족이라는 이름 아래 자행되는 모든 살육에 눈감고 있는 듯이 보입니다.

하지만 항상 그렇듯이 비극은 어떤 모순, 어떤 이중적 요구에서 비롯됩니다. 즉 정보의 원천들의 명백한 국제화는 대개는 정보 및 방송 자본들에 대한 전유와 독점화에서 출발하여 이루어집니다. 걸프전 당시 발생했던 일을 상기해 보기 바랍니다. 이것이 〔제국주의적 폭력에 대한〕 자각 및 어떤 점에서는 반역의 표본적 순간을 나타낼 수도 있다는 사실 때문에, 중동 및 다른 지역의 모든 분쟁에서 나타나는 이러한 폭력의 일반성 및 지속성을 간과해서는 안 됩니다. 따라서 어떤 경우에는 이처럼 명백하게 국제적인 동질화에 대한 '국민적' 저항이 필수적일 수도 있습니다. 이것이 첫 번째 복합적인 논점입니다.

두 번째 주의 사항은 이러한 국제적인 인공적 현재성, '현재성의 효과'에 대한 독점화, 그리고 '사건들을 창조해 내는' 인공 현재적인 권력들의 집중이 '생생한'[4] 통신, 또는 이른바 실시간 속에서 현재 곧바로 이루어지는 통신〔생방송이나 생중계〕 기술의 발전들을 수반할 수 있다는 점입니다. '대담'이라는 연극적인 장르는 이와 같은 '직접적'이고 생생한 현존(現前, présence)이라는 우상을 적어도 허구적으로는 추종하고 있습니다. 신문은 독서와 가치 평가 및 교육에 대한 책임을 다하는 글보다는 저자의 사진이 곁들여진 대담을 싣는 것을 항상 선호합니다. 하지만 우리가 '생생한' 통신의 새로운 자원들(비디오 카메라 따위)의 신비화를 비판하면서도 그것들을 포기하지 않으려면, 어떻게 해야 하겠습니까? 우선 '생생한' 통신과 '실시간'이 결코 순수하지 않다는 것, 즉 그것들은 우리에게 해석이나 기술적 개입이 들어 있지 않은 어떤 직관이나 투명성, 지각도 제공해 주지 않는다는 것을 환기시키고 증명함으로써 그렇게 할 수 있을 것입니다. 그리고 이러한 증명은 이미 그 자체로 철학을 필요로 하고 있습니다.

마지막으로 방금 전에 제가 지적했던 것처럼, 인공적 현재성에 대한 필수적인 해체는 알리바이로 이용되어서는 안 됩니다. 모의물[5]의 과잉에 굴복해서는 안 되며, 또는 미혹의 미혹, 사건의 부인[6]이라 불릴 수

---

4 (옮긴이) en direct는 방송과 관련해서는 '생중계'라는 의미로 이해되어야 하지만, 문자 그대로는 '직접적으로'라는 의미이다. 여기에서는 이 두 가지 의미가 동시에 포함되어 있다.

5 (옮긴이) simulacre 개념은 다의적인 의미를 지니고 있기 때문에 (예컨대 보드리야르와 들뢰즈가 사용하는 (나중에는 이 개념을 포기하기는 하지만) simulacre는 전혀 의미가 다른 개념이다.) 우리말로 적절하게 번역하기는 어렵다. 하지만 이 책에서 데리다가 사용하고 있는 simulacre나 simulation의 의미는 일반적으로 이해되는 의미와 크게 다르지 않기 때문에, 각각 '모의물(模擬物)'과 '모의 작용'으로 번역했다.

6 (옮긴이) 부인(否認, dénégation)은 프로이트의 개념인 Verneinung의 프랑스어 번역어로서, 특히 1954년 자크 라캉과 저명한 헤겔 연구가인 장 이폴리트의 토론(이폴리트의 발제문과 라캉의 논평은 모두 Ecrits(Seuil, 1966)에 수록되어 있다.) 이후 프랑스 정신분석학자들 및 철학자들에 의해 널리 사용되고 있는 개념이다. 이는 의식적인 부정이 실은 무의식적 긍정을 함축함을 의미한다. 프로이트가 드는 사례에 따르면 피분석자가 자신의 꿈속에 나타난 인물이 자신의 어머니가 아니라고 부정하는 것은 사실은 그 인물이 바로 그의 어머니라는 긍정을 지시하는 것이다. 따라서 정신 분석에서 이 개념은 피분석자가 자신의 무의식 속

있는 것 속에 존재하는 모든 위협을 중화시켜도 안 됩니다. 즉 어떤 사람들은 "모든 것, 심지어는 폭력과 고통, 전쟁과 죽음마저도 이 언론 매체 장치들에 의해, 그것들을 위해 구축되고 허구화되고 구성되며, 따라서 어떤 것도 [실제로] 발생하지 않으며, 오직 모의물과 미혹만이 존재할 뿐이다."라고 말하고 있습니다. 인공적 현재성에 대한 해체는 가능한 한 멀리까지 수행하되, 다른 한편으로 이러한 비판적인 신관념론에 대해서는 철저하게 경계해야 합니다. 일관된 해체는 독특성[7]에 대한

에서 억압하고 있는 것을 인식할 수 있는 수단의 지위를 갖고 있다.

7 (옮긴이) 독특성(singularité)은 구조주의 이후의 프랑스 철학자들(알튀세르, 라캉, 들뢰즈, 데리다, 바디우, 장뤽 낭시 등)에 의해 가장 널리, 그리고 가장 다양하게 사용되고 있는 개념 중 하나이며, 따라서 구조주의 이후 프랑스 철학의 특징을 가장 잘 드러내 줄 수 있는 개념 중 하나이다.

일상 어법에서 singularité나 singulier는 다른 것들과 구분되는 어떤 개체의 고유한 특성을 가리키거나 평범한 것과 구분되는 유별난 것, 특이한 것을 가리키는 의미로 많이 사용되는데, 데리다는 독특성을 기원의 부재, 따라서 원초적 동일성의 부재라는 그의 철학의 가장 기본적인 통찰에 의거하여 이해하고 있다. 데리다 철학에서 기원 내지 원초적 동일성은, 자신의 (불)가능성의 조건으로서 타자에 의한 매개 작용을 항상 이미 전제하고 있기 때문에, 흔히 이해하는 것과는 정반대로 **파생된** 것이다. 그러므로 기원은 매개에 의해, 선험적인 것은 후험적인 것, 초월론적인 것은 경험적인 것, 현존은 부재에 의해 **항상 이미** 오염되어 있다. 이러한 **원초적 오염/혼합**의 사태는 모든 고유성/독특성에 대한 해체적 효과를 낳는다.

(1) 따라서 만약 독특성이 일상적인 의미에서의 '특이한'이나 '고유한'으로 이해된다면, 데리다 철학에서 독특성을 위한 자리는 남지 않게 된다. 특이성이나 고유성이 그것 자체로 확인되고 인정되기 위해서는 특이성이나 고유성은 항상 일반성으로 포섭 내지는 번역되어야 하며, 이는 그 고유성의 해소, 환원을 의미하기 때문이다.

(2) 하지만 만약 이러한 해소, 환원의 위험을 피해 독특성을 존중한다는 명목으로 모든 번역과 해석, (재)전유의 시도를 포기한다면, 독특성은 일체의 가지성(可知性)을 박탈당하게 되며, 이는 결국 독특성의 이론적, 실천적 가능성을 봉쇄하는 결과를 낳게 될 것이다.(이 경우 독특성은 합리성으로부터 근원적으로 배제되기 때문에 남아 있는 유일한 선택지는 예견과 계산 속에서 통제된 사건들, 즉 모의물들뿐일 것이다.)

(3) 따라서 독특성을 사유하기 위해서는 한편으로 기입과 전송, 번역, (재)전유의 불가피성을 긍정하면서도 동시에 이러한 (재)전유 속에서 환원 불가능한 독특성이 가능하고, 항상 이미 발생한다는 것, 또는 오히려 기입과 전송, 번역, (재)전유가 환원 불가능한 독특성의 (불)가능성의 조건이라는 것을 보여 줄 수 있어야 한다.

이런 조건들에 따라 이해된 독특성은 분-유되는 것, 즉 스스로를 전달하고 드러낼 수 있기 위해 스스로를 (독특성과 일반성으로) 분할하고 차이화하는 것, 이처럼 분할됨으로써

사상이며, 따라서 사건에 대한, 그리고 사건에서 마지막까지 제거될 수 없는 것으로 보존되는 것에 대한 사상임을 명심해야 하며, 또한 '정보'는 모순적이고 이질적인 과정임을 명심해야만 합니다. 이전에도 자주 그랬던 것처럼 정보는 전환될 수 있고 또 그래야 하며, 지식과 진리, 그리고 도래할 민주주의의 대의를 위해, 그리고 이것들에 의해 지휘되는 모든 문제들을 위해 사용될 수 있고 또 그래야 합니다. 인공적 현재성이 아무리 인공적이고 조작적이라 하더라도, 도래하는 것의 도래에 대해, 도래를 전달하는 것이며 또 도래가 그리로 향해 가고 있는 것인 사건에 대해, 그리고 비록 마지못해 그런 것이긴 하지만 인공적 현재성이 증언하게 될 것〔즉 도래하는 것의 발생〕에 대해, 순응하거나 순종하게 되리라는 희망을 우리는 지니고 있어야 합니다.

만 그 자신으로 존재하는 것이다.(독특성에 관한 뛰어난 논의에서 새뮤얼 웨버는 벤야민의 '아우라'를 이런 의미에서의 독특성의 한 사례로 제시하고 있다. Samuel Weber, "Goings On", *Mass Mediauras: Form, Technics, Media*(Stanford UP., 1996) 참조)

본문에서 데리다가 말하고 있는 '죽음의 독특성'은 데리다의 『죽음의 선사(*Donner la mort*)』(1992)의 논의에 의거하고 있다. 이에 따르면 죽음의 독특성은 어느 누구도 '나의 죽음'을 대신할 수 없다는 것, 즉 하이데거가 말한 것처럼 "죽음은 모든 경우마다 나 자신의 것"이라는 데서 비롯되며, 이러한 대체 불가능성이 바로 자아의 가장 고유한 가능성, 절대적 독특성을 구성한다. 그리고 누구도 대신해 줄 수 없는 죽음을 떠맡는 데 바로 말의 엄밀한 의미에서 '책임'이 존재한다. 그런데 하이데거를 비판하면서 레비나스가 말하듯이 이 책임은 타자의 죽음에 직면하여 생겨나는 것이지, 본래적 현존재의 기투에서 비롯되는 것은 아니다. 다시 말해 하이데거가 생각하듯이 죽음은 단순한 '사멸' 내지는 '비존재'를 의미하는 것이 아니며, 이보다 훨씬 근원적인 체험으로서 '타자의 죽음', '타자를 위한 죽음'을 의미한다. 이런 의미에서 책임(responsabilité)은 나의 가장 깊은 곳에서 들려오는 타자의 부름에 대한 '응답(réponse)'의 가능성과 다름없다.

singularité는 국내에서는 주로 '특이성'이나 '단독성' 등으로 번역되고 있는데, 전자는 수학적, 물리학적 용어법을 그대로 차용하고 있지만, 개념적 내용만이 아니라 어법상으로도 singularité의 역어로 사용하기에는 부적절하다. 후자는 키르케고르의 실존주의적 용어법을 차용하고 있는데, 데리다의 (최근) 철학에서 실존주의에 대한 성찰이 중요한 부분을 차지하고 있다는 점을 감안하면 일리가 있는 역어이지만, singularité의 차원을 '인간 실존'의 차원에 국한시킨다는 점에 문제가 있다. 위에서 살펴본 것처럼 singularité는 일반적인 존재론적 차원에서 이해되어야 개념적 의의가 충분히 드러날 수 있다. 따라서 이 글에서는 기존의 역어 대신 '독특성'이라는 용어를 singularité의 역어로 사용한다.

…… 만약 시간이 충분했다면 저는 '현재성'의 다른 특징에 대해, 오늘 도착하는 것, 오늘 현재성에 도착하는 것의 다른 특징에 대해 강조했을 것입니다. 단지 인공적 합성(합성 이미지, 합성음, 현실적 현재성을 대체할 수 있는 모든 보결용[8] 보충물들)만이 아니라, 무엇보다도 가상성[9] 개념(가상 이미지, 가상 공간 및 가상 사건)에 대해 강조했을 것입니다. 우리는 분명 더 이상 이 개념을, 사람들이 얼마 전까지 잠재태와 현실태, 즉 뒤나미스(dynamis)와 에네르게이아(energeia), 그리고 질료의 잠재성과, 목적(telos) 및 진보 등에 따라 〔질료를〕 규정하는 형상을 구분했던 것처럼 철학적으로 태평하게 현재적 현실성에 대립시킬 수는 없습니다. 이러한 가상성은 생산된 사건의 구조에 직접 새겨지며, 이미지, 담론, '정보'의 시간 및 공간, 요컨대 앞서 말한 현재성, 가정되고 있는 현재성의 현존의 집요한 현실성에 우리를 연결해 주는 모든 것을 변형시킵니다. 오늘날 '자신의 시대를 사유하는' 철학자라면 다른 어떤 것보다도 이러한 가상적 시간의 함의들 및 결과들에 주의를 기울여야 합니다. 그것의

---

8 (옮긴이) prothèse, prosthesis는 보철(補綴)이나 의족(義足), 의수(義手) 같은 인공 장기를 뜻하는데, 데리다나 스티글레르는 이를 좀 더 일반적인 의미로 사용한다. 이들에 따르면 prothèse는 처음에는 존재했으나 이후에 사라진 어떤 결함을 메우기 위한 인공적 장치가 아니라, 처음부터 존재하지 않는 **기원적 결핍, 결핍으로서의 기원**을 보충하기 위한 장치를 가리킨다. 이는 기술에 대한 이들의 관점에서 비롯되는 것으로, 이들에 따르면 기술(tekhne)은 자연(physis) 이후에 오는, 인간에 의해 '도구로서' 발명된 어떤 것이 아니라, 인간의 존재론적 조건을 이루는 기원적 결핍을 메움으로써 인간의 존재 자체를 구성하는 것이다.(이에 대한 자세한 논의는 Stiegler, *La technique et le temps, tome 1: La faute d'Épiméthée*(Galilée, 1994) 참조) 기원적 결핍을 메운다는 이런 의미를 염두에 두고 여기에서는 prothèse와 prothètique를 '보결', '보결용', '보결적인' 등으로 번역했다.

9 (옮긴이) virtualité는 서양 철학에서 actualité와 대비되어 대개 '잠재성'이라는 의미로 쓰여 왔지만, 최근에는 정보 통신 기술의 비약적인 발전으로 인해 주로 '가상성'이라는 의미로 사용되고 있다.
　'인공적 현재성'이나 '현재적 가상성'이라는 조어를 통해 분명히 드러나는 것처럼 여기에서 데리다의 논점은 원격 기술에 의해 시공간이 재구성되는 '현재의 세계'에서 '현재성'은 전통적인 용법에서처럼 '잠재성'으로서의 virtualité와 대립되는 것이 아니라, 그 자체가 가상적으로 구성된다는 것이며, 따라서 현재성은 동시에 가상성이라는 것이다.

기술적 작동 방식의 새로움뿐만 아니라, 이 미증유의 것이 상기시키는 아주 오래된 가능성들에 대해서도 말입니다.

…… 오늘날의 텔레비전이나 라디오, 신문에서는 지식인들이 질질 시간을 끌거나 다른 사람들의 시간을 낭비하는 것이 용인되지 않습니다. 현재성 속에서 변화되어야 할 것은 바로 리듬입니다. 언론 매체 종사자들은 시간을 전혀 낭비하지 않는다고 간주되고 있습니다. 그들의 시간만이 아니라 우리의 시간도 말입니다. 적어도 그들은 대개 그럴 것이라고 확신합니다. 그들은 시간의 가치는 아닐지라도 시간의 비용은 알고 있으니까요. 하지만 일반적으로 그러하듯이 지식인들의 침묵에 대해 비난하기 전에, 이 새로운 언론 매체적 상황에 대해, 그리고 리듬의 차이의 효과들에 대해 질문해 볼 필요가 있지 않겠습니까? 적어도 말의 특정한 리듬과 형태들이 지배하는 곳에서 이런 리듬의 차이는 어떤 지식인들(꼭 필요한 분석을 해내기 위해 좀 더 시간이 필요하며, 사태의 복잡성을 그들에게 부과된 발언 조건들에 끼워 맞추려 하지 않는 사람들)을 침묵으로 몰아갈 수 있으며, 그들의 말을 틀어막거나 아니면 그들의 목소리가 다른 이들의 소음 속에 파묻히게 만들 수 있습니다. 이러한 상이한 시간, 언론 매체들의 시간은 특히 공적인 발언과 개입의 상이한 공간, 리듬, 간극, 형태들, 그리고 상이한 분포를 산출합니다. 가장 공개적인 화면에서 보이지 않고 읽히지 않고 들리지 않는 것은 당장은 아닐지라도 결국에는 능동적이고 효과적일 수 있으며, '슈퍼마켓'의 진열대처럼 훤히 드러나는 곳에서 일어나는 일을 보고 있다고 믿으면서 자신이 보는 것과 현재성을 혼동하는 사람들에게만 드러나지 않을 뿐입니다. 어쨌든 공적 공간의 이러한 변혁은 이에 대응하는 작업을 요구하고 있는데, 저는 이러한 작업이 이미 이루어지고 있으며, 사람들이 너무 익숙해져서 제대로 주목받지 못하는 곳에서도 얼마간 감지되고 있다고 믿습니다. 신문과 뉴스를 읽고 듣고 보고 또한 분석하는 사람들의

침묵은, 신문과 뉴스가 자신들의 법칙에 따라 말하지 않는 모든 사람들에 대해 귀가 먹은 것처럼 보이는, 또는 그렇게 되어 버리는 바로 그 지점에서 가장 두드러지게 나타납니다. 따라서 관점을 뒤집어야 합니다. 즉 사이비 현재성〔뉴스〕에 대한 모종의 언론 매체적 소음은 〔제일 중요한 문제에 대한〕 침묵으로 생겨나는 것이며, 이는 말하고 행동하는 모든 이를 침묵시킵니다. 하지만 어떤 식으로든 들리게 마련입니다. 우리가 귀 기울일 줄 안다면 말입니다. 이것이 바로 시간의 법칙인데, 이는 현재의 것에게는 두렵겠지만, 항상 희망의 여지를 남겨 두며, 비동시대적인 것(intempestif)을 고려하게 해 줍니다. 여기에서 반론권의 (따라서 민주주의의) 현실적인 한계들에 대해 말해야 하는데, 이러한 한계들은 모든 교묘한 검열 이전에 공적인 시간과 공간에서, 그리고 언론 매체 권력을 행사하는 자들에 의한 공적인 시간과 공간의 기술적 구획에서 비롯됩니다.

그렇지만 만약 제가 이러한 〔화제의〕 중단 내지는 이러한 태도(이는 다른 〔반론의〕 방식과 마찬가지인데, 왜냐하면 이것들은 진정 자신의 시대를 사유하는 방식들이기 때문입니다.)를 기꺼이 취하려고 한다면, 이는 사실은 제가 모든 가능한 답변의 방식들을 시도하려고 하기 때문일 것입니다.[10] 제가 이 대담에 응함으로써 여러분의 질문에 응답하고 있는 것처

---

10 (옮긴이) 여기에서 데리다는 원래 대담에는 나와 있지만, 이 책에 수록되면서 빠진 대담자들의 질문에 답하고 있다. 앞의 생략 표시된 부분에서 대담자들은 데리다에게 "좀 더 구체적인 문제로 돌아가 보는 것이 어떻겠습니까?"라고 질문했는데, 데리다는 이에 대해 즉각 "여러분은 제가 요점에서 벗어났다고 생각합니까? 여러분의 질문을 회피하면서요?" 하고 반발하면서, 이 지점까지 대담자들의 질문을 '중단'시킨 뒤 언론 매체에 의한 시공간의 조작 및 그에 대한 저항의 필요성에 대해 우회적인 논의를 전개하고 있다. 따라서 여기에서 데리다의 말은 자신의 이러한 우회, '화제의 중단'은 언론 매체적 현재성에 대한 책임 있는 답변의 시도 또는 '태도'로 간주되어야 함을 뜻한다. 참고로 "이러한 〔화제의〕 중단(pause)이나 이러한 태도(pose)"라는 구절에서 pause와 pose는 프랑스어에서 발음이 동일한데, 데리다는 여기에서 pause와 pose의 발음의 동일성과, '중단'과 '태도'의 내용적 연관성을 함께 고려하고 있는 것으로 보인다.

인공적 현재성

럼 말입니다. 이러한 책임을 떠맡기 위해서는 적어도 대담이 무엇을 그리고 누구를 지향하고 있는지 알아야 합니다. 특히 상이한 방식으로 상이한 리듬에 따라 상이한 장소들에서 자신의 문장들을 상이하게 계산하면서, 책을 쓰고 가르치고 출판까지 하는 사람일 경우에는 더 그렇습니다. 대담은 스틸 사진같이 순간적인 모습, 고정된 이미지를 제공해 주어야 한다고들 합니다. 어떤 사람이 마치 궁지에 몰린 짐승처럼 어느 날 어느 곳에서 어떤 대담자들과 싸우는 이유는 바로 이 때문입니다. 예컨대 현재성 및 매 순간 세상에 일어나는 것에 대해 사람들이 그에게 말할 때, 그리고 사람들이 이 문제에 대한 그의 생각을 두 단어로 말해 달라고 요구할 때, 그는 쫓기고 있는 짐승처럼 자기 굴 속으로 뒷걸음질 치면서 여기저기 장애물들을 만들어 놓습니다. 유보하고 지연시키고 되풀이하면서 그들을 미로에 빠뜨리는 거지요. 그는 "잠깐만요, 이게 그렇게 단순하지 않습니다."라고 말하거나(이는 항상 사태가 보기보다 훨씬 단순하다고 생각하는 우둔한 자들을 늘 당황스럽게 하고 웃음거리로 만들지요.) 아니면 "사람들은 때로는 도피하기 위한 수단으로 사태를 복잡하게 만들지만, 단순화하는 것이 훨씬 더 확실한 도피 수단이지요."라고 말하면서 온갖 수단을 다 써서 제자리에서 맴돕니다. 여러분은 이런 모습을 상상해 볼 수 있을 겁니다. 여러분이 제게 던진 질문에 대해 제가 취할 만한 태도가 바로 이런 것입니다. 이는 순전히 충동적인 것도, 완전히 계산된 것도 아닙니다. 이것은 어떤 질문이나 어떤 사람에 대한 응답을 거부하지 않고, 오히려 바로 응답을 위해 가능한 한 최대로 그것들의 간접적인 조건들이나 비가시적인 우회들을 존중하려는 시도입니다.

…… 어떤 철학자는 현존의 가치가 의미하고 전제하거나 은폐하는 것을 그 밑바닥에 이르기까지 질문해 보지 않은 채, 현재하는 것에, 스스로를 현재 현재화하는 것에, 지금 발생하는 것에 몰입할 수도 있을 것입니다. 이런 사람이 현재의 철학자일까요? 그렇기도 하지만 아니기

도 합니다. 다른 철학자는 정반대의 태도를 취할 수도 있습니다. 다시 말해 이 세계 속에서, 또는 그 주위에서 현재 발생하는 것에 대해 조금도 개의치 않은 채 현존이나 현재하는 것에 관한 성찰에 전념하는 것이죠. 이런 철학자가 현재의 철학자일까요? 아니기도 하고 그렇기도 합니다. 하지만 저는 현재의 철학자라는 이 이름에 걸맞은 어떤 철학자도 이러한 양자택일을 받아들이지 않을 것이라고 확신합니다. 철학자가 되고자 하는 모든 사람들처럼 저 역시 현재하는 것을 포기하고 싶지 않으며, 현재하는 것의 현존에 대해 사유하는 것도 포기하고 싶지 않고, 또한 예컨대 우리가 조금 전에 인공적 현재성이라고 불렀던 것 속에서 이것들을 우리에게 선사하면서 또한 감추는 어떤 것에 대한 경험을 포기하고 싶지도 않습니다. 현존과 현재하는 것이라는 이 모티프에 어떻게 접근할 수 있겠습니까? 이 주제를 탐구하기 위한 조건들은 무엇입니까? 이 질문들은 무엇에 참여하고 있는 것입니까? 이러한 서약[11]은 결국 직접적으로든 간접적으로든 모든 것을 지휘하는 법칙이 아니겠습

---

11 (옮긴이) engagement은 프랑스어에서 '참여'를 의미하며, gage에는 '서약', '맹세'라는 의미가 있다. 하지만 여기에서 사용되고 있는 engagement, gage 등의 용법을 좀 더 정확하게 이해하기 위해서는 『정신에 대하여: 하이데거와 질문(De l'esprit: Heidegger et la question)』(Galilée, 1987), 147~154쪽에 걸쳐 있는 긴 각주를 참조해야 한다. 이 각주에서 데리다는 하이데거의 「언어의 본질(Das Wesen der Sprache)」, Unterwegs zur Sprache(Pfullingen, 1959)에 나오는 Zusage라는 단어(데리다는 이 단어의 다의성 때문에, 이 단어를 번역하지 않은 채 그대로 사용하고 있다.)에 주목하면서, 이 단어가 모든 질문에 선행하는 근원적인 '긍정'과 '약속', '수락'(이는 모두 Zusage의 가능한 의미들이다.)을 가리키고 있다고 말한다. 다시 말해 존재와 언어, 또는 기타 모든 것의 본질에 대한 질문, 더 나아가 '모든 질문 일체'는 항상 이미 언어에 대한 근원적인 서약, 긍정(gage)에 참여하고(en-gage) 있으며, 이러한 '전–기원적인 **서약에의 참여**(l'en-gage, 이는 프랑스어에서 '언어'를 뜻하는 langage와 발음이 동일하다.)가 모든 질문의 가능성을 이루고 있다는 것이다. 따라서 모든 질문에 선행하는 질문, '질문의 질문', 또는 '문제의 문제'는 모든 질문에 앞서 스스로를 전달하는 타자의 약속과 긍정 내지는 수락에 대한 참여와 책임의 문제가 된다. 현재의 맥락에서는 '현존'과 '현재하는 것'이라는 주제(즉 '문제')를 탐구하기 위한 조건, '현재의 철학자'가 되기 위한 조건은 비동시대적인 사건, 타자의 도래에 대한 '참여', '책임 있는 응답'을 암시하는 것으로 보인다.

인공적 현재성

니까? 정의상 이 법칙은 접근 불가능하며 모든 것을 넘어서 있습니다.

…… 현재하는 것에 대해 말한다는 것은 무엇을 의미합니까? 분명히 제가 현재성 및 제도 정치, 또는 정치 자체의 문제들에 몰입해 있다는 것을 보여 주기는 쉬울 것입니다. 사례들과 참고 사항들, 이름, 날짜, 장소 따위를 나열하면 되니까요. 하지만 저는 이처럼 손쉬운 언론 매체적 선동에 굴복하고 싶지 않고, 또 자기 합리화를 위해 이 대담을 이용하고 싶지도 않습니다. ……

하지만 저는 많은 경우 이른바 현재성에 대한 비동시대적인 접근법들이 현재하는 것에 가장 '몰입해' 있다는 점을 기억해 두려 합니다. 다시 말해 철학자가 현재에 몰입한다는 것은 아마도 계속해서 현재하는 것과 현재성을 혼동하지 않음을 의미할 것입니다. 현재성에 비연대기적[12] 방식으로 접근한다고 해서 오늘날 가장 현재적으로 존재하는 것을 놓치지는 않습니다. 〔현재성의〕 난관이나 위험, 기회, 계산 불가능한 것은 아마도 제시간에 도래하는[13] 어떤 비동시대성의 형태를 취할 것입니다. 다른 것이 아닌 바로 이것, 정확하게〔정의롭게〕 시간에 맞춰 도래하는 것의 형태 말입니다. 정확한〔정의로운〕 까닭은 그것이 비연대기적이고 〔연대기적 시간에서〕 탈궤되어 있기 때문입니다.(항상 척도를 벗어나며, 정확성이나 표준적인 적용과 무관하고, 자신이 지휘하도록 되어 있는 법 자체에 대해서까지도 이질적인 정의처럼 말입니다.)[14] 이는 현재성의 현재보다 더

---

12 (옮긴이) anachronique는 관용적으로는 '시대착오적'이라는 의미이지만, 데리다가 사용하는 anachronique는 ana-chronique, 즉, '연대기적인 시간 질서에 어긋나는, 거기에서 벗어나는'의 의미라는 점을 감안해서 '비연대기적인'으로 번역했다.

13 (옮긴이) venir à temps은 말 그대로 하면 '시간에 도래하는'을 뜻한다. 즉 '연대기적 시간에 비연대기적 방식으로 도래하는'의 의미이다.

14 (옮긴이) 이 문장에서 justice à le temps은 일반적으로는 '정확하게 시간에 맞춰'를 의미하지만 이 경우에는 동시에 '정의롭게 시간에 맞춰'라는 의미도 포함하고 있다. 즉 데리다의 주장은 '정확한, 제시간에 맞는'의 진정한 의미는 연대기적 시간에 따른 정확성이 아니라 연대기적 시간을 위반하고 일탈하는 비연대기적 시간이며, 이러한 비연대기적 시간은 '역사

현재적이며, 역사 속으로의 타자의 틈입을 나타내는 독특한 일탈에 더 부합합니다.

이러한 틈입은 항상 비동시대적이거나 예언적인, 또는 메시아적인 형태를 취하고 있지만 열광이나 장관(壯觀)을 필요로 하지는 않습니다. 이것은 거의 드러나지 않을 수도 있습니다. 우리가 조금 전에 말했던 이유들 때문에, 오늘의 현재-이상의 것[15]에 대해 우리에게 가장 많이 말해 주는 것은 일간 신문들이 아닙니다. 물론 주간지나 월간지도 마찬가지입니다.

…… 현재성의 긴요한 요구들에 대한 책임 있는 응답에는 이런 주의 사항들이 필요합니다. 그것은 이러한 비동시대성의 불일치, 불균형 또는 불협화음을 요구하며, 이러한 비연대기성의 정의로운 탈궤(정확한 부정확성, juste désajustement)를 요구합니다. 지연시키고 거리를 두고 지체시키면서도 동시에 촉진시켜야만 합니다. 현재성을 가로질러 발생하는 것에 가장 가까이 다가가기 위해서는 반드시 이렇게 해야 합니다. 매 순간 동시에 이렇게 해야 하는데, 이는 또한 매번 각각 다른 순간이며, 최초이면서 최후이기도 합니다. 어쨌든 저는 초현재적인 것(hyperactuel)을 비연대기적인 것과 결합시키는 움직임들을 사랑합니다.(이것들이 극히 드물고, 심지어 불가능하기까지 하며, 어쨌든 계획될 수 없다 하더라도 말입니다.) 이러한 스타일들의 결합이나 융합을 선호하는 것이 단지 취향의 문제에 불과하지는 않습니다. 이는 응답이나 책임의 법

속으로 타자의 틈입'을 의미하기 때문에 곧 정의로운 시간이라는 것이다. 이는 곧 데리다가 이 문장에서 '정확한 시간' 및 '정확성'이라는 단어를 사용하여 일종의 **수행적 진리 효과**, 즉 글쓰기/말하기 과정 속에서 단어의 관용적인 용법이 스스로 전도되고 전환되는 효과를 산출하려고 시도하고 있다는 것을 의미한다. 따라서 독자들은 이런 효과를 주의하면서 글을 읽을 필요가 있다.

15 (옮긴이) 프랑스어에서 plus-que-parfait는 '대과거', 영어로 치면 과거완료를 의미한다. 따라서 plus-que-présent은 말 그대로 하면 '현재 이상의 것'이지만, 또한 '가장 현재적인 것'이라는 뜻도 포함하고 있다.

인공적 현재성

칙이며, 타자의 법칙입니다.

…… 이는 우리를 다시 보다 철학적인 수준의 답변으로 이끌어 가는데, 우리는 현재나 현존이라는 주제에 대해 말하면서 대담을 시작했지요. 그런데 이러한 주제는 또한 차이[16]에 대한 주제이기도 한데, 사람들은 이것이 지연과 중립화와 유예를 선호하며, 따라서 현재의 긴급성, 특히 윤리적이거나 정치적인 긴급성을 너무 약화시킨다고 비판하곤 했습니다. 나로서는 긴급성과 차이 사이에 어떤 대립이 존재하는지 잘 모르겠습니다. 그와는 정반대라고 말해야 할까요? 하지만 이 또한 너무 단순할 듯합니다. 차이는 하나의 관계(하나의 전달하기[17])(이는 다른 것, 즉 타자성이라는 의미에서 차이 나는 것, 따라서 타자성, 타자의 독특성과의 관계입니다.)를 표시하면서 동시에 또한 (그리고 관계를 표시한다는 사실 자체에 의해) 전유/고유화 불가능한[18] 것이고 뜻밖의 것이며, 따라서 긴급하

---

16 (옮긴이) différance는 보통 차연(差延)으로 번역되지만, 이는 différance를 사용한 데리다의 원래 취지에 잘 부합하지 않는다. 데리다가 프랑스어의 différer라는 동사가 '연기하다, 지연하다'라는 의미와 '다르다'라는 의미를 모두 지닌다는 점에 착안하여, 이 양자의 의미를 모두 포함하는 différance라는 말을 사용했으므로, 차이(差異)와 연기(延期)라는 두 단어의 머릿글자를 결합한 차연이라는 번역어는 différance의 이중적 의미를 직접적으로 환기시킨다는 장점을 지니고 있다. 하지만 이는 différance가 지니고 있는 의미론적 측면만을 고려한 번역일 뿐이며, différance라는 말이 지니고 있는 또 다른 중요한 측면을 간과하고 있다. 데리다가 différance라는 말을 사용하는 근본적인 이유 중 하나는 différance가 '차이'라는 뜻을 지닌 différence와 **음성상**으로 구분되지 않으며, 따라서 서양의 로고스 중심주의적 - 음성 중심주의적 형이상학의 전통에 대한 해체의 가능성을 나타내는 **기록학적 표지**가 될 수 있기 때문이다. 이런 점에서 본다면 différance에서 의미론적 측면은 오히려 부차적이라고 할 수 있다. 이런 의미에서 différance를 '**차이**'라고 번역했다.

17 (옮긴이) différence에서 -fférence는 '운반, 옮김, 전달' 등의 의미를 가지고 있는 라틴어 ferre에서 유래한 것이다. 따라서 동명사형으로 쓰인 **전달하기**(férance)는 '전달하기, 옮기기' 등을 뜻한다. 그리고 différance나 revenance, restance 등과 마찬가지로 férance 역시 중간태로서 수동과 능동의 의미를 모두 가지고 있다는 점도 염두에 두어야 한다.

18 (옮긴이) appropriation, expropriation, exappropriation은 데리다가 서로 연관시켜 자주 사용하고 있는 개념들이다. appropriation은 일반적으로는 '어떤 것을 자기 것으로 소유하여 지님'이라는 의미를 지니며, expropriation은 '어떤 이로부터 재산 따위를 빼앗음'이라는 의미를 지니고 있다. 이에 따라 보통 각각 '전유', '수탈', '몰수' 등으로 번역된다. 하지만

고 예견 불가능한 것이기도 한 도래하는 것, 도착하는 것과 관계를 맺고 있습니다. 그러므로 차이의 사상은 또한 긴급성의 사상이며, 다르기 때문에 내가 회피할 수도 전유할 수도 없는 것의 사상입니다. 사건, 사건의 독특성, 바로 이것이 차이입니다.(이 때문에 나는 앞에서, 사건이 언론 매체에 의해 인공적으로 현재화된다는 구실 아래 사건을 중립화하려는 것과 차이는 전혀 다르다고 말했습니다.) 비록 그것이 또한 자신 안에 불가피하게 '동시에'라는 것,(이러한 '동시에', 이러한 '동일한 시간에'는 동일한 것이 모든 시간에 걸쳐 불일치할 시간, 즉 햄릿이 말하듯 어긋난 시간[19]이며, 탈구되고 탈궤되고 일탈되고 뒤틀리고 비뚤어진 시간입니다.) 다시 말해 재전유, 우회, 약화를 위한, 사건의 잔혹성을 완화하기 위한, 또는 아주 간단히 말하자면 그것이 귀착될 죽음을 완화하기 위한 반대 운동을 포함하

데리다는 이 두 단어 모두의 어근을 이루고 있는 propre라는 말에 주목하고 있는데, propre는 특히 '재산', '소유'라는 의미와 더불어 '고유한'이라는 의미도 포함하고 있다. 이런 관점에서 본다면 appropriation은 자기 것으로 만든다는 의미에서의 '전유'만이 아니라, '주체의 동일성'을 구성하고 확보한다는 의미에서 '고유화'라는 의미도 내포하는 셈이 되며, 데리다에게서 이는 주체의 형이상학, 동일성의 형이상학의 근본적인 운동, 또는 데리다가 자주 사용하는 용어법대로 하자면, '경제'를 표현해 주는 것이다.

그런데 데리다는 appropriation 및 expropriation과는 구분되는 exappropriation이라는 신조어를 사용하고 있는데, 이것은 데리다가 뒤에서 설명하고 있는 것처럼 일종의 '유한한 전유'를 의미한다. 다시 말해 appropriation처럼 전적인 전유 운동을 가리키는 것도 아니고, expropriation처럼 모든 것을 박탈하는, 또는 (전유에 대한 반작용으로서) 모든 소유를 포기하는 운동도 아니다. exappropriation은 데리다의 고유한 사유 방식을 나타내는 것으로, 한편으로는 동일성의 경제가 운영되는 근본 원리인 전유의 운동에서 벗어나야 할 필요성과 함께, 다른 한편으로는 탈형이상학적 운동이 순수한 '비전유' 운동을 지향하지 않도록 경계해야 할 필요성을 함축하고 있다. 즉 데리다에게서 순수한 비전유, 순수한 차이, 절대적 타자에 대한 추구는 절대적인 공백과 유한자의 완전한 소멸을 가져올 수밖에 없기 때문에, '탈전유의 운동', '탈형이상학 운동', '탈동일화 운동'은 항상 유한한 것으로 남아 있어야 한다.

그러므로 appropriation은 '전유', réappropriation은 '재전유', expropriation은 '비전유', exappropriation은 '탈전유'로 번역하겠지만, 이 개념들이 각각 '고유화', '재고유화', '비고유화', '탈고유화'라는 의미도 포함하고 있다는 점을 염두에 두어야 한다.

19 (옮긴이) '어긋난 시간(temps out of joint)'에 대한 좀 더 상세한 분석은 『마르크스의 유령들』(진태원 옮김, 그린비, 2013, 수정 2판) 중 특히 1장을 참고할 수 있다.

인공적 현재성

고 있다 하더라도 말입니다. 그러므로 차이는 도래하는 것 또는 도래할 것의 임박성에, 사건의 임박성에, 따라서 경험 자체에 호응하려고 하는 사상입니다.(경험 역시 불가피하게 '동시'와 '동일한 시간'의 관점에서, 도착하는 것에 순응하려는 경향을 지닌 한에서 그렇습니다. 따라서 이는 타자의 경제이면서 동시에 비경제[20]입니다.) 긴급함과 임박함과 촉박함과 불가피함이 없는, [차이가] 그것을 가리키면서 그것에 복종하는(se portent la référence et déférence) 타자의 예견 불가능한 도래 없이는, 차이도 존재하지 않을 것입니다.

…… 사건이란 발생하는 것 속에서 사람들이 제거하거나 부인할 수 없는 (또는 부인조차 할 수 없는) 것의 다른 이름입니다. 이는 항상 타자에 대한 경험인, 경험 자체의 다른 이름입니다. 사건은 이와 다른 어떤 개념에도, 심지어는 존재의 개념에도 포섭되지 않습니다. '있다'나 '무가 아니라 어떤 것이 있다'는 아마도 존재 사유보다는 사건의 경험에 속할 것입니다.[21] 사건의 도래는 우리가 가로막을 수도 없고 가로막아

---

20 (옮긴이) 여기에서 "타자의 경제이면서 동시에 비경제"라는 말은 '순응하려는'으로 번역한 s'approprier의 이중적 의미를 염두에 둔 말이다. 즉 앞에서 말한 것처럼 approprier는 데리다에게서 '전유하다', '고유화하다'라는 이중적 의미를 지니는데, 이런 의미에서 본다면 s'approprier는 타자를 전유/고유화하는 경제적 활동을 가리킨다. 하지만 s'approprier는 일반적으로 '순응하다'라는 뜻이며, 따라서 이 경우에는 '도착하는 것, 즉 타자에 순응한다'는 의미가 된다. 그리하여 전유/고유화 불가능한 타자/도착하는 것에 순응한다는 것은 결국 전유/고유화의 질서를 넘어선다는 의미이므로, '경험이 도착하는 것에 순응한다'는 타자를 전유/고유화하는 경제이면서 동시에 그것에서 벗어나는 비경제가 된다.

21 (옮긴이) il y a는 영어의 there is나 독어의 es gibt처럼 '～이 있다'를 의미한다. 본문에서 말하고 있듯이 데리다는 il y a의 문제를 사건의 사유로 재고찰하고 있는데, 데리다의 사건에 관한 사유는 적어도 세 가지 이상의 원천을 포함하고 있다. 먼저 초기 하이데거의 기초존재론을 비판하는 레비나스의 철학이 있다.

레비나스에 따르면 il y a는 모든 존재자들이 무화되었을 때 남아 있는 상태, 또는 '무언가가 일어나고 있다(quelque chose se passe)'는 사태를 가리킨다.(Emmanuel Lévinas, De l'existence à existant(Fontaine, 1947), 93쪽) 즉 il y a는 모든 것의 부재를 가리키지만, 이 부재는 '순수 무'가 아니라 '하나의 현존', 그것도 '절대적으로 불가피한 하나의 현존'을 가리킨다.(같은 책, 94쪽) 이런 의미에서 레비나스는 비인칭적이고 중성적인 il y a는 '존

재 일반'을 가리킨다고 말하고 있다.(*Le temps et l'autre*(1947)(Fata Morgana, 1979); 강영안 옮김, 『시간과 타자』(문예출판사, 1996), 38~45쪽) 하지만 레비나스의 il y a가 하이데거의 Sein과 동일한 것은 아니며, 오히려 하이데거 식의 존재 이해에 대한 비판을 함축한다. 여기에서 중요한 것은 정조(情調, Stimmung)인데, 왜냐하면 레비나스에게서 il y a가 가리키는 '공포(horreur)'(같은 책, 98쪽)는 하이데거 식의 현존재가 무, 근거 없음에서 체험하는 불안(Angst)과는 달리 **존재**(한다는 것)의 **공포**를 가리키기 때문이다.

   "존재는 자신의 제한 및 무와는 다른 악덕을 지니고 있지 않은가? 존재는 자신의 긍정성 자체 안에서 어떤 근원적인 악을 갖고 있지 않은가? 존재에 직면한 불안(존재의 불안)은 죽음에 직면한 불안만큼이나 원초적이지 않은가? …… 훨씬 근원적이기까지 할 텐데, 왜냐하면 존재를 위한 공포(즉 죽음에 직면한 불안)는 존재의 공포에 의해 해명될 수 있기 때문이다."(같은 책, 20쪽) 여기에서 레비나스가 말하는 존재의 공포는 죽음보다 더한 고통에 직면한 어떤 존재가 최후의 출구가 될 수 있는 죽음의 불가능성에 직면했을 때 겪게 되는 공포, 즉 죽음을 통해서도 결코 해소될 수 없는 "존재의 근본적인 부조리"(같은 책, 44쪽)를 의미하며, 이러한 단순한 있음의 상태에서 벗어나는 것이 레비나스에게서는 철학의 근본 문제가 된다.

   하지만 그렇다고 해서 데리다가 하이데거에 대한 레비나스의 비판을 전적으로 수용하는 것도 아니다. 데리다의 사건에 관한 사유에서 후기 하이데거의 es gibt, 또는 Ereignis(일반적으로는 '사건'을 뜻한다.)에 관한 사유는 레비나스 못지않은 중요성을 지니고 있다. Ereignis에 관한 하이데거의 사유는 『철학에의 기여(*Beiträge zur Philosophie*)』(1936~1938)에서 본격화되고 말년의 『시간과 존재(*Zeit und Sein*)』(1962)에서 집약적으로 표현된다. 이 후자의 글에서 하이데거는 es gibt의 관점에서 시간과 존재의 문제를 다시 사유하고자 시도한다. 다시 말해 하이데거는 파르메니데스의 esti gar einai(그것은 곧 존재다.)라는 말에서 esti를 '그것', 또는 더 나아가 '그것이 준다'로 재해석함으로써 이후의 서양의 형이상학의 존재 망각에 가려져 있는 근원적인 탈은폐의 사태를 사유하려고 시도한다. 이에 따르면 es gibt, 즉 '그것이 준다'는 것은 존재의 생성, 또는 존재의 선사를 의미하고, 이러한 존재의 선사의 시간이야말로 근원적인 시간, 즉 Ereignis로서의 근원적인 사건이다. 이를 보다 풍부하게 사유하기 위해 하이데거는 Ereignis라는 단어에 포함되어 있는 'eigen' 이라는 어간을 활용하고 있다. 이 경우 Ereignis는 존재와 시간 각자의 고유성(Eigenes)을 가능하게 하는 고유화(Zueignen), 즉 이 양자를 바로 그것이게 해 주는 양자의 상호 귀속의 사건으로 파악된다. 이 때문에 하이데거는 "주어지는 - 것으로서 현존이 생기(生起)함의 고유한 자산(Eigentum)입니다."(M. Heidegger, "Zeit und Sein", *Zur Sache des Denkens*(Max Niemeyer, 1969); 신상희 옮김, 『시간과 존재의 빛 — 하이데거의 시간 이해와 생기 사유』(한길사, 2000), 182쪽)라고 말하고 있다. 더 나아가 하이데거는 Ereignis 에는 본래적으로 Enteignis, 즉 존재와 시간을 가능하게 해 주는 그것 자체의 철회와 물러남이 존재하며, 이를 통해 Ereignis는 자신의 고유 자산을 간직한다고 말하고 있다. 즉 Ereignis는 동시에 자기 자신의 철회, 비생기를 함축하고 있다는 것을 의미하며, 이러한 자기 은폐적 탈은폐에 의해서만 Ereignis, 존재의 고유성이 보존될 수 있다는 것이다.

   데리다는 이 두 가지 사유에 대한 고찰에다가 최근에는 『증여론(*Essai sur le Don*)』

인공적 현재성

서도 안 되는, 장래 자체의 다른 이름입니다. 이는 발생하는 것은 모두 또는 어떤 것이나 다 좋기 때문에, 그것들이 그 자체로 선(善)이기 때문에 그런 것은 아닙니다. 이는 어떤 것의 발생을 가로막지 말아야 하기 때문에 그렇지도 않습니다.(이 경우에는 어떤 결정도, 어떤 책임도, 어떤 윤리나 정치 또는 그 외의 어떤 것도 없을 것입니다.) 이는, 우리가 보기에 장래를 차단하거나 죽음을 가져온다고 생각되는 사건들에 대해서만, 그리고 사건의 가능성을, 타자의 도래를 위한 긍정적인 개방을 종결시킨다고 생각되는 사건들에 대해서만 우리가 대립할 수 있기 때문입니다. 사건의 사상이 항상 어떤 메시아적 공간(이것이 극히 추상적이고 형식적이며 불모적이라 하더라도, 그리고 그럴 수밖에 없으리라고 생각되는 것과는 달리 거의 '종교적'이지 않다 하더라도)을 여는 것은 바로 이 지점에서입니다. 또한 메시아에 대한 이런 의존이 법과 구분되는 정의와 분리되지 않는 것도 바로 이 지점에서입니다.(제가 『법의 힘』과 『마르크스의 유령들』[22]에서 제안한 것처럼 말입니다. 법과 정의의 구분은 이 책들의 근본적인 주장입니다.) 만약 사건이 도래하는 것, 발생하는 것, 돌발하는 것이라면,[23] 이 도래하기는 '존재'하지 않는다고, 그것은 존재의 어떤 범주로도 귀착되지 않는다고 말하는 것만으로는 충분치 않습니다. 명사(도래)도 명사화된 동사(도래하기)도 그것들이 유래하는 '도래 중임'[의 의미론적 잠재력]을 소진시키지는 않습니다. 나는 때때로 다른 곳에서 이러한 종류의 수행적 부름에 대해 분석해 보려고 했는데, 이러한 호소

(1924)에 제시된 마르셀 모스의 인류학적, 사회철학적 사상 및 유대-기독교 전통의 메시아 사상(타자의 도래)을 결합하여 기술과 종교, 정치와 윤리, 경제와 상징적 질서 등과 관련된 여러 분야에서 매우 주목할 만한 논의를 전개하고 있다.(이에 관한 간단한 소개는 이하의 옮긴이 주들을 참조하기 바란다.)

22 진태원 옮김, 『법의 힘』(문학과지성사, 2004); 진태원 옮김, 『마르크스의 유령들』(이제이북스, 2007).

23 (옮긴이) 장래/도래(avenir), 발생(advenir), 돌발(survenir)은 모두 '오다, 다가오다, 도래하다'는 의미를 지닌 venir 동사를 어근으로 갖고 있다.

는 존재하는 어떤 것의 존재에도 굴복하지 않습니다. 타자를 향한 이러한 호소는 단순히 타자를 욕망하는 것도 질서짓는 것도 아니고 그에게 간청하는 것도 요구하는 것도 아닙니다. 비록 그것이 타자를 알리며 이후에 이 모든 것들을 가능하게 할 수 있다 하더라도 말입니다. '도래 중임'으로부터 사건을 사유해야지 그 역은 아닙니다. '도래 중임'은 타자에 대해, 아직 인격체들로, 주체들로, 평등한 자들(적어도 계산할 수 있는 평등이라는 의미에서)로 규정되어 있지 않은 타자들에 대해 이야기됩니다. 이러한 '도래 중임'의 조건 아래에서 도래, 사건, 도착하는 것 및, 따라서 (이것이 타자로부터 도착하므로) 선취될 수 없는 것의 경험이 존재합니다. 메시아주의에 앞서는 이러한 메시아적인 것에 대해서는 기대의 지평조차 존재하지 않습니다. 만약 기대와 선취, 계획의 지평이 존재한다면, 사건도 역사도 존재하지 않을 것입니다.(이는 역설적이게도 그리고 같은 이유들 때문에 우리가 모든 합리성으로부터 결코 배제할 수 없는 가설입니다. 어떤 기대 지평의 부재를 사유한다는 것은 거의 불가능에 가깝습니다.) 따라서 사건과 역사가 존재하기 위해서는 어떤 '도래 중임'이 개방되어야 하며, 누군가에게, 그러니까 제가 미리 주체, 자아, 의식으로, 심지어는 동물이나 신 또는 어떤 인격체나 남자나 여자나 생명체나 비생명체로 규정할 수 없고 규정해서도 안 되는 어떤 타자에게 전달되어야 합니다.(우리는 어떤 유령을 불러올 수 있어야만 하며, 예컨대 그에게 호소할 수 있어야 합니다. 하지만 저는 이것이 그저 하나의 사례일 뿐은 아니라고 믿습니다. 모든 '도래 중임'의 기원이나 결말에는 아마도 망령 및 '다시 도래 중임'[24]이 존재할 것입니다.) 그가 누구이든 간에 '도래 중'이라고 이야기되

---

24 (옮긴이) revenant은 revenir(되돌아오다)에서 유래한 말로서, 말 그대로 하면 '되돌아오는 것'을 뜻하며 일반적으로는 '유령'이라는 의미로 사용된다. spectre, revenant, fantôna 모두 '유령'의 동의어들이며, 데리다 자신도 일반적인 맥락에서는 구분해서 사용하지 않는다. 하지만 데리다가 이 책 뒷부분의 「유령 기록」에서 이 세 단어를 구분해서 사용하기 때문에, 각각 유령, 망령, 환영으로 번역했다. 그러나 문맥상 유령으로 번역하는 것이 이

인공적 현재성

는 어떤 이, 누구는 미리 규정되어서는 안 됩니다. 이러한 절대적 환대를 받을 만한 자는 이방인이고 신참자입니다. 저는 절대적인 신참자들에게 우선 신원을 대고 정체를 밝히라고 요구해서는 안 되며, 그가 통합되는지 아닌지에 따라, 즉 그를 가족이나 국민 또는 국가 속으로 '동화'시킬 수 있을지 없을지에 따라 그를 환대하겠다고 조건을 달아서도 안 됩니다. 만약 그가 절대적인 신참자라면, 저는 그에게 어떠한 계약을 제안할 수 없으며 어떠한 조건을 부과할 수도 없습니다. 저는 이렇게 해서는 안 되며, 게다가 정의상 이렇게 할 수도 없습니다. 이 때문에 여기에서 환대의 도덕과 비슷하게 보이는 것은 도덕을, 특히 법과 정치를 훨씬 넘어서는 것입니다. 제가 기술하고 있는 절대적 도착과 비슷한 생명의 탄생까지도 아마도 실제로는 이러한 절대적 도착에 꼭 들어맞지는 않을 것입니다. 가족 안에서 탄생은 예상되고 준비되고 미리 명명되며, 도착(의 새로움)을 완화시키는 상징적 공간 속에 포착되어 있습니다. 하지만 이러한 선취 및 선행적 명명들에도 불구하고 우발성은 제거되지 않으며 도착하는 아이는 예견 불가능한 것으로 남아 있습니다. 아이는 또 다른 세계의 기원에서, 또는 이 세계의 또 다른 기원에서 말하는 것처럼 자기 스스로 말합니다.

저는 오래전부터 메시아적 도착이라는 이 불가능한 개념과 씨름해 왔습니다. 저는 『아포리아』[25]와 『마르크스의 유령들』에서 적어도 이것의 기본 원칙을 엄밀하게 해 보려고 했습니다. 가장 어려운 것은, 적어도 잠정적이고 교육적으로만이라도, 이러한 '메시아적'이라는 관형사를 정당화하는 것입니다. 선험적인 메시아적 경험이 문제이지만, 이는 후험적으로 사건에 의해 규정될 어떤 것에게, 그 경험에 대한 기대 자

해하기 좋은 경우에는 세 단어 모두 '유령'으로 번역했다.

25 "Aporie. Mourir — s'attendre aux 'limits de la vérité'", *Le passage des frontières*(Galilée, 1994)(1996년 갈릴레 출판사에서 단행본으로 출간).

체 속에서 선험적으로 드러나는 것입니다. 사막 속의 사막,(하나가 다른 것을 향해 신호를 보내는) 메시아주의 없는, 따라서 종교적 교의나 교리 없는 어떤 메시아적인 것의 사막, 이 메마르고 지평 없는 기대는 성경의 위대한 메시아주의들로부터, 도착할 수 (또는 결코 도착하지 않을 수도) 있지만 정의상 내가 그에 대해 사전에 아무것도 알지 못하는(가장 수수께끼 같은 의미에서의 정의가 문제이며, 그리고 사건과 정의가 역사적 시간의 예견 가능한 연관을 절대적으로 파열시키는 것(즉 메시아적 도착)과 연결되어 있기 때문에 또한 혁명이 문제라는 것을 제외한다면) 어떤 도착자와의 관계만을 보존하고 있습니다. 종말론과 분리되어야 하는 목적론 안에서의 종말론의 파열, 이것이 항상 어렵습니다. 특정한 혁명의 상(像)이나 모든 혁명의 수사, 심지어는 어떤 혁명의 정치, 아마도 모든 혁명의 정치를 포기할 수 있겠지만, 사건과 정의를 포기하지 않고서는 혁명을 포기할 수 없습니다.

사건은 어떤 것이 발생한다는 사실로 환원될 수 없습니다. 오늘 저녁 비가 내릴 수도 있고 내리지 않을 수도 있지만, 이는 절대적 사건은 아닌데, 왜냐하면 저는 그것이 무엇인지를, 즉 비라는 것을 알고 있기 때문입니다. 적어도 제가 그것을 알고 있는 한에서 그것은 절대적으로 상이한 독특성이 아닙니다. 여기에서 발생하는 것은 도착하는 것이 아닙니다.

도착자는 절대적으로 상이한 것, 기대하지 않았던 것이리라고 제가 기대하는 것, 제가 기다리지 않은 어떤 타자이어야 하며, 그것에 대한 기대는 기대하지 않음으로부터, 철학에서 기대 지평이라 불리는 것(그 속에서 어떤 지식을 통해 도착자를 충분히 예견할 수 있고 따라서 미리 그것의 놀라움을 완화시킬 수 있는)이 빠져 있는 어떤 기대로부터 생겨납니다. 만약 제가 사건이 존재하리라는 것을 분명히 알고 있다면, 이는 사건이 아닐 것입니다. 그는 제가 만나기로 했던 어떤 이, 메시아일 수도 있고 친

인공적 현재성

구일 수도 있지만, 만약 제가 그가 도착한다는 것을 알고 있다면, 그리고 만약 제가 그가 도착하리라는 것을 확실히 알고 있다면, 적어도 이런 한에서 그는 도착자가 아닐 것입니다. 하지만 물론 제가 기다리고 있는 어떤 이의 도착도 다른 점에서 본다면 항상 새롭고 유례없는 매 순간마다 저를 놀라게 만들 수 있으며, 따라서 이는 계속해서 저에게 도착하고 있습니다. 은밀하고 비밀스럽게 말이지요. 그리고 도착자는 엘리야처럼 항상 도착하지 못할 수도 있습니다. 항상 열려 있는 이러한 가능성의 허무함 속에서, 즉 도래하지 않음, 절대적 낙담 속에서 저는 사건과 관계를 맺게 됩니다. 사건은 항상 발생하지 않을 수도 있는 것이지요.

…… 유럽 주도국들의 경제주의 또는 간단히 말하자면 그들의 경제 정책이나 심지어 통화 정책, 더 나아가 정치 자체에 대한 정당한 우려에서 출발하여 일부 좌파는 극우파의 국민주의나 반(反)유럽공동체주의와 어느덧 객관적 동맹(의도한 것은 아니지만 결과적으로 노선이 일치하게 되었다는 것 ─옮긴이)을 맺는 위치에 처하게 되었습니다. 이 시점에서 르펜(Le Pen, 프랑스 극우 정당인 '국민전선'의 당수 ─옮긴이)은 '자유 무역'이나 '경제적 자유주의'에 반대하고 나섰습니다. 이러한 기회주의적 수사법으로 그는, 유럽에서 강화되고 있는 자본주의적이고 통화주의적인 교조주의를 비판하려는 상이한 동기를 가진 좌파 쪽 사람들과 이른바 '객관적 동맹'을 맺게 되었습니다. 논의와 행동에 주의하고 이를 명료화해야만 이러한 혼합을 분리시키고 분해할 수 있습니다. 위험은 지속적으로 존재하고 있으며, 이전보다 훨씬 더 심각하고, 때로는 '객관적으로' 제거 불가능한 형편입니다. 예컨대 선거 때 그렇습니다. 비록 우리가 주어진 선거 정국에서(그런데 정확히 말해 이는 누구에의해, 어떻게 주어집니까?) 마땅히 그래야 하듯이 분석과 예상을 통해, 그리고 '선거 분석'에 포함되는 모든 것을 통해, 출판과 선언과 행동의 영역에서 구별과 분리를 예리하게 다듬어도 좌파와 우파의 반유럽공동

체 표들은 서로 결집하게 됩니다. 더구나 좌파와 우파의 친유럽공동체 표들도 마찬가지입니다. 심지어는 여러분도 알다시피 좌파적 수정주의들(쇼아[26]라는 주제와 관련된 부정주의적 수정주의들[27]이라고, 항상 그래야겠지만, 보다 분명히 말해 두겠습니다.)까지 있었는데, 이는 결국 반유대주의로 빠져 버렸습니다.(처음부터 반유대주의에 의해 고취된 것이 아니었다면 말입니다.) 이것들 중 일부는 다소간 혼동된 방식이긴 하지만 원칙적인 반이스라엘주의로부터, 또는 보다 좁혀서 말하자면 오랜 기간에 걸쳐, 심지어는 이스라엘의 역사 전체에 걸쳐 이스라엘 국가가 실제로 집행한 정책에 대한 거부감으로부터 성장했습니다. 하지만 이러한 [반유대주의와 반이스라엘주의 간의] 혼동이 정직하고 용기 있는 분석에 맞설 수 있겠습니까? 우리는 이스라엘 국가의 존재에 대해 원칙적인 적대감을 갖지 않고서도('그와는 정반대이다!' 하고 말하고 싶군요.) 즉 반유대주

---

26 (옮긴이) shoah는 '재앙', '파국' 등을 의미하는 히브리어이며, 대개 2차 세계 대전 당시 유대인 대학살을 가리키는 명칭으로 사용된다.

27 (옮긴이) 부정주의적 수정주의는 나치의 유대인 학살을 부정하는 프랑스 극우파의 관점을 가리킨다. 나치의 유대인 학살을 부정하는 방식에는 크게 부정주의와 수정주의 두 가지 입장이 존재한다. 전자의 경우는 2차 세계 대전 당시 나치가 유대인을 학살하려는 계획을 세운 적도 없고 이를 실행한 적도 없다고 주장한다. 반면 후자의 경우는 전자와는 달리 나치의 유대인 학살 자체를 전면 부인하기보다는 역사적으로 볼 때 이 학살 자체가 유례없는 것은 아니라고 주장한다. 즉 이들은 이와 비견될 만한 역사적인 학살의 사례는 얼마든지 존재한다고 주장하면서 나치의 유대인 학살의 심각성을 상대화하려고 한다. 이처럼 얼마간의 논조의 차이는 존재하지만 이 두 가지 입장이 뚜렷하게 분리되는 것은 아니며, 실제로는 뒤섞이는 경우가 많다.

데리다가 언급하고 있는 부정주의적 수정주의는 프랑스식 변종으로, 이는 스스로를 수정주의로 내세우지만 실제로는 유대인 학살용 가스실의 존재 자체를 부정한다는 점에서 부정주의적 입장을 취하고 있다. 이들이 자기 자신을 수정주의로 내세우는 데는 자신들의 견해를 유대인 학살에 관한 사료를 분석 – 평가하는 하나의 새로운 '학문적 입장'으로 제시하고, 자신들의 견해를 배척하고 묵살하는 학계의 입장을 사상의 자유에 대한 검열과 억압으로 비판하려는 전술적 고려가 깔려 있다.

프랑스 극우파의 역사관에 대한 좀 더 상세한 소개와 비판으로는 다음의 책을 참조하기 바란다. Alain Bihr et al., *Négationnistes: les chiffonniers de l'histoire*(Editions Golias et Editions Syllepse, 1997).

인공적 현재성

의 및 반시온주의 없이도, 이 국가의 어떤 정부의 어떤 정책에 대해 반대할 수 있어야 합니다. 또 다른 가설을 좀 더 개진해 보고 싶군요. 즉 이 국가 자체의 역사적 토대에 대해, 그것의 조건들 및 결과들에 대해 근심스럽게 문제를 제기하는 것은 시온주의적 이념을 받아들인 어떤 유대인들 입장에서 볼 때도 결코 유대주의에 대한 배반을 함축하는 것은 아닙니다. 이스라엘 국가나 그것의 실제 정책에 대한 반대의 논리는 결코 어떤 반유대주의도, 어떤 반시온주의도 함축하지 않으며, 특히 제가 이제 막 분명하게 제시한 의미에서의 어떤 수정주의도 함축하지 않습니다. 매우 위대한 사례들(과거의 사례를 들자면, 부버(Martin Buber)와 같은 사람)을 인용해 볼 수도 있겠지요. 원칙적이고 일반적인 수준에서 말하자면, 여러분은 오늘날 우리의 의무가 혼동을 비판하고 양쪽 모두에 대해 경계를 게을리하지 않는 것이라고 생각지 않습니까? 한편으로 모든 유럽적 기획을 오늘날의 유럽 공동체의 현재적인 정책적 사실과 혼동함으로써 좌파에서 우파로 빠져 버린 사람들의 국민주의적인 혼동이나 또는 이스라엘 국가에 대한 비판과, 반이스라엘주의, 반시온주의, 반유대주의, 반수정주의 등 사이에 존재하는 경계를 인정하지 않는 자들의 반유대주의적인 혼동이 존재합니다. 여기에는 적어도 절대적으로 구분되어야 하는 다섯 가지 가능성이 존재합니다. 이러한 환유적인 일탈들(이스라엘 국가에 대한 비판으로부터 유대적인 것 자체에 대한 거부로 나아가는 것 — 옮긴이)은 말하자면 양쪽 모두에 대해 위협적이기 때문에 정치적으로나 지적으로나 철학적으로 더욱더 심각합니다. 즉 그들에게 실천적으로 굴복하는 사람들만이 아니라, 다른 한편으로 그들을 비난하면서도 대칭적으로 그들의 논리를 지지하는 사람들 모두를 위협하고 있습니다. 마치 그들의 논리를 지지하지 않고서는 그들을 비난할 수 없는 것처럼 말입니다. 예컨대 원칙적으로 반유럽적이지 않고서는 유럽의 현재 정책을 반대할 수 없는 것처럼, 또는 반유대주의자나 심지어 반시온주의자, 아니면 부정주의적인 수정주의자가 되지 않고서는 이스라엘 국가와 그 과거 및 현재의 정책, 게다가 그 설립 조건들 및 지난 50년 동안의 결과를 문제 삼을 수 없는 것처럼 말입니다. 적수들 사이의 이러한 대칭성은 무지에서 비롯된 혼동을 테러리즘과 연결시키게 됩니다. 이러한 기만적인(은폐하고 신비화하는) 혼합 전략들에 저항하기 위해서는 끈기와 용기가 필요합니다. 이러한 이중적인 위협 술책에 맞서는 데 필요한 유일하게 책임 있는 응답은 결코 구별들과 분석들을 포기하지 않는 것입니다. 즉 그것들에 대한 계몽과, 식별의 공개적 표현(이는 생각만큼 그리 쉬운 일이 아닙니다.)을 포기하지 말아야 합니다. 금세기의 역사에 대한 비판적 재고찰이 위험스러운 난조에 빠져들고 있는 시기에 우리가 처해 있는 만큼 이러한 저항은 더욱더 긴요합니다. 다시 읽고 다시 해석하고 자료들을 발굴하고 관점을 전위시키는 것 등이 필요합니다. 모든 정치적 비판과 모든 역사적 재해석이 자동적으로 부정주의적 수정주의와 결부된다면, 만약 과거에 대한, 또는 보다 일반적으로는 역사 속에서의 진리의 구성에 대한 모든 질문이 수정주의를 획책한다고 비난받는다면(저는 『마르크스의 유령들』에서 미국의 유력지에 실린 이러한 억압적인 우둔함의 아주 충격적인 사례를 인용한 바 있습니다.[28]) 우리가 어디로 나아갈 수 있겠습니까? 만약 새로운 질문들을 제기하려 하고, 자기만족적이거나 상투적인 견해를 지니고 있는 사람들을 혼란스럽게 만들려 하고, 새로운 상황을 맞아 좌파의 담론 또는 인종주의나 반유대주의에 대한 분석을 심화하거나 정교화하려고 시도하는 사람들에 대해 매 순간 어떤 검사가 나타나 적과의 결탁을 기소한다면, 모든 교조주의에 대해 어떻게 승리하겠습니까! 분명 이러한 소송을 가능한 한 최소화

---

28 (옮긴이) Michiko Kakutani, "When History and Memory are Casualties: Holocaust Denial", *New York Times* 30(April, 1993)을 가리킨다. 『마르크스의 유령들』, 172~173쪽 각주 참조.

인공적 현재성

하기 위해서는 담론과 분석, 공개적 개입에서 각별히 신중할 필요가 있습니다. 어떠한 절대적 안전도 기약될 수 없으며, 더욱이 거저 주어질 수도 없습니다. 필요하다면 최근의 사례들을 통해 교훈을 얻을 수 있겠지요.

…… 가장 일반적인 논리들(가장 큰 예견 가능성)과 가장 예측 불가능한 독특성들 사이에는 중개적인 리듬의 도식이 있습니다. 예컨대 1950년대 이래 동유럽의 전체주의들이 불신받고 결국 붕괴한 이유는 잘 알려져 있는데, 이는 (오늘날 '후쿠야마' 식으로 기워 맞춰서 재등장한 '역사의 종말', '인간의 종말' 등에 대한 오래된 담론과 더불어)[29] 저의 세대 사람들에게는 일용 양식과 같은 것이었습니다. 예견 불가능했던 것은 리듬과 속도, 날짜였습니다. 예컨대 베를린 장벽의 붕괴 같은 것 말입니다. 1986~1987년 무렵에는 세상의 어느 누구도 이를 막연하게조차 생각할 수 없었습니다. 그렇지만 이 리듬이 인식 불가능하지는 않습니다. 우리는 사후에, 전문가들의 예상을 빗나간 새로운 인과성들을 고려하면서 이를 분석할 수 있습니다.(일차적으로는 원격 통신 일반의 지정학적 효과를 들 수 있을 것입니다. 예컨대 베를린 장벽의 붕괴 같은 신호가 기입되어 있는 연쇄 과정 전체는 조밀한 원격 통신망 등이 없었다면 불가능했고, 또한 인식 불가능했을 것입니다.)

……[30] 만약 정치가 지금까지 늘 그랬던 것처럼 국민 국가로 불리는 고유한 몸체의 동일성이라는 관념 위에서 규제된다면, 제가 조금 전에

---

29 (옮긴이) 후쿠야마에 대한 보다 상세한 비판은 자크 데리다, 『마르크스의 유령들』, 2장 「마르크스주의를 푸닥거리하기」 참조.

30 (옮긴이) 대담자는 생략된 부분에서 데리다에게 다음과 같은 질문을 던진다. "선생님의 논점을 다른 방향으로 발전시켜 보고 싶은데요. 이민은 50년 전에 비해 별로 늘지 않았습니다. 그렇지만 지금 이민 문제는 사람들을 경악시키고 있습니다. 사회 전체와 정치 계급이 충격을 받은 것으로 보입니다. 불법 이민에 반대하는 좌파와 우파 모두의 담론들은 전혀 예상치 못한 방식으로 외국인 혐오증을 부추긴 것 같습니다."

도착자(신참자)라는 주제에 대해 제시했던 논의는 정치적으로는 받아들여질 수 없을 것입니다. 오늘날 세계에서 "우리는 누구에게든 문호를 개방하며, 이민에 대해 어떤 제한도 두지 않는다."라고 기꺼이 선언할 국가는 하나도 없습니다. 제가 알기로 …… 모든 국민 국가는 국경의 통제와 불법 이민의 거부, 이민권과 비호권(庇護權)의 엄격한 제한 위에 구성되어 있습니다. 이러한 국경의 개념은 바로 국경 자체와 마찬가지로 국민 국가의 개념을 구성합니다.

이러한 기초 위에서 이 개념은 상이한 방식으로 취급될 수 있지만(국경 및 문호 개방 정책의 탄력성을 말한다 — 옮긴이) 이러한 정책적 차이들은 중요하긴 하지만, 일반적인 정치적 원칙, 즉 정치적인 것은 국민적이다라는 원칙에 비하면 부차적입니다. 이러한 원칙은 인구 유입을 선별하고 불법 이민자들을 추방할 수 있게 해 줍니다. 실제로는 불가능할 뿐만 아니라, 현재의 경제적 조건들을 감안한다면 바람직하지도 않지만 말입니다.(따라서 이는 보충적인 위선입니다.)

제가 앞서 절대적 신참자에 대해 말했던 것으로부터 전통적 의미에서의 정치, 즉 국민 국가가 실행할 수 있는 정치를 도출해 낼 수는 없습니다. 제가 앞서 사건과 도착자에 대해 말했던 것은 이러한 정치의 개념에서 본다면 비정치적이고 수용 불가능한 명제임을 인정하지만, 저는 이러한 무조건적인 환대의 원칙에 준거하지 않는 정치는 정의에 준거하지 않는 정치라고 주장할 것입니다. 이러한 정치는 자신의 법(여기에서 다시 한 번 이를 정의와 구분하겠습니다.)과 자신의 법에 대한 권리를 보유할지는 모르겠지만, 정의는 상실할 것입니다. 그리고 정의에 대해 신뢰할 만한 말을 할 권리도 상실할 것입니다. 더욱이 여기에서 상세하게 논의하지는 않겠지만, 이민 정책과 비호권에 대한 존중을 구분해야 합니다. 원칙적으로 비호권(아직까지 정치적 이유들 때문에 프랑스에서 인정되고 있는 것과 같은)은 역설적이게도 덜 정치적인데, 왜냐하면 그것은

인공적 현재성

이 권리를 보장하는 국민 국가의 고유한 몸체의 이해들……에 따라 규제되어서는 안 되기 때문입니다. 하지만 이민과 난민의 개념을 구분하기가 어렵다는 점 외에도, 망명 동기가 정말로 정치적인지(프랑스 헌법에서는 이 경우에만 난민 신청이 원칙적으로 정당화됩니다.) 규정하기는 거의 불가능합니다. 궁극적으로 보자면 외국의 어떤 나라에서의 실업은 민주주의가 제대로 기능하지 않음을 의미하며, 이는 일종의 정치적 박해입니다. 게다가 이는 또한 시장의 몫이기도 하기에, 부유한 나라들은 항상 망명이나 이민을 야기하는 정치경제적 상황들에 대해 일부 책임이 있습니다.(비록 이것이 외채이자 및 그것이 상징하는 모든 것에 의해서이긴 하지만 말입니다.) 우리는 여기에서 정치적인 것과 법적인 것의 한계들에 이르게 됩니다. 비호권은 그 자체로는 아무것도 아니거나 무한한 것일 수 있음을 언제든지 증명할 수 있을 것입니다. 따라서 사람들은 세계적 격변의 시기에만 이 개념에 신경을 쓰지만, 이 개념은 항상 엄밀성을 결여하고 있습니다. 만약 우리가 진행 중인 논쟁에서, 예컨대 비호권에 대한 헌법 조항을 더 이상 최초의 헌법에 투표했던 사람들이 아닌, 새로운 또는 아주 낡은 '프랑스 국민'의 추정된 의지에 맡기기 위해 헌법을 개정하려고 하는 파스쿠아(Pasqua, 당시 프랑스 내무부 장관 — 옮긴이) 같은 사람들의 네오포퓰리즘(néo-populisme)과 합헌주의 사이에서 벌어지고 있는 논쟁에서 무언가를 이해하거나 변화시키고 싶다면, 우리는 이 개념을 완전히 재개념화해야 합니다.

　…… 1981년 이래 권력을 쥐어 온 자들(사회당 정권 — 옮긴이) 및 현재 그 뒤를 물려받은 자들과 같은 정치 계급이 적용해 온 것은 외국인 혐오증 자체가 아니라, 이를 활용할 수 있는 새로운 가능성들 또는 시민성을 악용함으로써 이를 악용할 수 있는 새로운 가능성들입니다. 개략적으로 말하자면 '안전을 요구하는' 유권자들(위생을 요구하는 자들이라고도 하는데, 왜냐하면 쟁점이 되고 있는 것은 말하자면 방역선을 쳐서 보호

되어야 할 사회적 몸체의 안전과 건강이기 때문입니다.) 즉 국민전선에 투표하는 유권자들에 대한 논란이 벌어지고 있는데, 이들은 고유한 국민적 몸체라는 의사 – 생물학적인 위생 관념에 사로잡혀 있습니다. (의사 – 생물학적인 이유는 정치가들의 웅변술과 마찬가지로 국민주의적인 환상이 자주 이러한 유기체적 유비(類比)들을 활용하기 때문입니다. 계속 괄호를 쳐 둔 채, 르펜의 최근 신문 칼럼, 1993년 8월 24일 《르 몽드》의 수사법을 예로 들어 보겠는데, 이는 그 몽유병자 같은 말짱함 때문에 주목할 만합니다. 방어선과 같은 영토적 경계를 가리키는 고전적 관념 대신에 르펜은 낡아 빠진 것이면서도 시의적절한, "이로운 것은 통과시키고 나머지는 막아 버리는 살아 있는 막"의 비유를 선호하고 있습니다. 만약 생명체가 이러한 여과를 미리 계산할 수 있다면 아마도 불멸성을 얻게 될지 모르겠지만, 이렇게 되기 위해서 그 생명체는 외부로부터 도래하는 것인 타자 자체에 의해 자신이 변질되지〔타자화되지〕않을까 하는 두려움 때문에 미리 죽어야, 즉 자살하거나 아니면 자신을 죽이게 해야 할 것입니다. 이로부터 죽음의 드라마가 나오게 되는데, 이는 생물학주의와 유기체주의, 우생학주의, 때로는 어떤 생철학들에까지도 공통적입니다. 누구도 기뻐할 것 같지는 않지만, 이 괄호를 닫기 전에 한 번 더 다음과 같은 점을 강조해 두기로 합시다. 좌파이든 우파이든 '다른 모든 이들처럼' 이민의 통제를 권장하고 불법 이민자들을 배척하고 타자를 규제할 것을 주장하는 사람은 사실상 그리고 원칙상 그가 바라든 바라지 않든 간에, 얼마간의 품위를 유지하든 그렇지 않든 간에, 르펜의 유기체주의적인 공리, 즉 다름 아닌 국민전선의 공리를 지지하는 것입니다.(전선은 피부, 선별하는 '막'입니다. 그것은 동질적인 것 내지는 동질화될 수 있거나 동화될 수 있는 것, 또는 '이롭다'고 생각되는 이질적인 것, 즉 전유될 수 있는 이민자, 적합한 이민자만을 통과시킬 뿐입니다.)) 이러한 불가피한 공모를 외면해서는 안 됩니다. 이는 국민국가와 연계되어 있고 앞으로도 연계된 채로 남아 있을 정치적인 것 안에 뿌리를 두고 있습니다. 다른 모든 사람들처럼 우리의 고유한 몸체라고 믿는 것을 보호하는 것 외에 달리 어쩔 도리가 없음을 인정한다면, 우리가 이민과 난민을 규제하고자 할 때(좌파와 우파 모두 만장일치로 말하듯이) 적어도 점잖은 척하지는 말아야 하며, 양심을 들먹거리며 위대한 원칙들을 환기시키면서 정치적 설교를 늘어놓으려고 하지는 말아야 합니다. 르펜은 '막'에 의한 선별을 정당화하거나 규제하는 데 큰 어려움을 겪게 되겠지만, 마찬가지로 대립되는 것으로 간주되는 [좌파와 우파의] 이 개념들 및 논리들 사이에는 생각보다, 또는 언급되는 것보다 훨씬 통제하기 어려운 삼투 가능성이 존재합니다. 즉 오늘날에는 경제뿐만 아니라 인구 유입의 문제에서도 좌파적인 신보호주의도 있고 우파적인 신보호주의도 있으며, 좌파적인 신자유무역주의와 우파적인 신자유무역주의, 좌파적인 신국민주의와 우파적인 신국민주의도 존재합니다. 이러한 신무슨무슨주의들의 논리는 아무런 제지도 받지 않은 채 서로의 개념의 보호막을 넘나들고 있으며, 정치나 선거와 관련된 담론 및 행위들 속에서 모호한 동맹을 맺고 있습니다. 이러한 삼투 가능성, 이러한 조합과 공모들을 인정하는 것은 탈정치적인 담론을 견지하는 것도 아니고, 좌파와 우파 사이의 간극의 종언이나 '이데올로기의 종언'으로 결론을 내리는 것도 아닙니다. 반대로 이는 이러한 가공할 만한 조합에 대해 과감한 형식화와 주제화의 과제를 제기하는 것입니다. 이는 상이한 정치, 정치에 대한 상이한 담론을 위해서만이 아니라, 특히 시민성 및 국민 국가 일반과 관련된, 좀 더 넓게는 동일성이나 주체성과 관련된 상이한 사회적 관계의 설정을 위해서도 필수적인 전제입니다. 어떻게 한 차례의 대담에서, 그것도 괄호 안에서 이 모두에 대해 말할 수 있겠습니까? 하지만 …… 이 문제들은 오늘날 결코 추상적이거나 사변적인 것들이 아닙니다.

 …… 어떻게 국민전선이 이러한 공포를 활용하거나 이러한 조바심을 격화시킬 수 있었을까요? 왜 사람들은 (교육 및 사회경제 정책 등을 통

해) 마땅히 이러한 감정을 완화시키려 하는 대신, 국민전선의 테제들을 기꺼이 받아들이거나 아니면 국민전선이 공화당 우파 내에 도입했다고 하는 분할을 활용하려고 하는 걸까요? 여러분이 말한 것처럼 그동안 이민 인구 비율은 거의 변화하지 않았습니다. 줄어들지는 않았다 하더라도 50여 년 동안 늘어나지 않은 것 같습니다. 이게 놀라운 일입니까, 아닙니까? 분석은 항상 놀라움을 해소시킵니다. 분석에서 벗어났던 요소를 발견했을 때, 이전과 다르게 분석되었을 때, 사람들은 사후에, 그건 이미 예견되었던 것이라고 말할 수 있습니다.(예컨대 실업의 증대와 유럽 국가들의 국경의 점진적인 상호 개방, 이민자들 사이에서의 종교 및 문화적 언어적 정체성 요구의 재발과 같은 모든 것들로 인해, 과거와 동일한 이민 비율이 그 나라의 사회적 자기동일성에 더 위협적으로 느껴지게 됩니다.) 하지만 사건다운 사건은 발생, 도착입니다. 이것은 사람들을 놀라게 하며, 사후에도 분석에 저항합니다. 절대적 도착의 최초 형상으로서 한 아이가 태어날 때, 사람들은 여러 가지 인과 관계들 및 계보학적이거나 유전적인 또는 상징적인 전제들을 분석할 수 있을 것이고, 원한다면 결혼에 관련된 모든 사항들을 분석할 수도 있을 것입니다. 이러한 분석이 철저하게 이루어질 수 있다고 가정하더라도, 우발적인 것, 이 발생의 장소(lieu de l'avoir-lieu)는 제거될 수 없을 것이며, 말하는 누군가가, 대체될 수 없는 누군가가, 절대적 시초, 세계의 또 다른 기원이 여전히 존재할 것입니다. 비록 이것이 분석에 의해 해소되거나 재로 변해 버린다 하더라도, 이는 절대적인 잔여 흔적(escarbille)입니다. 프랑스의 문화, 종교, 언어를 이루고 있는 이민의 역사는 무엇보다도, 이민자의 아이든 아니든 간에 이러한 절대적 도착이었던 아이들의 역사였습니다. 철학자, 따라서 모든 이, 예컨대 시민의 임무는 분석을 가능한 한 멀리 밀고 나아가 도착자가 생겨날 때까지 사건을 인식 가능하게 만드는 것입니다. 절대적으로 새로운 것은 이것이 아니라 그것, 그것이 단 한 번 발생한다는 사실입니다. 이것은 하나의 날짜(하나의 유일한 순간 및 장소)가 표시되는 것이며, 그 날짜가 표시하는 것은 항상 태어남과 죽음입니다. 우리가 베를린 장벽의 붕괴를 예상할 수 있었더라도, 그것은 어느 한 날에 발생했을 것이고, (붕괴 이전과 붕괴 중에) 몇몇 죽음들이 더 발생했을 것인데, 바로 이것이 사실상 그것을 삭제될 수 없는 하나의 사건으로 만듭니다. 분석에 저항하는 것은 바로 태어남이고 바로 죽음입니다. 늘 그렇듯이 세계의 기원과 종말인 것입니다.

…… 장래의 개방이 보다 가치 있다는 것이 바로 해체의 공리로서 해체는 이로부터 작동하게 되며 이것은 해체를, 장래 자체처럼, 타자성에, 타자성의 무한한 존엄성, 즉 정의에 연결시킵니다. 이는 또한 도래할 민주주의로서의 민주주의입니다. 반론이 제기될 수도 있을 겁니다. 가령 여러분 중 한 명이 다음과 같이 말한다고 해 봅시다. "때로는 이것이나 저것이 발생하지 않는 편이 더 낫습니다. 정의는 어떤 사건들('어떤 도착들')이 발생하지 않도록 저지할 것을 명령합니다. 사건은 그 자체로 좋은 것은 아니며, 장래는 무조건적으로 선호할 만한 것은 아닙니다." 분명 그렇습니다. 하지만 사람들이 조건적으로 이것이나 저것이 발생하지 않기를 선호할 때 그들이 반대하는 것은, 그들이 생각하기에 옳든 그르든 간에 전혀 다른 것의 절대적 도래를 위한, 장래 자체를 위한 지평을 가로막는 또는 단순히 지평을 형성하는(여기에서 지평은 한계를 의미합니다.) 어떤 것입니다. 여기에는 도착의 약속과 장래의 선취 불가능성, 정의를 떼어 낼 수 없게 연루시키는 메시아적 구조(이는 메시아주의가 아닙니다. 마르크스에 대한 소책자에서 저는 경험의 보편적 지평으로서의 메시아적인 것과 특정한 메시아주의들을 구별한 바 있습니다.)가 존재합니다. 여기에서 이에 대한 증명을 재구성할 수는 없지만, 정의라는 단어가 애매하게 보일 수 있다는 것은 인정합니다. 이는 법이나 권리가 아니며, 인간의 권리들을 초과하고 그것들을 정초하는 것입니다. 이는

또한 분배적 정의도 아니고, 심지어는 인간 주체로서의 타인에 대한 존중이라는 전통적 의미에서의 정의도 아닙니다. 이는 타자로서의 타자에 대한 경험이며, 제가 타자를 타자이게끔 한다는 사실은 상환 없는, 재전유 없는, 법적 한정이 없는 선사[31]를 전제합니다. 저는 여기에서 상이한 몇 가지 전통의 유산을 내가 다른 곳에서[32] 시도했던 것처럼 얼마간 전위시키면서 교차시키고 있습니다. 우선 레비나스가 아주 간결하게 타자와의 관계를 정의로 규정할 때("타인과의 관계, 곧 정의"[33]) 그가 전해 주는 유산이 있으며, 플로티누스에 의해 최초로 정식화된 것으로서 하이데거와 그 이후 라캉에게서 재발견되는 역설적 사유, 즉 단지 자신이 갖고 있는 것만이 아니라 갖고 있지 않은 것까지도 주라는 사유를 통해 지속되는 유산도 있습니다. 이러한 초과는 현재하는 것과 소유, 상환을 넘어서며 또한 법과 도덕, 정치까지도 넘어섭니다. 비록 이 초과하는 것이 이것들을 고취하거나 촉진시켜야 하지만 말입니다.

---

31 (옮긴이) don/donner의 문제는 1990년대 이후 데리다의 작업에서 중요한 위치를 차지하고 있다. 데리다는 한편으로는 인류학의 고전인 마르셀 모스의 『증여론』(1924)과 다른 한편으로는 후기 하이데거의 Ereignis, 또는 es gibt에 관한 문제 설정을 결합하여, 시간과 존재의 상호 관계 및 경제와 비경제, 법과 정의의 관계를 선사의 관점에서 재해석하고 있다. 선사의 문제 설정은 (1) 선사가 선사이기 위해서는, 즉 통상적인 교환의 법칙에 따르는 전유와 이윤, 재전유의 관계를 넘어서는 순수한 선사이기 위해서는 빚과 상환의 관계를 넘어서야 하지만, (2) 선사가 선사하는 사람과 선사받는 사람 사이의 상호 관계를 전제하고 있고, 따라서 상징적 질서의 성립 가능성을 전제하고 있는 한, 선사는 항상 이미 또한 교환 관계일 수밖에 없다는 아포리아에서 출발한다. 따라서 선사의 문제 설정은 바타유에 대한 초기의 독해에서 나타나는 이중 경제의 문제 설정(제한 경제 – 일반 경제)과 연결되는데, 데리다가 이처럼 지속적인 주제를 통해 결국 탐구하려고 하는 것은 타자로서의 타자에 대한 경험, 타자를 그 자체로 존중하고 환대하는 것은 어떻게 가능한가라는 문제이다. 이러한 탐구는 (1) 타자로서의 타자, 또는 타자의 절대적 독특성에 대한 존중이 없이는 정의가 불가능하기 때문에 타자의 타자성을 그 자체로 존중할 수 있어야 하지만, (2) 환대의 대상으로서의 타자는 항상 이미 손님(hospes)이면서 동시에 적(hostis)이며, 따라서 타자에 대한 무조건적 환대는 곧 나/우리의 동일성의 해체를 낳기 때문에, 항상 해석과 선별이 필요하다는 모순적인 명령들을 낳는다. 이 두 가지 명령들 사이에서의 협상의 노력이 데리다가 추구하고 있는 길이다.

32 특히 *Donner le temps. I. La fausse monnaie*(Galilée, 1992)와 *Force de loi*에서.

33 Emmanuel Lévinas, *Totalité et infini*(Gallimard), 62쪽.

인공적 현재성

......[34] [첫째로] 계몽주의 철학을 예비할 수 있었던 모든 것 또는 그 것을 계승했던 모든 것(반드시 이것들과 결부될 필요는 없는 합리주의 자체가 아니라, 진보주의적이고 목적론적이며 인간주의적이고 비판적인 합리주의)은 …… 교육 및 과거에 대한 자각을 통해 항상 예방될 수 있다고 간주되었던 '최악의 것의 복귀'에 맞서 싸웁니다. 이러한 계몽주의의 투쟁은 자주 [유령에 대한] 푸닥거리나 부인의 형태를 띠곤 하지만, 우리는 이러한 투쟁에 참여할 수 있고 이러한 해방의 철학을 재긍정할 수 있습니다. 저는 이것에 장래성이 있다고 믿고 있으며, 위대한 해방적 또는 혁명적 담론들의 종언 선언들에 결코 찬동한 적이 없습니다. 그렇지만 이러한 담론들에 대한 긍정 자체가 이 담론이 반대하는 것들의 가능성을 입증하고 있다는 점 역시 사실입니다. 즉 최악의 것의 복귀, 교정될 수 없는 죽음의 충동의 반복 강박과 원초적 악, 진보 없는 어떤 역사, 역사 없는 어떤 역사 같은 것 말이죠. 그리고 우리 시대의 계몽주의는 18세기의 계몽주의로 환원될 수 없습니다. 다음으로 철학이 최악의 것의 복귀를 '논의하는' 보다 근본적인 또 다른 (한 가지) 방식은 이러한 악이 복귀하게 만들 수 있는 것에 대한 몰인식(부인과 축귀(逐鬼), 푸닥거리 같은 것 말이죠. 이들 모두는 분석되어야 할 방식들입니다.)입니다. 즉 존재론(망령이나 유령은 현존하는 것도 부재하는 것도 아니고, 존재하는 것도 존재하지 않는 것도 아니며, 변증법적으로 지양될 수도 없습니다.) 및 주체나 객체 또는 (현존하는 존재자의) 의식의 철학(이 또한 존재론이나 철학 자체처럼 유령을 '쫓아내도록' 예정되어 있습니다.)에 저항하는 유령의 법칙에 대한 몰인식이 문제입니다. 따라서 이는 또한 유령에 대한, 그리고 모

---

34 (옮긴이) 여기에서도 역시 생략된 대담자의 질문과 데리다의 첫 번째 응답을 알아 둘 필요가 있다. 질문은 "하지만 철학은 또한 모든 것, 최악일 수도 있는 것이 항상 복귀할 수 있다는 점에 대해서도 논의하지 않습니까?"였고 데리다는 "그렇지요. 철학은 엄밀하게 말해 이러한 최악의 것의 복귀에 대해 '논의'하며, 그것도 한 가지 이상의 방식으로 그렇게 합니다."라고 대답했다.

든 역사적 진보를 위협하는 최악의 것의 반복에 대한 정신분석학의 가르침들을 이해하지 않으려는 태도이기도 합니다. 이 점에 대해 간단하게 몇 마디 덧붙이자면, 최악의 것은 단지 특정한 진보의 개념만을 위협할 뿐이며, 이러한 위협이 없다면 진보 일반도 존재하지 않을 것입니다. 다른 한편으로 프로이트에서부터 시작해서 현재까지 정신분석학의 담론을 지배해 온 것 속에는 또한 유령의 구조와 논리에 대한 어떤 몰인식, 강력하고 미묘하며 불안정하지만 과학 및 철학과 공유하고 있는 몰인식이 존재합니다. 분명히 어떤 유령은 최악의 것으로 복귀할 수 있지만, 이러한 가능한 복귀가 없다면, 그리고 만약 우리가 이러한 복귀의 제거할 수 없는 원초적 성격을 비난하려고만 한다면, 우리는 기억과 유산과 정의를 잃게 될 것이고 삶을 초월하는 가치를 지니며 삶의 존엄성의 측정 기준이 되는 모든 것을 잃게 될 것입니다. 저는 다른 곳에서 이를 제시해 보려고 했는데, 여기에서 도식적으로 말하기는 어려울 것 같습니다.

……2차 세계 대전 이전 및 전쟁 도중에, 그리고 그 이후 알제리 전쟁 중에 프랑스에서 발생했던 일들은, 망각의 여러 지층들을 이루었으며, 따라서 그것들을 과잉 규정했습니다. 이러한 침묵의 축적은 특히 조밀하고 내성적(耐性的)이며 위험합니다. 완만하고 불연속적이며 모순적으로 이루어진 이러한 은밀한 침묵의 협정은 기억(특히 공적 기억, 그리고 말하자면 그것의 공식적 정당화가 문제인데, 이는 결코 역사적 지식의 리듬이나 사적 기억(만약 이런 것이, 더구나 순수하게 존재한다면 말입니다.)의 리듬에 따라 진행되는 것은 아닙니다.)의 해방 운동에 밀려나고 있습니다. 하지만 만약 이러한 드러냄의 과정이 그 효과 및 동기 모두에서 모순적이라면, 이는 정확히 말해 환영 때문입니다. 우리가 (기억, 진리, 희생자들에 대한 존중으로부터) 최악의 것을 환기하는 바로 그 순간에 최악의 것은 복귀의 위협을 가합니다. 하나의 환영은 또 다른 환영을 부릅니

다. 그리고 우리가 다른 환영을 불러오는 이유는 많은 경우 어떤 환영의 재발, 유사-부활이 예고되는 것을 목격하기 때문입니다. 완전히 상이한 맥락에서 때로는 같은 모습을 하고 때로는 다른 특징을 지니고 국민주의와 인종주의, 외국인 혐오증, 반유대주의의 복귀를 나타내는 표지들이 출현하고 있는 바로 이 순간에(그리고 바로 그 때문에), 이베 벨 로드롬(Vel d'Hiv)으로 유대인들을 집단 감금한 것[35]을 공식적으로 추념하거나 점령 기간에 발생한 '최악의 사태'에 대해 프랑스 국가가 책임을 공표할 필요성이 절감되고 있습니다. 이 두 가지 기억들은 항상 가능한 모든 혼합들 직전에 상대방을 다시 수면 위로 떠오르게 하고, 서로를 격화시키고 몰아내면서 필연적으로 계속해서 싸움을 벌이고 있습니다. 혐오스러운 환영들이 복귀할 때 우리는 그것들에 의해 희생된 환영들을 불러오는데, 이는 이 희생자들에 대한 기억을 살려 내기 위해서일 뿐만 아니라 또한 이와 불가피하게 관련된 오늘의 투쟁을 위해, 특히 투쟁을 가능하게 해 주는 장래에 대한 약속을 위해, 그것이 없다면 투쟁이 아무런 의미가 없을 장래를 위해, 즉 현재의 모든 삶을 넘어서, '지금의 나'라고 말할 수 있는 모든 생명체를 넘어서는 장래를 위해서입니다. 유령의 문제(또는 유령의 요구)는 또한 정의의 문제이자 장래의 문제이기도 합니다. 이러한 이중적 복귀(악의 복귀와 희생자의 복귀)는 불가피한 혼동의 경향을 부추깁니다. 사람들은 유비적인 것과 동일한 것을 혼동합니다. "정확히 같은 것이 반복되고 있다. 정확히 같은 것이."라고 말입니다. 하지만 그렇지 않습니다. 모종의 되풀이 (불)가능성 (반복 속의 차이)[36]이 복귀하는 것을 전혀 다른 사건으로 만듭니다. 어떤

---

35 (옮긴이) 이는 1942년 1월 20일 반제(Wansee) 회의에서 채택된 나치의 '궁극적 해결책'의 일환으로, 비시 정권하의 프랑스에서 1942년 7월 16~17일 이틀 동안 이루어진 유대인 체포 사건을 가리킨다.

36 (옮긴이) 데리다가 사용하고 있는 되풀이 (불)가능성(itérabilité) 개념은 우리말로 옮기기가 어려운 개념이다. 프랑스어에서 itération은 같은 행위를 '반복, 되풀이'하는 것

을 의미하며, 여기에서 나온 동사 réitérer 역시 '반복, 되풀이하다'를 의미한다. 따라서 itérabilité는 관용적인 의미로 본다면 '반복 가능성'과 같은 의미다. 하지만 데리다는 iter라는 접두어가 '다른'이라는 의미를 갖고 있는 산스크리트어 itara에서 유래했다는 사실에 주목하여, itération을 altération, 즉 '변형, 타자화'의 의미로도 사용하고 있다.("Signature, événement, contexte", *Marges de la philosophie*(Minuit, 1972) 참조) 좀 더 구체적으로 말하면 되풀이 (불)가능성 개념은 다음과 같이 이해될 수 있다.

우선 되풀이 (불)가능성 개념은 언어 및 소통의 성격에 대한 매우 새로운 관점을 제시해 준다. 되풀이 (불)가능성 개념이 문제 삼고 있는 전통적인 언어관(이는 아리스토텔레스로 거슬러 올라간다.)에 따르면 언어가 성립하기 위해서는 각각의 단어는 일의성(一意性)을 지니고 있어야 한다. 그러나 이러한 일의성의 요구는 단어의 다의성과 양립 불가능한 것은 아니며, 무한하게 다의적이지 않는 한 경험적 다의성은 얼마든지 원칙적 일의성과 양립할 수 있다. 데리다에 따르면 언어의 일의성에 대한 이러한 요구는 이념적인 형상, 즉 어떤 상황에서든 동일성이 식별되고 유지될 수 있는 보편적 본질 – 형식으로 표현된다. 무한하게 많은 맥락 – 상황에서 동일하게 반복될 수 있는 이 보편적 본질 – 형식에 의해 비로소 의미의 가능성 및 소통 가능성이 획득될 수 있다. 데리다 역시 동일하게 반복될 수 있는 이 본질 – 형식에 의해 언어가 성립할 수 있다는 이러한 관점을 수용한다.

전통적인 관점에 대해 데리다가 새로 추가하는 것은 이러한 본질 – 형식의 itérabilité, 즉 **무한히 많은 상이한 상황들 – 맥락들에서 동일한 것으로서 되풀이될 수 있음**은 항상 이미 자신 안에 **선험적으로** 변화 – 타자화의 **가능성**을 포함하고 있다는 점이다. 다시 말해 우리가 어떤 언어 행위를 할 때 이 언어 행위 자체는 항상 자신의 가능성의 조건으로서 다른 언어 행위의 가능성을 내포하고 있으며, 이는 단순히 언어 행위의 사실적인 조건에 그치는 것이 아니라 원칙적인 조건을 이룬다. 이런 의미에서 데리다는 "되풀이의 구조는 …… 동일성과 차이를 동시에 함축한다. 가장 '순수한' 되풀이(하지만 이는 결코 순수하지 않다.)는 **그 자체 안에** 자신을 되풀이로 구성하는 어떤 차이의 간극을 포함한다. 어떤 요소의 되풀이 (불)가능성은 자기 자신의 동일성을 **선험적으로** 분할한다. 심지어 이 동일성이 다른 요소들에 대한 차이화의 관계를 통해서만 **자기 자신을** 규정하거나 한정할 수 있다는 점, 따라서 이는 이러한 차이의 표지를 지니고 있다는 점은 고려하지 않는다 하더라도 그러하다."(Derrida, *Limited Inc*(Galilée, 1990), 105쪽 ─ 강조는 데리다)라고 말하고 있다.

이렇게 이해된 되풀이 (불)가능성이라는 개념은 필연적으로 (문자) 기록(écriture)에 대한 새로운 관점을 요구한다. 전통적으로 기록은 말을 통한 의사 전달의 범위를 훨씬 넘어서는 소통을 가능하게 하기 위한 기술적 **도구**라는 의미로 이해되었다. 이는 다시 말하자면 기록은 **현재 이곳에 부재하는** 수신자에게 사고 내용을 전달하기 위한 도구, 따라서 전달해야 할 내용을 가급적 정확하게 전달하고 재현하는 것을 본성으로 하는 도구에 불과하다는 것을 뜻한다. 그러나 데리다가 보기에 이는 경험적 부재의 한계 내에서, 따라서 여전히 현존의 형이상학의 한계 내에서 이해된 기록 개념에 불과하다. 오히려 기록이 함축하는 것은 수신자의 절대적 부재, 나아가 **송신자인 나 자신의 부재 속에서도 가능해야 하는** 소통의 개념이다. 이런 의미에서의 소통은 송신자와 수신자의 **절대적 부재의 가능성**을 자신 안에 포함하고 있으며, 이러한 부재의 가능성 내에서 되풀이될 수 있어야 한다. 그리고 이러한 되풀이 (불)가능성의

인공적 현재성

유령의 복귀는 새로운 조건들 속에서, 다른 무대로의, 매 순간 또 다른 복귀입니다. 우리가 아무렇게나 말하고 행동하지 않으려면 항상 이 새로운 조건들에 최대한 주의를 기울여야 합니다.

어제 한 독일 여기자가 저에게 전화를 걸어왔습니다.('경각심'을 촉구하는 유럽 지식인들의 '호소' 때문이었는데, 저는 다른 이들처럼 이에 서명해야만 한다고 생각했습니다. 이에 관해서는 많은 이야기를 할 수 있겠지만, 이를 진지하게 다뤄 볼 만한 시간이 없군요.) 이러한 행동이 많은 독일 지식인들로부터 환영을 받았고, 특히 명백한 이유들 때문에 현재의 독일의 상황에서 시의적절하다는 평가를 받았다는 점을 상기시키면서 그녀는 우리가 여기에서 '나는 고발한다'의 전통[37]을 재발견하는 게 아닌지 물어보았습니다. "오늘날 졸라는 어디에 있나요?" 하고 그녀는 물었습니다. 저는 그녀에게 졸라에 대한 저의 깊은 존경심에도 불구하고 그가 오늘날의 '나는 고발한다'를 위한 유일하거나 최선의 모델이라고 확

기록학적 토대가 바로 (문자) 기록이다. 이런 측면에서 볼 때 되풀이 (불)가능성의 개념은 데리다 철학의 고유한 특징을 가장 잘 보여 주는 개념 중 하나라고 할 수 있다.

마지막으로 우리가 itérabilité를 '되풀이 (불)가능성'으로 옮긴 것은 다음과 같은 이유 때문이다. 앞서 본 것처럼 itérabilité는 보편적인 본질 – 형식의 되풀이나 반복을 가능하게 해 주는 것인 동시에 이것의 동일한 되풀이나 반복을 불가능하게 한다는 것을 의미한다. 따라서 itérabilité의 핵심은 **가능성과 불가능성의 동시성**(시간적인 의미가 아니라 논리적, 구조적인 의미에서) 내지는 **가능성의 조건과 불가능성의 조건의 동일성**에 있다. 이렇게 볼 때 itérabilité에 대한 적절한 역어는 무엇보다도 가능성과 불가능성이라는 규정을 모두 담고 있어야 한다고 생각한다. 더 나아가 우리가 불가능성의 경우 특별히 (불)이라고 괄호를 친 이유는 첫째, 일상적인 어법을 전제한 가운데 그 어법 내에서 작동하고 있는 해체의 움직임을 보여 주려는 데리다 특유의 논의 방식을 존중하려는 의도에서이며, 둘째, 여기에서 문제되고 있는 사태는 완전히 현행화되지 않은 '가능성 또는 오히려 잠재성(virtualité)'의 사태라는 점을 고려해서이다. 따라서 일반 독자들에게는 다소 어려운 용어겠지만, 데리다가 지적하듯이 이 용어는 '반복 속의 차이', 또는 '반복을 가능하게 해 주는 차이'를 의미한다는 점을 유념해 주기 바란다.

37 (옮긴이) "나는 고발한다"는 드레퓌스 사건 당시 에밀 졸라의 유명한 신문 기고문 제목이다. 드레퓌스 사건에 대한 좀 더 상세한 내용은 니콜라스 할라즈, 황의방 옮김, 『나는 고발한다. 드레퓌스 사건과 에밀 졸라』(한길사, 1998) 참조.

신하지 못하는 이유를 설명해 주려고 했습니다. 공적인 공간과 정보 및 의사 결정의 통로들, 권력과 비밀의 관계, 지식인, 작가, 언론인의 형상들 등 모든 것이 변화되었습니다. 시효가 만료된 것은 '나는 고발한다'가 아니라, 이것이 기입되는 형태와 공간입니다. 분명 드레퓌스 사건을 환기시켜야겠지만, 그러나 이것이 있는 그대로 반복될 수는 없음을 알아야 합니다. 최악의 것이 발생할 수 있다는 사실이 배제되지는 않지만, 그렇다 해도 이는 드레퓌스 사건 그 자체는 아닐 것입니다.

요컨대 '최악의 것의 복귀'를 …… 사유하기 위해서는(하지만 '사유한다'는 것은 무엇을 의미합니까?) 존재론과 삶이나 죽음의 철학을 넘어서, 의식적 주체의 논리를 넘어서, 정치와 역사, 유령의 관계들에 접근해야 합니다.

…… (『마르크스의 유령들』에서) 저는 유령의 문제에 방향을 맞추어 마르크스의 텍스트를 해명하기 …… 시작했습니다.(유령의 문제는 반복, 애도 및 상속, 사건과 메시아적인 것의 문제 및 부재와 현존, 가시적인 것과 비가시적인 것, 생명체와 죽은 것, 따라서 특히 '모조〔유령적〕 지체(肢體, membre)'로서 보결의 문제, 기술과 원격 기술적 모의물, 합성 이미지, 가상 공간 등의 문제와 연관망을 이루고 있습니다. 그래서 우리는 처음에 우리가 다루었던 인공적 현재성과 가상적 현재성의 문제로 다시 돌아가게 됩니다.) 『공산당 선언』의 첫 문장을 상기해 봅시다. "하나의 유령이 유럽을 배회하고 있다. 공산주의라는 유령이." 저는 문자 그대로 마르크스를 사로잡고 있던 모든 유령을 얼마간 탐구하고 둘러보았습니다. 실제로 마르크스의 박해가 존재합니다. 즉 그는 도처에서 유령들을 추적하고 몰아내지만, 그것들은 또한 그를 몰아세웁니다. 『브뤼메르 18일』에서, 『자본』에서, 특히 『독일 이데올로기』에서 그렇습니다. 『독일 이데올로기』에서 마르크스는 슈티르너의 환영들에 대한 끝없는(끝없는 까닭은 그것에 매혹되고 사로잡히고 결박되어 있기 때문입니다.) 비판에 착수하지만, 귀신 들림은

이미 결정적이어서 마르크스는 제대로 벗어나지 못합니다.[38]

저는 마르크스의 저작에서 이러한 유령적인 것의 논리를 해독해 보려고 했습니다. 저는 이를테면 오늘날의 세계 속에서, 보통 '종교적인 것의 복귀'라 불리는 것에 의해서만이 아니라 원격 기술에 의해서도 전환된 새로운 공적 공간 속에서 발생하는 것과 관련하여 이 작업을 수행해 보려고 했습니다. 마르크스주의라는 주제에서 애도 작업[39]은 무엇

---

38 (옮긴이) 이에 대해서는 『마르크스의 유령들』 4장 참조.

39 (옮긴이) 애도 작업(travail de deuil)은 데리다의 정신 분석 수용 및 변용에서 핵심적인 위치를 차지하는 개념 중 하나이며, 더 나아가 주체와 타자의 관계 및 관계 개념 일반에 대한 데리다 사유의 특징을 가장 잘 드러내 주는 개념이다.

프로이트는 「애도와 우울증(Trauer und Melancholia)」(1917)에서 애도 작업을 사랑하는 대상으로부터 점차적으로 리비도를 분리시키는 것으로 규정하고 있다. 반대로 이러한 정상적인 애도 작업이 제대로 수행되지 못하고 자아의 일부가 상실된 대상과 동일화될 때, 그리고 자아가 이 자신의 일부를 외부 대상으로 취급할 때 자아는 상실된 대상을 자기 자신의 일부분의 상실로 받아들이게 되며, 여기에서 우울증이 일어나게 된다.

데리다의 친구였던 니콜라스 아브라함(Nicholas Abraham)과 마리아 토록(Maria Torok, 저명한 정신분석사가 엘리자베트 루디네스코는 이들의 정신분석학이 데리다의 관점과 제일 가깝다고 지적한 바 있다.)은 비정상적인 애도 작업, 즉 우울증에 대한 새로운 개념화를 통해 이러한 프로이트의 관점을 수정한다.(Nicholas Abraham & Maria Torok, Le Verbier de l'homme aux loups, precede de "Fors"(Flammarion, 1976); L'Ecorce et le noyau(Flammarion, 1987) 참조) 이들은 프로이트가 상실된 대상과의 동일화로 간주한 것을, 타자를 자아의 내부에 위치한 일종의 지하 납골당 안에 안치하는 것으로 개념화할 것을 제안한다. 이는 다시 말하자면 자아가 자신의 내부에 '합법적인 묘소'를 마련함으로써 타자의 시신을 안치하고 이를 통해 이미 상실된 타자의 죽음 이후의 삶을 계속 유지시키고, 더 나아가 자신의 동일성을 이 타자의 죽음 이후의 삶과의 동일화로 대체시킨다는 것을 의미한다.

데리다에 따르면 이들의 작업의 중요성은, 비록 충분하게 전개되지는 못했지만, 정상적인 애도와 병리적인 애도의 경계를 문제 삼는다는 데 있으며, 더 나아가 이를 통해 자아 또는 주체와 타자 사이의 관계에 대한 새로운 이해의 실마리를 제공해 준다는 데 있다. 이런 관점에서 볼 때 데리다에게 특히 중요한 것은 이들이 프로이트를 비롯한 대부분의 정신분석가들이 동일시했던 입사(入射, introjection)와 합체(incorporation)라는 개념을 분명히 구분하고 이를 정상적인 애도 작업과 실패한 애도 작업, 또는 납골과 각각 결부시켰다는 점이다. 아브라함과 토록에 따르면 입사는 적절한 상징화 과정을 통해 부재, 간극의 장애를 극복하고 이를 통해 **자아를 강화하고 확장**하는 데 있으며, 따라서 이는 정상적인 애도 작업과 결부되어 있다. 반면 근원적으로 환상적인 성격을 지니는 합체는 대상의 부재를 상징화 과정을 통해 은유화하지 못하고 이 대상을 **탈은유화**해서 자아 안으로 삼켜 버리며(이른바 식인성(食人性) 합체), 더 나아가 이를 납골당 안에 안치시키고 이 합체된 대상과 스스로를 동일화한다.

을 의미합니까? 이것이 푸닥거리하려는 것은 무엇입니까? 푸닥거리[40]
라는 이 극히 애매한 단어 및 개념(적어도 프랑스어와 영어, 독어 3개 언어
에서는 그렇습니다.)은 『마르크스의 유령들』에서 '상속'만큼이나 중요한
역할을 수행하고 있습니다. 상속받는다는 것은 본질적으로는 어떤 것,
즉 우리가 가질 수 있는 주어진 것을 받아들인다는 것이 아닙니다. 이는

데리다는 이처럼 아브라함과 토록이 입사와 합체를 구분하고 납골이라는 개념을 도입함
으로써 비정상적인, 또는 실패한 애도 작업에 대한 새로운 이해를 가능하게 한 점을 높게 평
가하지만 동시에 이러한 구분은 제한적인 의미만을 지니고 있다는 점도 지적한다. 이는 이러
한 구분이 정상적인 애도와 병리적인 애도, 또는 성공한 애도와 실패한 애도의 구분을 지속
시킬 수 있기 때문이다. 데리다가 보기에 애도 작업은 본질적으로 타자를 상징적, 이상적으
로 내면화하는 것, 즉 타자를 자아의 상징 구조 안으로 동일화하는 것을 의미한다. 이런 측
면에서 본다면 이른바 정상적 애도, 성공적인 애도는 타자의 타자성을 제거한다는 의미에서
타자에 대한 심각한 (상징적) 폭력을 함축하고 있다. 따라서 데리다가 보기에 애도가 타자에
대한 존중, 타자에 대한 충실한 기억을 목표로 하는 이상, 정상적 애도는 실패한 애도, 불충실
한 애도일 수밖에 없다. 그렇다면 납골로서의 실패한 애도, 합체는 타자의 온전한 보존이라는
측면에서 볼 때는 오히려 성공한 애도, 충실한 애도라고 볼 수 있지 않을까? 데리다는 이 역
시 충실한 애도일 수 없다고 본다. 왜냐하면 자아 내부에 타자가 타자 그 자체로서 충실하게
보존되면 될수록 이 타자는 자아로부터 분리된 채 자아와 아무런 연관성 없이 존재하게 되며,
따라서 어떤 의미에서는 입사에서보다도 더 폭력적으로 타자는 자아와의 관계에서 배제되기
때문이다.
　이런 분석을 통해 드러나는 것은 애도의 필연성 및 불가능성이라는 역설 또는 이중 구속
이며, 이는 주체가 근본적으로 식인 주체라는 점을 보여 준다. 즉 타자와의 관계 이전에 그
자체로 존재하는 자아, 주체, 우리란 존재하지 않으며, 자아, 주체, 우리는 항상 이미 타자의
입사나 합체를 통해 비로소 자아, 주체, 우리일 수 있다는 것이다. 따라서 정상적 애도라는
관념이 전제하는 것처럼 타자로부터의 완전한 분리란 존재하지 않으며, 또한 실패한 애도라
는 관념이 전제하는 것처럼 타자의 완전한 합체도 역시 존재하지 않는다. 이처럼 자아, 주체
의 존재가 항상 이미 타자의 존재, 타자에 대한 애도를 전제한다면, 중요한 것은 타자의 타자
성을 어떻게 존중할 것인가의 문제, 레비나스가 말한 것('타인과의 관계, 즉 정의')처럼 타자
와 어떻게 정의로운 관계를 맺을 것인가의 문제이다.
　데리다에 따르면 매체-기술의 발전에 따라 이미지, 환영, 유령들이 점점 더 증식해 가는
시대에 애도 작업의 문제는 더욱더 중요성을 띠게 되며, 이에 따라 **존재론과 애도, 기술 사이
의 3중적 관계**에 대한 분석, 즉 유령론이 필수적이게 된다. 이는 최근 데리다의 작업의 중핵
을 구성하는 부분이지만, 그만큼 복잡하고 난해한 내용이기 때문에 여기에서 충분히 다루기
는 어렵다.
40　(옮긴이) conjuration은 '푸닥거리'라는 의미와 더불어, '영혼을 불러오는 것', 즉 초혼
(招魂) 및 '비밀 모의'라는 의미를 지니고 있다. 『마르크스의 유령들』, 1장 93~111쪽 참조.

능동적 긍정으로서, 하나의 명령에 응답하는 것이지만 또한 주도권, 비판적 선별이라는 서명이나 연서(連署)를 전제합니다. 우리가 상속받을 때, 우리는 고르고 가려내고 가치를 매기고 재활성화합니다. 저는 또한 (비록 제가 여기에서 이를 증명하지는 못하지만) 모든 유산의 할당은 하나의 모순 및 비밀을 숨기고 있다고 믿고 있습니다.(이는 마르크스의 정령(génie)을 셰익스피어의 정령(마르크스는 그의 열렬한 독자로서 아주 여러 번에 걸쳐, 특히 『아테네의 타이몬』과 『헛소동』을 인용하고 있습니다.) 및 『마르크스의 유령들』의 주요 인물이라 할 햄릿의 아버지와 연결시키는 이 책의 실마리입니다.)

가설은, 항상 하나 이상의[더 이상 하나가 아닌] 정신이 존재한다는 것입니다. 정신에 대해 말할 때, 사람들은 곧바로 정신들과 유령들을 불러오게 되며 상속받는 자는 누구든지 또 다른 정신보다는 하나의 정신을 선택합니다. 유령들 사이에서 또는 각각의 정신의 명령들 사이에서 선별하고 검색하고 가려내는 거지요. 유산의 할당이 복합적이고 모순적인 곳에서만, 해석에 저항하거나 무제한적인 위험을 지닌 능동적 해석을 요구할 만큼 비밀스러운 곳에서만 상속이 존재합니다. 바로 여기에 결정과 책임이 존재합니다. 이중 구속[41]이 존재하지 않을 때에는 책임도 존재하지 않습니다. 상속은 결정 불가능한 저장물을 보존해야 합니다.

---

41 (옮긴이) 이중 구속은 미국의 인류학자인 그레고리 베이트슨(G. Bateson)이 정신분열증을 분석하면서 고안해 낸 개념이다. 베이트슨은 이중 구속이 성립하기 위한 조건을 여섯 가지로 꼽는데,(「정신분열증의 이론화를 향하여」, 박지동 옮김, 『정신과 자연』(까치, 1990), 315~316쪽 참조. 이는 원래 Steps to an Ecology of Mind(Ballantine, 1975)에 수록되어 있는 논문이다.) 요약하면, 이중 구속은 두 사람 이상의 사람들 사이에서(전형적으로는 가족) 성립하는 권력 관계를 나타내는 것으로, 이 관계 속에 존재하는 '희생자'는 상호 모순되는 명령들에 직면하여 이럴 수도 저럴 수도 없는 상태에 빠지게 되며, 이로부터 정신분열증이 발병하게 된다. 데리다는 『조종(Glas)』(1974) 이후부터 이 개념을 다양한 방식으로 활용하고 있는데, 데리다의 용법에서는 원래의 심리학적이고 정신의학적 함축들은 없어지고, 대신 이 개념이 지시하는 논리적 측면(상호 모순적인 규정의 동시적 성립 가능성)이, 다양한 언어 유희를 통해 강조되고 있다. 좀 더 최근에는 아포리아(aporia)라는 개념이 자주 사용되고 있다.

만약 상속받는 것이 하나의 명령, 단지 소유물만이 아니라 해독되어야 할 할당을 재긍정하는 것이라면, 우리 자신은 우리가 상속받은 것일 따름입니다. 우리의 존재는 상속받은 것이며, 우리가 말하는 언어도 상속받은 것입니다. 횔덜린은 대강, '언어가 우리에게 주어진 것은 우리가 그 상속자인 것을 우리가 증언하도록 하기 위해서이다.'라는 말을 했습니다. 우리가 소유하거나 받아들인 상속이 아니라, 우리 자신 전체인 상속을 말입니다. 우리 자신을 우리는 상속받습니다. 그리고 우리는 우리 자신이 우리가 상속받은 것이라는 사실을 증언하기 위해 우리가 사용하는 언어를 상속받습니다. 이는 역설적인 원환으로, 우리는 이 안에서 싸워야 하며 (불가피하게도) 확정된 규준 없이, 계획 없이, 결정을 위한 규준들 없이 결정들을 내려야 합니다. 상속은 우리가 받아들이는 재산이 아니라고 말하는 것은 우리가 전적으로 상속자라는 사실을 환기시키는 것인데, 이는 전통적이거나 복고적인 주장이 아닙니다. 우리는 다른 것들 중에서도 마르크스와 마르크스주의의 상속자입니다. 저는 여기에는 누구도, 어느 것도, 특히 전체주의적 기형(전체주의는 하나 이상이 존재했는데, 이것들은 부분적으로 마르크스주의와 연계되어 있으며, 우리는 이것들을 단지 상속의 도착이나 왜곡으로 해석할 수는 없습니다.)까지도 제거할 수 없는 하나의 사건이 존재한다는 사실을 설명해 보려고 했습니다. 그리고 심지어는 마르크스를 읽어 보지 않은 사람들, 또는 그의 이름조차 모르거나 심지어는 반공산주의자들 내지는 반마르크스주의자들까지도 마르크스의 상속자들입니다. 더욱이 우리는 셰익스피어를 상속하지 않고서는, 『성경』 및 기타 다른 것들을 상속하지 않고서는 마르크스를 상속할 수 없습니다.

　　…… 저는 당 지배적인 형태를 지닌 공산주의의 복귀를 믿지 않으며,(당 형태는 분명 좀 더 일반적인 정치적 활동의 영역에서 소멸해 가고 있는 중이며, 겨우 존재를 부지해 나갈 것입니다.) 어떤 마르크스주의와 어

떤 공산주의에 대해 우리를 실망시키는 모든 것의 복귀 역시 믿지 않습니다. 저는 이것이 복귀하기를 바라지 않으며, 그럴 것 같지도 않습니다. 하지만 경각심을 늦추진 말아야 합니다. 반면 정의의 이름 아래 마르크스주의적 영감에 따라, 마르크스주의적 정신에 따라 고취된 비판들을 재개하게 될 부활은 반드시 복귀할 것입니다. 신호들도 나타나고 있습니다. 이는 당 없는, 조직 없는, 조합 없는 새로운 인터내셔널과 같은 것입니다. 이것은 모색 중에 있고 시련을 겪고 있습니다. 이는 무언가가 잘못 돌아가고 있다고 생각하고 있으며, 현재 강제되고 있는 새로운 '세계 질서'를 받아들이지 않고, 이 세계 질서가 주입하고 있는 담론이 해악스럽다는 것을 알고 있습니다. 이러한 반역적인 불만이 마르크스주의의 영감 속에서 재발견하게 될 것은 아직 이름을 얻지 못한 어떤 힘들입니다. 비록 이것이 때로는 비판의 요소들과 유사하긴 하지만, 저는 (『마르크스의 유령들』에서) 왜 이것이 단순히 하나의 비판, 하나의 방법, 하나의 이론, 하나의 철학이나 존재론이 아니며, 아니어야 하는지 설명해 보려고 했습니다. 이는 전혀 상이한 형태를 띨 것이며, 마르크스를 전혀 다른 방식으로 읽도록 촉구할 것입니다. 하지만 문헌학적이거나 아카데믹한 의미에서 독해가 문제는 아니며, 마르크스주의의 고전을 복권시키는 것도 문제가 아닙니다. 이와는 달리 제가 이 책에서 문제 삼은 어떤 경향은 점잖게 마르크스를 중립화하려고 했습니다. 이제 마르크스주의는 죽었고, 마르크스주의의 장치들은 무장 해제되었기 때문에, 우리는 『자본』과 마르크스를 차분하게 이론적으로 읽을 수 있으며 (미셸 앙리(Michel Henry)가 말하듯이 '내재적 인식 가능성'에 의해) 위대한 존재론 전통에 속하는 저작들을 쓴 위대한 철학자에게 그에 걸맞은 자격을 부여할 수 있게 되었다고 말입니다. 아니지요. 저는 왜 우리가 이러한 (마르크스의 실천적 근원성을) 완화시키는 재독해에 만족하지 않아야 하는지 설명해 보려고 했습니다.

2부

텔레비전에 대한 탐색[*]

감시권

스티글레르 제가 이 대담 녹화의 원칙을 제시했을 때, 선생님께서는 이 대담의 활용 조건이 분명하게 제시되어야 한다고 요구하셨습니다. 선생님께서는 특히 이 순간에도 녹화되고 있는 우리 이미지들의 활용 가능성들에 대해 감시할 수 있는 권리를 원하셨습니다. 이 요구의 이유들을 좀 더 분명하게 밝혀 주실 수 있겠습니까? 좀 더 일반적으로 본다면 텔레비전 및 선생님께서 최근 '원격 기술'이라 명명하신 것의 시대에 '감시권'[1]이란 어떤 것이겠습니까?

데리다 만약 제가 이러한 요구를 제기했다면, 만약 제가 이를 원칙적이고 일반적으로 말했다면, 우선 큰 환상을 품었던 것은 아니었을 것입니다. 이러한 '감시권'의 실효성에 대한 환상을 갖지 않았을 거란 말

---

* 몇 군데 아주 사소한 수정(문장을 짧게 하거나 구두점을 조정했고, 맥락을 밝히기 위해 간략한 주를 추가했으며, 제목을 붙여 장별로 나누었다.)을 제외한다면, 이 2부는 국립시청각연구소(INA)의 후원으로 1993년 12월 22일 수요일 사전 준비 없이 이루어지고 장크리스토프 로제(Jean-Christophe Rosé)에 의해 촬영된 대담을 그대로 전부 녹취한 것이다.

1 (옮긴이) regard는 감시라는 뜻 이외에도 '시선, 주시, 응시'라는 의미를 갖고 있기 때문에, droit de regard는 '시선의 권리'나 '볼 권리'를 의미할 수도 있으며, 실제로 문맥에 따라서는 '감시권'보다는 '시선의 권리' 등으로 번역하는 게 적합한 경우도 있다. 따라서 독자들은 regard의 두 가지 의미를 모두 염두에 두어 주길 바란다.

입니다. 제가 그랬던 것은 이 원칙을 정확하게 환기시키기 위해서였을 겁니다. 우리는 이것들의 통제가 불가능함을 알고 있습니다. 이는 '지식인들'과 작가들이 쓰인 글의 보호 아래 좀 더 '편안하게' 느끼는 출판 영역에서도 불가능합니다. 글로 쓰인 출판물의 통제도 어렵게 되었는데, 카메라와 영화, 텔레비전의 경우에는 훨씬 더 그럴 수밖에요. 따라서 만약 제가 이 감시권을 원했다면, 환상을 품고 그랬던 것은 아니었으며, 또한 보호주의적이거나 종교 재판 식의 관심 때문에 그랬던 것도 아닙니다. 다만 한 가지 원칙을 재긍정하기 위해, 즉 이 원칙을 말하고, 이를 원칙으로 설정할 기회를 갖기 위해서 그런 것입니다. 카메라 앞에 노출된 어떤 사람, 특히 자신의 말을 미리 준비하고 감독하고 싶어 하거나 조심스럽게 생각을 전개하려고 하는 지식인들, 교수들, 작가들의 경험에서 문제가 되는 것들, 정치적으로 심각해질 수도 있는 문제들 중 하나는 그들이 모순적인 명령에 의해 강요받고 있다고 느낀다는 점이라고 다른 많은 사람들처럼 저 역시도 믿고 있습니다. 그들은 오늘날 텔레비전이 전반적으로 지배하고 있는 공적 공간에 입회하기를 거부하거나 그로부터 벗어나려고 해서는 안 되지만, 동시에 그들은 생산 및 촬영 조건들, 우리가 극히 인위적인 조건들 속에서 지금 여기에서 하려는 것과 같은 촬영 조건들을 자신들의 요구에 일치시킬(전유한다고는 말하지 않겠습니다.) 만한 힘을 갖고 있지 못합니다. 더욱이 저는 아직 방송에 대해서는 말을 꺼내지도 않았습니다.

저는 이미 우리의 통제력이 매우 제한적이라는 인상을 받고 있습니다. 저는 편안하게 느끼고 있지만, 우리를 응시하고 둘러싸고 가두고 있는 이 장비들과 함께 표현과 토론, 반성, 토의의 괄호가 쳐진[2] '자

2 (옮긴이) 여기에서 데리다가 특별히 '자연적'이라는 단어에 따옴표를 치고 있는 것은 원초적인 것으로서, 순수한 것으로서 '자연적인 것', '자연적 조건' 따위는 존재하지 않는다는 점을 강조하기 위해서이다. 다시 말해 모든 것은 항상 이미 특정한 기술적 매개에 따라 구성된

연적' 조건들은 손상되고 왜곡되고 뒤틀리고 있습니다. 따라서 가장 먼저 해야 할 일은 우리가 말하고 싶은 리듬과 조건들 속에서 말하고 싶은 것을 말할 수 있는 조건들을 적어도 재구성해 보려고 시도하는 것입니다. 말할 권리도 역시 포함되지요. 좀 더 적합한 방식들로 말입니다. 이는 늘 어려운 일입니다. 이는 결코 순수하고 단순하게 가능하지는 않지만, 카메라 앞에서는 특히 더 어렵습니다. 게다가 제가 조금 전에 얼핏 암시했던 '편안하게'(chez soi, chez라는 짧은 단어의 어원 속에는 집(casa)이 감추어져 있습니다.³)는 무단 침입에 의해, 실은 우리가 이제 말하려고 하는 원격 권력들의 난입에 의해 가장 심하게 침해되었으며, 아마도 공적 공간과 사적 공간 사이의 역사적인(오래된 것이지만 자연적인 것은 아니며, 이제 많이 쇠퇴한) 구분만큼이나 심한 피해를 입었을 것입니다.

제가 환상이 깃들어 있지 않은 이러한 요구를 통해 말하고자 했던 것은 어떤 과제 또는 구호의 역설입니다. 즉 우리는 오늘날 원격 기술, 텔레비전, 라디오, 전자 우편이나 인터넷과 맞서 싸울 것이 아니라, 반대로 이러한 매체들의 발전이 일군의 시민들, 특히 방송 매체에 모습을 나타내거나 우리가 여기에서 함께 수행하려는 리듬에 따라 방송 매체를 분석하고 싶어하는 '지식인들', 예술가들, 작가들, 철학자들, 정신분석가들 및 남녀 과학자들, 그리고 일부의 언론인들과 방송인들이 당연히 요구하고 긍정하고 옹호하는 규준들에 더 많은 여지를 남겨 둘 수 있게 싸워야 할 것입니다. 저는 그저 이것을 지적하고 싶었을 뿐입니다.

것이며, 따라서 '자연적'이라는 것은 실은 우리가 아주 익숙해져 있는 어떤 기술적 상태를 가리킬 뿐이다.

3 (옮긴이) chez soi는 영어의 at home처럼 '자기 집, 가정에서'를 의미하며, '편안하게'라는 의미도 갖고 있다. 그러나 여기에서 데리다는 chez soi의 철학적인 의미에 관심을 기울이고 있다. 즉 프랑스에서 soi는 영어의 self와 마찬가지로 '자기'를 의미하므로, chez soi는 '자기 자신으로'라는 뜻이 되며, 따라서 데리다는 뒷부분에서는 chez soi를 주로 '고유성, 내밀성'이라는 의미로 사용하고 있다.

'감시권'이라는 표현은 분명 아주 애매한 표현입니다. 그것은 남용되거나 사칭된 권위, 또는 우리가 '원래는' 권리를 지니고 있지 않은 곳에서 강제로 전유하거나 부과한 권위를 의미할 수 있습니다. 게다가 감시법은 그 자체가 우리가 맞서 반항할 수 있는 하나의 권위입니다. 누가 누구에 대해 감시의 권리를 갖는 것입니까?
—데리다

선생이 질문 마지막 부분에서 언급했던 '감시권'이라는 표현은 분명 아주 애매한 표현입니다. 그것은 남용되거나 사칭된 권위, 또는 우리가 '원래는' 권리를 지니고 있지 않은 곳에서 강제로 전유하거나 부과한 권위를 의미할 수 있습니다. 게다가 감시법은 그 자체가 우리가 맞서 반항할 수 있는 하나의 권위입니다. 누가 누구에 대해 감시의 권리를 갖는 것입니까? 법, 모든 법은 각기 나름의 방식으로 감시법이며, 모든 법은 감시권을 부여합니다.[4] 법은 '감시법'과 등가입니다. 자신을 존중하도록 만들 수 있는 힘을 행사할 권력이 없이는 법은 존재하지 않는다고 말함으로써 칸트는 이를 환기시킨 바 있습니다. 따라서 다른 그 무엇으로도 '자연적으로' 보장되지 않는 어떤 권력에게 통제와 감독의 권리, 따라서 감시권을 부여하지 않는 법이란 존재하지 않습니다.

하지만 선생이 이를 언급했던 맥락에서는, 무엇이 법적인 것이나 법적 – 정치적인 것을 시선과 시각, 그리고 또한 이미지들의 포착 및 활용과 연계시키는지 일반적으로 이해하는 것이 문제였습니다. 요컨대 누가 스스로를 보여 주도록 허락받고 있는지, 그리고 무엇보다도 누가 이미지들을 보여 주고 만들어 내고 저장하고 해석하고 활용하도록 허락받고 있는지를 아는 문제가 남아 있습니다. 이는 오래된 문제이지만, 오늘날에는 새로운 측면들이 있습니다. 우리 시대 및 우리 문화를 초월하는 감시권이라는 매우 일반적인 문제를 통해 이러한 특수성에 접근해야 합니다. 우리를 성서와 플라톤, 또는 심지어는 다른 문화권에서의 감시의 문제로 이끌어 가게 될 이 거대한 문제를 다루지는 않을 것입니다. 하지만 우리가 우리 시대라는 극히 제한된 반경 속에서 이 문제를 제기하고 이미지 기술을 고려하는 데 국한한다 하더라도, 할 일이 아주

---

4 (옮긴이) droit는 법과 권리 모두를 의미한다. 따라서 droit de regard는 맥락에 따라 '감시권'을 의미할 수도 있고, '감시법'을 의미할 수도 있다.

많습니다. '공적'이거나 '사적'인 공간 속으로 침투할 수 있는 권리, 타자의 '집안(고유성)'으로 눈 및, 카메라와 촬영 장비 등과 같은 모든 시각적 보결물들을 '들이게' 할 수 있는 권리가 문제이든, 아니면 (직접적으로 정치적이든 아니든) 이미지들을 누가 소유하고, 누가 전유할 수 있고 선별할 수 있으며 보여 줄 수 있는지를 알 권리가 문제이든 간에 말할 것이 많습니다. 저는 '감시권'이라는 이 표현을 사진, 한 사진 작품에 대해 사용했더랬는데,[5] 당시 저는 이 작품의 서사적 기반들을 증식시켜 보려고 했습니다. 하지만 이 표현은 예술의 문제, 또는 예술로서의 사진 기록의 문제를 훨씬 넘어섭니다. 이는 오늘날의 공적 공간에서, 현실적이거나 가상적인 이미지들 및 시선들과 눈들, 시각적 보결물들 등의 생산과 유통에 의해 조절되는 모든 것에 관련됩니다.

스티글레르 이는 또한 제도의 문제이며, 이미지들의 기록[6]에 접근할

---

5 *Lecture de 'Droit de regard' de M.-F. Plissard*(Minuit, 1982).

6 (옮긴이) écriture/writing은 데리다 철학에 관한 많은 오해를 불러일으킨 개념 중 하나이다. 데리다가 『그라마톨로지(*De la grammatologie*)』나 『기록과 차이(*L'écriture et la différence*)』, 또는 「『기하학의 기원』 서론(Introduction à *L'origine de la géometrie*)」 같은 초기 저작에서 사용한 용법에 따르면 écriture는 '주체'가 어떤 '의도'를 갖고 '글을 쓰는 행위'로서의 '글쓰기'라기보다는, 글쓰기 행위를 비롯한 일체의 문명적 활동(과학적, 정치적, 예술적 등)의 밑바탕을 이루는 토대(support)라는 의미, 다시 말해서 서양의 알파벳이나 이집트 또는 중국의 상형 문자 등과 같은 문자 기록이라는 의미를 가진다. 특히 『그라마톨로지』에서 데리다가 보여 주려 한 것은 서양에 고유한 écriture로서의 알파벳 체계가 내포하고 있는 음성 중심적인 요소가 서양의 형이상학적 문명의 원리와 긴밀한 연관성을 맺고 있다는 점이다. 이런 점을 고려한다면, écriture는 글쓰기가 아니라 '문자 기록'이라고 번역하는 것이 합당하다.

다른 한편으로 원-기록(archi-écriture)이라는 개념에서 알 수 있듯이 데리다는 초기 저작들에서도 분명히 écriture라는 개념을, 흔히 이해되는 경험적인 문자 기록과는 달리 무의식적인 기억의 토대 내지는 유전자 코드까지도 포함하는, 따라서 생명의 (불)가능성의 조건을 구성하는 매우 넓은 의미로 사용하고 있었다. 하지만 이 개념의 일반적인 용법이 지니는 함의(다시 말해 영상 이미지와 대립하는 문자 기록이라는 의미) 때문에, écriture는 현대의 '원격 기술'이 이룩한 정보의 생산 및 유통, 기록과 보관에서의 거대한 발전을 개념적으로 포괄하기에 어려움이 있다. 이런 필요성 때문에 데리다는 최근 저작에서는 écriture라는 개념

권리의 문제이기도 하지요.

데리다 그렇습니다.

스티글레르 이 점과 관련하여 지난 10월에 《르 몽드》에 발표된 한 텍스트가 생각나는데, 선생님께서도 서명하신 이 텍스트는 1992년 의회에서 통과된 법, 즉 시청각 자료, 다시 말해 시청각 기록의 법정 납본을 제도화하고 이 기록을 과학자 집단에 공개할 것을 명문화한 법의 시행 문제와 관련된 것이었습니다. 이는 당시까지 경제적 법칙과 법적 제도에 의해 가로막혀 있었습니다. 시청각 기록 자료들을 과학자 집단에게 맡길 어떠한 책무도 없었던 것이죠. 이제는 법이 존재하고 이는 시행되어야 하지만, 아직 그러지 못하고 있습니다.[7]

데리다 존재하는 순간부터 이 법은(법의 시행 문제는 중대하지만, 당분간은 부차적으로 생각합시다.) 사회나 정부 또는 국가가 공영 방송에서 생산되고 방송된 거의 모든 것을 '저장'하고 보관할 권리 또는 의무가 있

과 함께 archive라는 개념을 사용하고 있으며, 따라서 이런 점을 고려할 때 écriture는 '문자 기록'으로, 그리고 archive는 '기록'(또는 경우에 따라서는 '기록 보관')으로 번역하는 것이 적합하다.(국내 이론가들 중에서는 매우 드물게 écriture 및 différance의 번역 문제에 관한 통찰력 있는 논의를 전개하고 있는 글(「해체의 철학과 문학 비평」, 『데리다 읽기』, 이성원 엮음(문학과 지성사, 1997))에서 이성원 교수는 '기록'을 écriture의 번역어로 제시하고 있다. 이성원 교수의 전반적인 논의에는 찬성하지만, archive와의 구분을 위해서는 écriture를 '문자 기록'으로 번역하는 것이 더 낫다고 생각한다.)

독자들은 데리다가 쓰고 있는 '기록'이라는 개념에는 문자적인 기록만이 아니라, 음성 기록 및 영상 기록처럼 훨씬 다양하고 넓은 범위의 매체를 통한 기록의 의미가 포함되어 있으며, 특히 새로운 매체 기술, 또는 원격 기술이 가져온 기억의 확장과 변형의 문제가 담겨 있다는 점을 염두에 두어야 한다.

7 이 대담의 녹화 당시에 법령은 아직 공포되지 않았다. 법령은 1994년 1월 1일 《관보》에 공포되었다.

음을 인정합니다. 이것들이 보관되고 축적되고 질서 있게 분류되면, 법은 모든 전승물, 모든 국가 재산처럼 이것들에 접근할 수 있게 해 주어야 합니다. 그리고 법은 이 기록을 열람하려는 모든 시민에게 이러한 접근을 허락해 주어야 합니다.(적어도 모든 시민에 대해서 그래야 하는데, 왜냐하면 권리라는 이 거대한 문제는 반드시 시민과 어떤 국민 국가의 권리 자체로 제한되지 않기 때문입니다. 오늘날 국가주권이라는 법률적 개념에 영향을 미치는 모든 것(이는 사소한 것이 아닙니다.)은 매체들과 관계(이는 본질적 관계입니다.)를 맺고 있으며, 때로는 우리가 지금 이 순간 말하고 있는 원격 권력들과 원격 지식들에 의해 조건화됩니다. 게다가 모든 국가는 국가 기록에 대해 동일한 역사와 동일한 정책을 갖고 있지 않습니다. 각각의 국가는 비시민들에게 허락되어야 할 〔기록에의〕 접근에 대해 상이한 개념을 갖고 있습니다.)

만약 이 법의 생산 이전에, 그리고 다음에는 시행 이전에 어떤 동요나 반응 시간이 존재한다면, 근본적으로 이는 새로운 유형의 기록들이 새로운 문제들을 창출하기 때문이 아닌가 합니다. 이미 다른 유형의 문서들이나 기록들, 예컨대 문자 기록들이나 법정 납본용 책들에 대해 채택되고 있는 규준들은 라디오나 텔레비전 기록의 대량 생산에 의해 전위(轉位)되고 있습니다. 이 기록에 대한 시민들(더욱이 내가 암시했던 것처럼 외국인들)의 접근에 어떤 제한도 가해져서는 안 됩니다. 문제가 되는 것은 사실 이미 공적이고 이미 노출되고 이미 보여진 어떤 것입니다. 여기에는 어떤 비밀도 없으며, 어떤 국시(國是)도 호출될 수 없습니다. 따라서 이 공적 자료들을 연구하고 싶은 사람 누구에게나 국가가 지체 없이 형식적 법뿐만 아니라 이 기록에 접근할 수 있는 기술적 조건들도 보장해 주는 것은 극히 정상적인 것입니다. 만약 이 법의 시행이 지체된다면, 이는 묵과될 수 없습니다. 이 때문에 우리들 중 어떤 이들이, 정부가 주장하는 바에 따르면 기술적이고 경험적인 이유들일지도 모르겠지만, 사실은 덜 '중립적일' 이유들에 대항하여 일어서게 된 것입니다. 하지만 이 문제는 당분간 제쳐 둡시다. 어쨌든 이 영역에서의 지체는 공적인 기록을 참조하려는 사람의 권리에 가해진 폭력입니다. 물론 이론적, 철학적, 과학적, 역사학적(여기에서 역사가의 과제는 나머지 모든 과제들과 교차됩니다.) 이유들 때문이기도 하겠지만, 또한 정치적 이유들 때문에 이것이 특히 긴급한 탐구의 주제가 될수록 더욱 그렇습니다. 왜냐하면 우리는 이제 담론이나 이미지들의 생산 및 방송이 공적 공간에서 가질 수 있는 효과를 알고 있기 때문입니다. 오늘날에는 정치 영역이 관례적인 장소들 및 정치적 토론과 심의의 법적 기관들(의회, 정부 등)을 넘어서 라디오와 텔레비전 방송에 의해 광범위하게 영향받고, 많은 경우는 규정되기까지 한다는 것은 너무나 명백합니다. 따라서 이러한 기록들에 접근하고, 내용 및 생산과 유통을 지배해 온 선별과 해석, 조작의 양상들을 분석할 수 있다는 것은 시민의 권리입니다. 다시 한 번 말해 두지만 저는 당분간은 약간 모호하게 '시민'이라고 말하고 있습니다. 이 점을 다시 다룰 기회가 있겠지요. 새로운 윤리와 새로운 권리, 사실은 새로운 '환대'의 개념이 문제입니다. 원격 기술들과 가상 공간, '가상적인 것'의 새로운 위상학의 가속화된 발전은 어떤 영토의 현재성과 연계되어 있는 국가와 시민(따라서 '정치적인 것')에 대한 전통적이고 지배적인 개념들의 실천적 해체를 생산합니다. 저는 '해체'라고 말했는데, 결국 제가 이 단어로 호출하고 사유하고자 하는 것은 근본적으로는 이러한 과정 자체, 그 사건이 장소에 대한 경험 자체에 영향을 미치게 되는 이러한 과정의 '장소를 ─ 가짐〔발생〕', 이러한 '사물'의 (징후적이고 과학적이거나 철학적인) 기재,[8] 장소에 발생하는, 장

---

8 (옮긴이) '기재(記載)'라고 번역한 enregistrement은 방송 전문 용어로 '촬영'을 의미하지만, 이 책에서는 이런 의미 이외에 '어떤 매체를 통해 사건이나 행동, 소리, 현상 일반을 기록해 두다'라는 의미를 지니고 있다. 데리다가 문자 기록이라는 개념을 기록이라는 개념으로 변형 ─ 확장하고 있는 것처럼, 기입(inscription)이라는 개념을 기재라는 개념으로 변형 ─ 확장하고 있다고 보면 될 것이다. 기입이라는 개념이 '새겨 넣어 흔적을 남김'이라는 의미를 지

소를 – 가짐에 발생하는 사건의 차이를 추적하는(기입하고 보호하고 전달하고 준거하거나 차이화시키는) 흔적일 뿐이기 때문입니다.

스티글레르 텔레비전은 현대적 원격 기술의 장치에 속하지만, 원격 기술은 분명 텔레비전 자체보다는 훨씬 더 복잡합니다. 선생님의 저서를 잘 읽어 보면, 문자 기록과 모든 문자 기록의 형식은 이미 어떤 원격 기술임을 알게 됩니다. 편지를 전달하는 힘은 자기로부터 멀리 발송하는 것인데, 이는 이미 모든 근접성, 모든 직접성의 원환과 단절하고 있으며, 선생님께서 잘 보여 주신 것처럼, 사실은 직접적 근접성이란 결코 존재하지 않고, 항상 이미 어떤 문자 기록과 같은, 따라서 원격 기술과 같은 무엇이 존재합니다. 그렇다면 선생님께서 최근 '원격 기술'라는 표현으로 명명하신 것의 특수성은 어떤 것이겠습니까? 선생님께서는 방금 전에, 사람들이, 예컨대 우리가 지금 참여하고 있는 촬영에, 그리고 그것의 향후 용도에 행사하고 싶어하는 제어력에 관해 환상을 갖고 있지 않다고 말씀하셨습니다. 그리고 선생님께서는 이미 문자 기록에 관하여 그것의 '의미(말하고자 – 함)'[9]에 대한 어떤 제어도 가능하지 않다고 말한 적이 있음을 환기시켜 주셨습니다. 어떤 점에서 이러한 비제어의 문제가 현대의 원격 기술, 특히 텔레비전과 더불어 독특하게 제기됩니까?

데리다 항상 그렇듯이 선택은 제어와 비제어 사이에서 이루어지지 않으며, 통용되는 의미에서의 문자 기록과 비문자 기록 사이에서 이루

니고 있고, 따라서 보다 제한적인 범위의(이른바 '물질적인') 토대나 매체에 관련되어 있는 반면, 기재라는 개념은 이런 제한 없이, 새로운 매체 영역과 관련하여 의미론적으로 좀 더 신축성을 지니고 있기 때문이다.

9 (옮긴이) vouloir-dire는 관용적으로는 '~을 의미하다'라는 뜻이지만, 단어 그대로의 의미를 따르면, '말하고자 함'이 된다.

어지지도 않습니다. 제가 문자 기록을 정의하려고 했던 방식은, 선생이 환기시킨 것처럼, 그것이 이미 하나의 원격 기술이라는 점을 함축하고 있었는데, 이와 더불어 문자 기록은 원초적인 비전유를 포함하게 됩니다. 선택은 통제와 비통제, 제어와 비제어, 소유나 비전유 사이에서 이루어지지 않습니다. 오히려 제어 없는 제어(이것이 내가 탈전유라고 부르자고 제안했던 것입니다.)의 여러 형상들 사이에서 하나의 '선택'이 문제이며, 따라서 '논리'가 다릅니다. 하지만 이는 또한 전쟁, 여러 전유력들 사이의, 여러 통제 전략들 사이의 갈등적 긴장이라는 현상적 형태를 취하기도 합니다. 비록 아무도 모든 것을 통제할 수는 없다 하더라도, 사람들이 누구를 제한하기를 원하는지, 무엇에 의해, 그리고 누구에 의해 자신들의 말과 행동이 직접적이고 전체적으로 재전유되는 것을 원하지 않는지 아는 것이 중요합니다. 저는 제가 하는 것, 제가 말하는 것 또는 제 자신을 제가 통제하거나 전유할 수 있으리라는 가능성에 대해 환상을 갖고 있지는 않습니다. 하지만 저는 이렇게 할 수 있기를 원하며(이것이 이 영역에서의 모든 싸움의, 모든 충동(pulsion)의 의미입니다.) 적어도 저의 말과 행동이 제가 반대해야 한다고 믿고 있는 목적들을 위해 직접적이고 명시적으로 활용되지 않기를 바랍니다. 저는 저의 생산물을 재전유하기를 원치 않지만, 바로 이러한 이유 때문에 다른 사람들이 제가 싸워야 한다고 믿는 목적들을 위해 이를 재전유하는 것도 원치 않습니다. 근본적으로 이는 다수의 전유, 탈전유 운동들 사이의 투쟁이며, 환상 없는 투쟁인데, 왜냐하면 정확하게 말하자면 이는 동등하게 접근 불가능한 양극 사이에서 전위되기 때문입니다.

그렇다면, 원격 기술이나 원격 기술적 문자 기록의 일반 역사의 영역에서, 우리를 에워싸고 있는 것과 같은 장치들과 더불어 존재하는 우리 시기의 특수성은 어떤 것입니까? 이는 중대하고 어려운 질문입니다. 이 시기의 특수성은, 지금으로서는(우리가 시간이 있다면, 우리가 텔레비전으로 녹화되는 현재의 상황에 있지 않다면 수행했을 방식으로) 기술하거나 분석할 수 없는 형태들과 굴곡들을 갖고 있습니다. 따라서 우리가 여기에서 이 주제들에 대해 습관적으로 말하고 쓰던 방식대로 말할 수 없다는 것을 지적해 두면서, 동시에 이러한 제약을 제거하지 말고, 이 질문들에 다른 리듬과 스타일로 접근하기 위해 이 상황의 특수성을 존중하도록 노력해야 합니다.

그렇다면 여전히 일반적인 수준에 머물러 있긴 하지만 다음과 같은 사실을 지적하면서 출발해야 할 것입니다. 즉 이러한 특수성이 어떤 것이든 간에, 그것은 단번에 직접적이거나 자연적인 말을 인공 보결물과 원격 기술 등으로 대체하지는 않습니다. 이러한 기계들은 언제든지 존재했고 존재할 것이며, 심지어는 손으로 글을 쓰는 순간에도, 앞서 말한 직접적인 대화 중에도 존재합니다. 하지만 오늘날에는 가장 생생하게(살아 있는 것처럼) 보이는 것과, 이러한 생생한 것의 활용이나 방송에서의 차이나 지체, 지연 사이에 가장 커다란 양립 가능성과 협력, 친화성이 설정되는 것으로 보입니다. 18세기나 19세기의 서기나 작가가 글을 쓸 때, 기입의 순간은 생생하게 보존되지 않았습니다. 기록의 재료나 기입의 형태들은 보존되었지만, 작가의 얼굴이나 목소리, 손과 같은 '생생한' (또는 그렇다고 하는) 어떤 흔적도 보존되지 않았습니다. 반대로 지금 이 순간 우리는 우리가 나중에, 생생했던, 생생한 어떤 것이 단한 번 발생했던 우연적 순간으로 회고하게 될 매우 독특하고 반복되지 않는 한 순간을 살아가는데, 사람들은 이를 단순히 생생하다고 믿고 있지만, 사실 이는 몇 주 또는 몇 년이 지난 후 어느 곳 어느 때인가 상이한 환경, 상이한 '맥락'에서 바로 이 현재, 바로 이 순간을 지시하는 생생한 것으로 재생될 어떤 것입니다. '원격'의 최대치, 즉 거리, 지체, 지연의 최대치가, 생생한 것으로 지속될 또는 오히려 목소리의 울림이나 이미지, 시선, 움직이는 손과 같이 생생한 것에 대한 생생한 이미지, 직접적 이미지로 지속될 어떤 것을 책임지게 될 것입니다. 이는 단순하면서도 민감한 것입니다. 19세기 말까지는 어떤 가수의 목소리도 녹음되지 않았습니다. 누구의 목소리도 자신의 '고유한 움직임' 속에서 녹음될 수 없었습니다! 사람들이 공적 기록으로 보존해야 한다고 믿었던 이들의 목소리(가수들만이 아니라 작가, 이야기꾼, 웅변가, 정치가 등)도 마찬가지였습니다.

그런데 엄밀하게 말하자면 우리는 지금 조명 아래에서, 카메라들 앞에서, 우리의 목소리가 울려 퍼지는 것을 들으면서 이 생생한 순간이 존재할 수 있음을 알고 있으며, 그것이 (언제 그리고 어느 때인지는 알 수 없지만) 자신을 전송하여 보여 주게 될 기계 장치들에 이미 포획되어 있음을 알고 있기 때문에, 우리는 이미 죽음이 거기에 있다는 것을 알고 있습니다. 프랑스 국립시청각연구소는 기계, 사물들을 녹화하고 순간들을 기록하는 일종의 장례식처럼 움직이는 기계이며, 우리는 녹화가 끝난 직후 또는 녹화 도중에 우리가 죽게 될지라도, 이것은 '생생한' 것으로, 삶의 모의물로 남게 되리라는 것을 선험적으로 알고 있습니다. 삶의 최대치(le maximum de vie, 가장 생생한 것)이지만 이미 죽음과 연루되어 있는 것('더 이상 삶이 아닌 것'[10]), 바로 이것이 가장 오랫동안, 그리고 가장 멀리까지, 하지만 유한한 방식으로 전파될 것입니다. 이는 영원성을 위해 기재되는 것이 아닌데, 왜냐하면 이는 유한하기 때문입니다. 그리고 이것이 유한한 이유는 주체들이 유한할뿐더러 우리가 말하

---

10 (옮긴이) le plus de vie는 '삶의 최대'와 '더 이상 삶이 아닌 것' 모두로 번역될 수 있다. plus는 '~보다 더 많은'이라는 비교급 부사이고, le plus는 '가장 많은'이라는 최상급 부사이다. 하지만 plus는 또한 부정을 나타내는 부사인 ne와 함께 쓰이면 '더 이상 ~ 아닌'을 의미한다. 따라서 le plus de vie는 plus가 최상급의 의미로 사용되면 '삶의 최대'를 의미하고, plus가 부정의 의미로 사용되면 '더 이상 삶이 아닌 것'을 의미하게 된다. plus의 이중적 의미를 고려한 이런 용법은 『마르크스의 유령들』에서도 이미 le plus d'un(하나 이상/더 이상 하나 아님)이라는 표현으로 나타난 적이 있다.

고 있는 기록 역시 파괴될 수 있기 때문입니다. '직접적인' 삶의 가장 커다란 강렬함은 가장 멀리까지 전달될 수 있도록 가장 가까이에서 포착됩니다. 만약 특수성이 존재한다면, 이러한 거리의 정도에서 비롯되며, 가장 가까운 것과 가장 먼 것을 함께 지니고 있는 이러한 양극성에서 비롯됩니다. 이러한 양극성은 문자 기록과 더불어 이미(따옴표를 해서 가장 '태곳적'부터 또는 가장 '시초에서'부터라고 말하기로 합시다.) 존재했지만, 오늘날 자신이 이전에 그랬던 것과는 비교도 안 될 새로운 차원에 도달했습니다. 분명 어떤 특수성을 양적 차이에 따라 정의해서는 안 되겠지요. 따라서 수백만 년 동안 선행했던 것들과는 공약 불가능한, 척도를 공유할 수 없는 이러한 가속화 또는 팽창의 내부에서 구조적 차이들을(저는 예컨대 죽은 것이 '현재 살아 있는 것'으로 복원된다는 점이 구조적 차이들 중 하나라고 믿고 있습니다.) 발견해야 할 것입니다.

스티글레르 예를 들자면 생중계의 가능성은, 지금 이 순간 카메라에 의해 포착된 이미지가 곧바로 방송되는 것을 손쉽게 상상해 볼 수 있을 텐데요. 문자 기록과 관련하여 절대적인 특수성을 표시하는 것이 아닙니까?

데리다 그렇게 생각할 수도 있을 겁니다. 실제로 '르포'에 의한 정치적 사건들(예컨대 전쟁)의 생중계, 전송이라는 것이 있으니까요. 최근에는 이런 사례들을 많이 볼 수 있지요. '생'중계라는 것이 우리가 말하고 있는 공간 속에 주목할 만한 구조적 새로움을 도입하기는 하지만, 이러한 '생생한[직접적인]'은 절대적 '생생함'이 아니라, 단지 직접적 효과, '전적인(direct)' 주장에 불과한 것입니다. 중계나 방송은 외견상으로는 직접적으로 보이지만, 사실은 선택과 조절, 선별성을 포함하고 있습니다. 예컨대 몇 분의 1초 동안에도 CNN 방송은 '생생한' 이미지라 불리는 것을 선별하고 검열하고 화면을 짜맞추고 검색하기 위해 개입합니다. '보여 줄 것'이 무엇이든 '보여 주는 자들'이 누구이든 간에, 선택과 사전 계획에 대해서는 아무런 말도 없이 말입니다. 텔레비전 채널에 '생생하게' '중계'되는 것은 중계되기 이전에 생산됩니다. '이미지'는 그것이 재생한다고 간주되는 것에 대한 충실하고 온전한 재생물이 아닙니다. '재생 가능한' 모든 것들은 말할 나위도 없지요. 우리가 여기에서 겪고 있는 미미한 경험도 마찬가지일 것입니다. 우리가 녹화하고 있는 것이 곧바로 방송된다고, 예컨대 오늘날의 '프랑스의 상황'에 대한 우리의 모든 암시들이 전혀 이해되지 않는 외국의 어떤 나라에 방송된다고 해 봅시다. 이 경우 보충 해석 및 그에 따른 지체가 불가피하기 때문에, 모든 것은 왜곡을 겪게 될 것입니다. 게다가 이를 생각해 보기 위해 꼭 외국의 사례를 들 필요는 없습니다. 정치적으로 보다 중대한 사건, 즉 전쟁이나 의회에서의 논쟁, 다른 나라에 대한 인도주의적이거나 무력적인 개입이 문제가 될 때, 생중계는 비록 '기술적으로는' 생생해 보이지만, 곧바로 온갖 종류의 여과망에 포획됩니다. 짜맞추고 잘라 내고, 여기는 내보내고 저기는 차단하는 것이지요. '생생함'을 결코 온전하지 않게 만드는 이 모든 종류의 개입 방식들을 무한히 기술해 볼 수 있을 겁니다. 아무리 제한되고 순화된 것이라 하더라도, 아무리 '허구적인' 것이라 하더라도, 이러한 기술적 가능성이 존재한다는 것은 분명 모든 분야에서의 사태 파악을 변화시키기에 충분합니다. 우리가 '생중계'라는 것이 가능하며, 세계의 끝에서 끝까지 목소리들과 이미지들이 중계될 수 있다는 것을 아는 순간부터, 이를 '알고 있다고 믿는', 아주 단순하게 믿는 순간부터, 지각과 경험 일반의 장은 심원하게 변화되어 버립니다.

인공적 현재성, 동질화 헤게모니

　스티글레르 《파사주》와 가진 대담[1]에서 선생님께서는 시간, 즉 이 경우에는 공적인 발언의 시간이 하나의 인공물이라고 말씀하셨습니다. "어떤 공적인 공간, 따라서 어떤 정치적 현재는 …… 아주 혼란스럽게도 정보나 통신으로 불리는 것에 대한 원격 기술의 결과로 그 구조와 내용에서 끊임없이 변화하고 있습니다." 따라서 현재성은 만들어지는 것이며, 이 때문에 선생님께서는 '인공적 현재성'에 대해 말씀하고 계십니다. 이는 우선, 선생님께서 이미 앞에서 기술하신 대로, 이것이 어떤 선별 과정으로부터 결과된다는 것, 이것이 "위계화하고 선별하는, 작위적이거나 인공적인 다수의 장치들……에 의해 능동적으로 생산되고 가려지고 투여되고 수행적으로 해석된다."는 것을 의미합니다. 선생님은 여기에 "현재성은 허구적 공정을 통해 우리에게 도착합니다."라고 덧붙이셨습니다. 이러한 선별적 생산은 적어도 포획과 가공, 확산과 보존의 체계입니다. 이것은 따라서 어떤 기준 체계에 따르는 것입니다. 선생님께서는 여러 저서에서, 특히 최근 저서인 『마르크스의 유령들』

---

1 이 대담의 일부가 「인공적 현재성」으로 이 책 앞부분에 재수록되었다.

에서 기억의 정치의 필요성에 대해 여러 번 말씀하셨습니다. 특히 이러한 선별성과 관련해 볼 때, 기억의 정치란 무엇을 의미합니까? 모든 형태의 기억들 속에서 이러한 선별은 제거될 수 없기 때문에, 문제는 '기억 산업'이라 불릴 수 있는 것의 인공적 현재성이 선별한다는 사실에 있는 것은 아닙니다. 문제는 이러한 선별의 기준들입니다. 만약 이러한 기준 체계가 산업의 상품적 성격에 의해 과잉 규정되고, 따라서 잉여 가치 실현 원칙에 의해 지휘되는 것이 사실이라면, 현재성의 구성에 대한 시장의 헤게모니적 압력이 가질 수 있는 효과들을 기억의 정치를 통해 규제하는 것이 문제이겠습니까?

데리다 이는 아주 어려운 문제들입니다. '인공적 현재성'이라는 혼성어는 무엇보다도, '현재적인 것' 또는 오히려 '라디오와 텔레비전에서 뉴스라는 이름으로 방송되는 것'이라는 의미에서 현재성은, 일군의 기술적이고 정치적인 장치들이 완결되지[유한하지] 않은 사건의 덩어리 속에서, 현재성을 구성해야 할 '사실들'을 어떤 식으로든 선택하는 한에서만 존재함을 뜻합니다. 사람들이 쉽게 잊어버리곤 하지만 이는 진부할 만큼 아주 잘 알려져 있는 사실이며, 이러한 해석적 선별은 정보나 매체들에만 한정되지 않습니다. 이는 모든 지각이나 모든 유한한 경험 일반의 문턱에서 부과됩니다.

게다가 선택들은 결코 중립적이지 않아서, 텔레비전이나 라디오 방송국에서 준비되거나 그전에 통신사에서 결정됩니다. 모든 현재성은 일반적으로 은폐되어 있는 이러한 인공적 여과 장치와 함께 구성됩니다. 하지만 선생이 방금 전에 언급한 시장의 문제에 접근하기 위해서는 이러한 인공적 장치들이 사설 기관이나 국가 기관에서 동시에 또는 번갈아 통제된다는 점을 지금부터 미리 분명하게 해 두어야 할 것 같습니다.(선생의 마지막 질문을 좀 더 빨리 다루기 위해 이 점에 주목하는 것입니

　　　　　　　　　　　인공적 현재성, 동질화 헤게모니

다.) 국가적 헤게모니가 인공적 현재성에 미칠 효과들을 두려워하는 사람들은 이에 대처하기 위해 라디오와 텔레비전 방송국들을 시장에 개방하고 있습니다. 하지만 이는 국영 방송들이 시장 바깥에 있다는 것을 의미하지는 않습니다. 그것들 역시 시장에 굴복하고 있습니다. 이전 어느 때보다 더 그렇습니다.

이 경우 시장이란 무엇을 말합니까? 사람들은 우선 시장을 국가의 활동에 대립시킨 다음, 국영 방송들은 시장의 바깥에 있다고 생각할지도 모르겠습니다. 하지만 전혀 그렇지 않다는 것을 우리는 알고 있습니다. 우리가 오늘날 할 수 없는 일은 시장을 제한하는 것입니다. 우리는 사설 라디오 방송국이나 채널들과 경쟁하기 위해서 국영 방송들이 시장에서 승리해야 하고 광고 시장에 개방돼야 하며 시청율을 목표로 노력해야 한다는 것을 알고 있습니다. 현재로서는 어떤 것도 시장 및 선생이 잉여 가치라 부른 것에서 벗어날 수 없습니다.

그렇다면 이러한 점에서 볼 때 무엇이 시장 속에 편입될 수 있고 또는 무엇이 시장을 넘어설 수 있는가를 이해하는 중대한 문제를 다시 제기해야 할 것입니다. 현재 방송 기자들이 정치가들처럼 자기 앞에 놓인 프롬프터를 보면서 말하고 있다는 점을 환기시키는 것만으로는 충분치 않습니다. 방송 중인 기자들이 한 문장 한 문장을 읽을 때마다 매순간 시청률의 변화를 알려 주는 기계들이 존재한다는 것을 알아야 합니다. 한 문장 한 문장을 읽을 때마다 그는 원칙적으로 시장 또는 시청률이 알려 주는 현재의 시청 상황에 대해 고려할 수 있어야 하는데, 이러한 시청 상황은 광고 수주를 위해, 채널이 '경쟁력'을 가질 수 있기 위해 필수적이기 때문입니다. 방송 진행자들이 자신들 눈에는 보이지 않는 시청자(이들은 자신들에게 전달되는 이러저러한 내용이 프롬프터 위에 띄워지며 시청률의 변화를 따라가고 있다는 사실을 알지 못합니다.)를 똑바로 쳐다보는 척하면서 읽고 있는 자료는 무엇을 의미합니까? 이는 마치 앵커가 익명적이고 무의식적이고 추상적이고 가상적이고 유령적인 어떤 대담자(시청자)의 얼굴 위에서 '시청률'이라 불리는 인공물을 읽는 것과 같습니다. '우리 자신', 이 '다른 이들'(시청자)이 마치 짐승들이나 기계들, 신들처럼, 알지 못하는 사이에 모든 것을 질서 짓고 있는 것입니다.

따라서 국가 역시 고려할 수밖에 없는 이러한 시장의 명령은 인공적 현재성을 규정하는 요인들 중 하나('최종 심급에서' 규정하는 요인 그 자체라고는 말하지 않겠습니다.)입니다. 이러한 질문을 충실하게 다루기 위해서는(하지만 지금 상황에서 어떻게 그럴 수 있겠습니까.) 시장과 자유 무역, 국내 시장 및 특히 국제 시장이 무엇인지 알아야만 하는데, 왜냐하면 이 문제들은 한 나라에서 다른 나라로, 한 국민 국가에서 다른 국민 국가로, 한 정치 - 문화권에서 다른 정치 - 문화권으로(예컨대 미국/유럽 연합), 또는 한 언어권에서 다른 언어권으로(예컨대 미국 · 영국어권/불어권)의 텔레비전 방송 상품의 유통과 관련된 이른바 '세계화된' 현재성의 핵심 문제이기 때문입니다. 이 모든 문제들은 서로 절대적으로 결합되어 있으며, 따라서 함께 다루어야 합니다. 이러한 시간, 리듬, 조건들 속에서 이것이 가능하겠습니까?

스티글레르 하지만 그렇다면 정확히 말해 선생님께서는 시장이 시장의 법칙과 결합되는 것이지만 단순히 그에 굴복하지는 않는 어떤 것에 의해 규제될 수 있다는 생각이 가능하다고 보십니까? 선생님께서는 방금 '문화적 예외'라 불리는 문제에 대해 언급하셨는데, 이 문제는 오늘날 이미지의 비영토성에 직면한 영토의 문제에 준거하고 있습니다. 하지만 저는 또한 '그레고리(Grégory) 사건'이라 불리는 법적 사건도 생각하고 있는데, 제가 보기에 이는 강력한 지표적 힘을 지니고 있는 것 같습니다. 최근 언론들은 이 문제에 관해 자기반성을 하고 있습니다.

인공적 현재성, 동질화 헤게모니

우리는 시장이 이 사건의 선정적인 성격을 이용함으로써 법적 원칙들 자체를 근원적으로 전복시킬 만큼 강력한 위력을 지니게 되어, 이제는 예심 재판마저 이에 연루될 지경에까지 이르지 않았는지 물어볼 수 있을 것입니다. 시장은 법의 집행 조건들 자체를 동요시키면서 자신의 영역을 절대적으로 넘어선 것으로 보입니다. 게다가 몇 년 전에 마르그리트 뒤라스가 이 사건에 간여한 적이 있는데, 이제 비으맹(Villemin) 씨 부부가 그녀를 고소했습니다. 여기에서 우리는 더 이상 단순히 시장의 문제나 언론들이 구성한 이야기에 어떤 식으로든 항상 포함되어 있는 허구뿐 아니라, 언론의 영역에 기입되거나 연루되어 있고 이러저러한 방식으로 '시장'과 작용하고 있는 문학적 태도와도 관계하게 됩니다. 이럴 때 선생님께서는 시장(이와 결합하지 않는 것은 불가능할 것입니다.) 이 민주주의와 법의 집행을 위협하는 절대적인 헤게모니의 법칙이 되지 않도록 시장을 규제할 수 있다고 보십니까?

데리다 여러 가지 어려움 중 하나는 이러한 시장의 개념에서, 이러한 시장 및 이러한 유형의 상품에서 비롯됩니다. 때로는 사람들이 이 단어를 가지고 경제적 이해, 가치나 잉여 가치의 생산 등의 영역에 대해 말하며, 때로는 아주 간단히 공적인 공간에 대해 말하고 있다는 인상을 받습니다. 시장을 규제한다는 구실 아래 공적 공간의 공공성을 제한해서는 안 됩니다. 서로 혼합되지 않는 두 가지 것이 자주 불가피하게 얽혀 있습니다. 시장의 효과를 규제한다는 구실 아래 항상 시민들이 공적인 발언의 기회를 갖는 것을 제한하게 될 위험을 겪을 수 있습니다. 신문이나 라디오, 텔레비전에서 작용하는 것은 시장일 뿐만 아니라 동시에 민주주의라 불리는 것의 조건, 모든 사람이 공적 공간에서 어떤 대상에 대해서든, 어떤 사람에 대해서든 자유롭게 표현할 조건이기도 합니다. 따라서 시장(엄격한 의미에서 이런 것이 존재한다면 말입니다.)

에 속하는 것과 공적 공간(이 안에서 또한 '시민적 공간'의 경계들이 가려져야 합니다.)의 개방성에 속하는 것을 잘 규정해야 합니다. 선생의 표현을 다시 취한다면 '시장의 규제'가 경우에 따라서는 국가나, 또는 보다 심각한 것이지만, 국가가 때로 대변하기도 하는 사적 세력 집단의 사적 전유를 위해 말과 작품들 같은 것의 자유로운 유통 및 자유로운 생산을 제한할 수도 있다는 점이 쉽게 예견될 수 있습니다. 선생은 중간에 '문화적 예외'에 대해 언급했습니다. 이 논쟁이 제기되었던 조건에 맞춰 제가 이 논쟁에 개입할 수 있다고 생각하지는 않습니다. 저는 맞서 있는(합작하고 있다고 할 수도 있겠지요!) 두 가지 논리가 이 논쟁의 주어진 전제들 아래에서 각자 정당하게 주장할 수 있는 것을 지각하고 있습니다. 한 가지 논리는 시장의 이름이 아니라 (시민적, 국민적 공간으로 환원되지 않는 공적 공간 속에서의) 창조적 생산물들의 자유로운 발전이라는 이름 아래, 국경을 폐쇄해서는 안 되며 국내 생산물에 우선성이나 배타성을 부여해서는 안 된다고 말하고 있습니다. 이는 보다 가치 있고 시민들도 역시 그에 접근할 권리를 지니고 있는 외국 생산물을 희생시키고, 국내 생산물이라는 구실 아래 조잡한 생산물을 비호할 소지가 있기 때문이지요. 이러한 국경 개방의 논리와 모든 문화적 예외를 제거할 필요성은 납득할 만합니다. 역으로 만약 이러한 국경의 개방이 강력한 산업 생산 장치들에 의한 획일적이고 조잡한 생산물의 범람을 의미한다면, 오히려 이러한 상업주의 헤게모니에 저항하는 편이 낫지 않겠습니까? 하지만 이 경우에는 국민주의적 보호의 무기가 아니라, 경쟁에 나설 수 있는, 그리고 생존할 수 있는 '작품들'의 생산을 지원함으로써, 또는 이를 촉구함으로써 싸워야 할 것입니다. 자신들의 위력과 필요성, '탁월성'(이 또한 불가결한 조건입니다만.)에 근거하여 인정받을 뿐 아니라, 수용의 장과 본성을 변화시킬 수도 있는 작품들의 생산이 필요합니다. 이는 시민 사회와 국가의 일반적 변혁을 통해, 그리고 예컨대 양자가 교차하는 지점에서, 이에 부응하는 학교의 변혁을 통해 가능합니다. 이는 극히 어려운 일이며, 발상조차 어렵습니다. 각각의 경우에 전략들이 달라질 수 있겠지만, 저는 이 문제에 대한 결정(만약 '결정'이 존재할 수 있다면 말입니다.)을 궁극적으로 어떤 국가나 사적 이해 집단에게 맡길 수 있다고는 생각하지 않습니다. 그렇다면 이는 누구에게 맡길까요? 이것이 첫 번째 질문입니다. 저는 우리가 이를 제기할 수 있을지, 또는 이런 형식으로 이에 답변할 수 있을지 확신이 서지 않습니다. 분명 발명되어야 할 것은 '누구'와 '무엇'입니다.

스티글레르 바로 그렇습니다![2] 하지만 선생님께서는 어떤 국가가 문화 정책을 가질 수 있다고 보십니까? 선생님께서는《파사주》와의 대담에서 어떤 비판적 문화, 매체들과 기술들 또는 원격 기술들에 대한 일종의 교육을 발전시킬 필요가 있다고 말씀하셨습니다. 마찬가지로 선생님께서는 지금 '문화적 예외'에 대해, 보호주의에 대해 말씀하셨습니다. 제 생각에는 보호주의에 대해 두 가지 관점이 존재할 수 있습니다. 보호주의에 대한 국민주의적 관점이 존재할 수 있을 텐데, 이는 자신이 보호한다고 하는 국민 자체에 대해 항상 위험한 것입니다. 왜냐하면 보호주의는 어떤 나라의 기술 및 생산 체계를 약화시키는 효과를 지니고 있으며, 따라서 결국 실패로 끝나기 때문입니다. 하지만 또 다른 관점이 존재할 수 있으며, 게다가 이는 '차이'의 개념을 동원할 수 있습니다. 즉 보호주의를 통해 헤게모니적인 발전 도식에 대한 하나의 대안을 구성할 수단들을 얻기 위해 시간을 버는 것이 문제입니다. 따라서 엄밀하게 말하자면 더 이상 단순히 책의 지평(이는 지금까지, 여러 가지 새로운 시도에도 불구하고 문화적 발전과 교육 발전의 궁극적 준거로 남아 있

---

2 이 '누구'와 '무엇'에 대해서는 *La Technique et le Temp*, tome 1, *La Faute d'Epiméthée*(Galilée, 1994)와 tome 2, *La Désorientation*(Galillée, 1996) 참조.

습니다.)이 아닌 새로운 원격 기술적 지평에 맞설 수 있는 어떤 문화 정치를 사유할 필요가 있지 않겠습니까? 선생님께서는 기술의 진화 자체가 새로운 유형의 문화 정치를 요구하기 때문에 국가 교육의 지배적 도식들 및 현재의 문화 산업의 도식들에 대한 대안들을 길러 내기에 적합하다고 생각하지 않으십니까?

데리다 그렇지요. 하지만 그렇다면 우리가 진작시키려는 것을 위해 모든 수단을 동원해야 합니다. 언어들, 개별어들, 독창적 발명의 가능성을 동질화시키는 과정에 맞서 이것들을 방어적인 방식으로 보호해야 할 뿐 아니라, 진작하고 풍부화하고 차이화해야 합니다. 단 하나의 수단만이 존재하는 것은 아니고, 모든 것이 계획될 수 있는 것도 아니며, 교육과 기술, 그리고 한 나라 또는 한 문화권 안의 모든 문화의 장들에 의해 가능한 것입니다. 이 모든 자원들을 동원해야 하지만, 이는 한 국가의 법령, 또는 국가들 사이에서나 세계 전체에서의 정부 간 협정과는 다른 방식으로 저항하거나 인정받을 수 있는 것의 생산을 목표로 해야 합니다. 만약 우리가 국가 간 협약을 통해 문화적이거나 국민적인 생산물 또는 보다 일반적으로는 고유어로 된 생산물을 보호하고자 한다면, 이는 항상 더 나쁜 보호주의의 결과들을 낳게 될 위험이 있습니다. 즉 국내적으로나 국제적으로 조잡한 것들을 비호하거나 보존하게 될지도 모릅니다. 따라서 프랑스와 미국, 또는 유럽과 미국 사이에서만이 아니라, 또한 그와 동일하게 헤게모니적이고 동질화하는 권력, 즉 동질화 헤게모니(homohégémonie) 권력에 맞서 투쟁하는 장소들과 제도들, 남자들과 여자들 사이에서도 동일한 싸움이 전개되도록 미국 내부에서도 싸움의 경계, 싸움의 '전선'을 설정해야 합니다. 그리고 미국에서 싸우고 있는 이들은 프랑스나 유럽에서 이러한 동질화 헤게모니에 저항하는 사람들의 동맹자입니다. 문제의 주어진 상태를 변화시켜야 하며, 정부 간

인공적 현재성, 동질화 헤게모니

협상이나 다양한 기업들 사이에서의 경제적 협상(국가에 의해 지원되든 아니든 간에)의 견지에서 '문화적 예외'의 문제를 제기해서는 안 됩니다. 근본적으로 민주주의의 문제는 특히 어떤 시장의 개방성과 공적 공간 사이의 관계와 관련 있습니다. 어떻게 (시장 자체가 아니라) 시장에 대한 특정한 상업주의적 규정에 지배되지 않고서도 공적 공간을 최대한 개방시킬 수 있겠습니까?

단어들과 개념들을 좀 더 예리하게 가다듬으면서 제가 쓰고 싶은 방식으로 이 문제들에 대해 말하기엔 시간이 없습니다. 그러나 제가 방금 한 말을 좀 더 명료히 하기 위해 선생이 제안했던 그레고리 사건과 마르그리트 뒤라스의 개입이라는 사례를 다시 살펴보기로 합시다. 현재의 재판 조직, 즉 민간 배심원과 현재 존재하는 그대로의 예심(이 나라에서 민간 배심원과 예심의 전통이 제기하는 문제들은 잘 알려져 있습니다만.) 및 검찰, 변호인 등이 불가침한 것이라고 가정합시다. 이런 편성이 만족스럽다고(저는 그렇게 생각하지는 않습니다만.) 가정합시다. 이러한 재판의 전개 과정이 어떤 언론의 통제받지 않은 갑작스러운 또는 야만적인 개입들에 의해 교란되거나 방송들이 어떤 식으로든 재판의 전개 과정에 관여하는 것 모두 유해한 일이겠지요. (바로 이런 염려 때문에 어떤 재판도 촬영되거나 심지어는 녹음되어서는 안 된다는 규칙(근본적으로는 아주 이상한 규칙입니다만)이 세워졌습니다. 이 점을 다시 다루어 볼 수 있을 텐데요, 이는 중대한 문제입니다.) 우리가 이에 대해 동의한다고 가정합시다. 그렇지만 민간 배심원이 존재하고 그들의 평결에 대한 항소 여지가 존재하지 않는다면,(예외를 제외하고선 말이죠. 긴급하고 중대한 문제이긴 하지만, 여기에서 이 문제를 다루지는 맙시다.) 이는 어떤 시민이든 자신이 생각하는 것(때로는 그릇된 견해일 수도 있지만)에 대해 말할 권리를 가져야 한다는 것을 의미합니다. 소송을 지켜보거나 예심에 대한 정보를 갖고 있는 언론인들은 이를 공중에 알려 줄 권리를 갖고 있습니다. 따라서 어떤 시민이든 '나 자신은 누구누구가 유죄라고 또는 무죄라고 생각한다.'라고 말할 권리를 갖고 있습니다. 분명 이러한 권리는 책임의 의무, 즉 이를 말함으로써 어떤 효과가 산출될지 조심스럽게 계산해 보아야 할 의무를 포함합니다. 어떤 시민이 진행 중인 재판에 대해 말하는 것을 금지해서는 안 됩니다. 저는 무엇의 이름으로 사람들이 이를 금지시킬 수 있는지 모르겠습니다.

한 저명한 작가가 자신의 가정된 권위를 남용 없이 잘 사용할 수 있다고 믿고 언론에서 도발적인 선언을 함으로써, 앞서의 잘 알려진 사건이 발생했습니다. 그녀의 선언이 광범위하게 유포되었던 까닭은 언론들이 그녀의 선언에서 자신들의 이익을 발견했기 때문입니다. 문제의 이 여성 시민의 발언이 금지되어서는 안 되며, 어느 누구의 발언도 금지되어서는 안 됩니다. 단지 발언자에게 책임을 환기시켜야 하는데, 사건들은 매번 그런 것은 아니지만 때로 이러한 책임을 부과합니다. 이 사건의 경우에도 얼마 안 있어 이런 일이 일어났습니다. 매우 빠르게 책임 추궁이 시작되었고, 저는 그녀 스스로 자신이 한 말이 얼마나 무책임했는지 또는 얼마나 어리석었는지 깨달았으리라고 생각합니다. 하지만 만약 도처에서 검열이 이루어지길(이렇게 된다면 경찰이 성가시게 일일이 조사하게 되겠지요.) 원하지 않는다면, 그녀가 자신의 말(아주 경솔하거나 어리석더라도 말입니다.)에 대해 스스로 책임을 지게 해야 합니다. 분명 그녀는 자신이 생각한 진실을 주장했을 뿐 아니라, 또한 자신의 이미지를 활용하고 자신의 권위를 나타내려고 했던 것이지요. "나는 그레고리의 어머니와 그녀의 잘못에 관해 내가 생각하는 바를 언론에서 말할 권리를 갖고 있다고 생각하는데, 이는 사람들이 나를 인정하기 때문에, 또는 사람들이 이와 관련하여 나의 특별한 명석함을 인정해야 한다고 내가 생각하기 때문이다."라는 식으로 말입니다. 이는 어려운 문제입니다. 왜냐하면 이러한 '발언'이 한편으로는 표현의 자유를 함축하고 있고 다른 한편으로는 시장의 악용을 함축하고 있어서, 이를 제한하는 것은 위험스러운 일이기 때문입니다. 하지만 사람들은 이에 대응할 수 있으며, 결국 '당신이 잘못입니다.'라든가, '당신 참 어리석군요', 아니면 '이런 폭력은 허용될 수 없소.'라는 식으로 대응이 이루어졌지요. 저는 마르그리트 뒤라스가 재판이 이루어지던 도중에 극히 어리석은 말이거나 중대한 무책임의 표시라 할지라도 말할 권리가 있었다고 생각하지만, 동시에 크리스틴 비으맹과 그녀의 남편 역시 예심 판사도 배심원도 아니고 자격 있는 변호인이나 기타 재판에 관련된 사람도 아닌 어떤 이의 폭력적인 개입에 맞서 저항할 권리를 지니고 있다고 생각합니다. 저는 누구의 이름으로 어느 한쪽 편을 비난할 수 있을지 모르겠습니다. 하지만 소송이 진행 중에 있고, 이 소송이 어떻게 결말이 날지 전혀 알 수 없기 때문에, 중간에 끼어드는 것은 부당하겠지요.

스티글레르 또 다른 사건, 즉 TF1(프랑스 민영 방송 ─ 옮긴이)에서 방영된 피델 카스트로와의 '가짜 인터뷰'에 대해서도 말이 많습니다. 이 사건은 단지 시장에 관한 것도 아니고 어떤 공적 인물의 사사로운 개입에 관한 것도 아니며, 언론인의 책임 자체에 관한 것입니다. 논쟁이 일어났고, 소송이 시작될 뻔했지만, 현단계에서는 프랑스 법원이 한 방송 평론가의 고소를 기각했습니다. 그렇지만 선생님께서는 이 사건에 언론인의 권리와 책임의 문제가 존재한다고 생각하지 않으십니까? 진정한…….

데리다 …… 여기에서는 위조(falsification)에 대해 말할 수 있을 것 같은데요. …… 문제가 다르지요. 고전주의 언어에서 통용되던 말 중에는 '기만(mensonge)'이라 불리는 것이 있습니다. 위조, 거짓 증언이나 위증 같은 것 말이죠. 다른 순간에 다른 상황에서 발생했고 언급되었다고 알고 있는 어떤 것이 짜맞춰져 인터뷰로 제시되었습니다. 좀 더 확실하게 신뢰할 수 있는 기만에 대한 정의에 의지하여, 기만은 단지 어떤 사람이 한 말이 참이 아니기 때문이 아니라,(왜냐하면 우리는 꼭 거짓말을 하지 않고도 거짓이나 잘못을 말할 수 있기 때문입니다.) 그가 자신의 말이 참되지 않다는 것을 알고 있으며, 그가 청자로 하여금 이를 믿게 하고, 속이려 했기 때문에 생겨난다고 말하겠습니다. 요컨대 소비자들에게 원래 상표가 아닌 다른 상표를 붙인 물건을 파는 것이지요. 생산자와 상인, 소비자 사이에는 적어도 암묵적인 계약이 존재한다는 사실을 고려할 때, 이러한 위조는 손상되거나 위조된 모든 상품들처럼 법의 제재를 받게 됩니다. 이 점(좀 비중이 큰 문제이긴 하지만 논란의 여지가 없습니다.)이 일단 언급된다면, 위와 같은 위조의 사례는 이보다 덜 두드러진 모든 신비화들을 추적하기 위한 지표로 사용될 수 있습니다. 이 사건은 어쨌든 현행적인 또는 거의 현행적인 범죄입니다. 하지만 신문이나 라디오, 텔레비전에서 몽타주와 잘라 내기, 재편집, 부분적 인용이 존재하는 곳이면 어디에서든 위조가 실행되고 있습니다. 이러한 위조가 항상 부정한 암거래의 방식으로 이루어지지는 않지만, 어쨌든 위조가 존재합니다. 이를 은폐해서는 안 되며, 우리가 조금 전부터 계속 말하고 있는 것이 바로 이 점입니다.

스티글레르 문제 전체는 어떤 규범, 어떤 의무론 등에 따라 짜맞춰질 수 있는 것이 무엇이고, 그렇게 될 수 없는 것이 무엇인지, 또는 경우에 따라서는 어떻게 이것이 다르게 규제될 수 있을지를 아는 것입니다.

데리다 조금 전부터 규칙의 문제는 규칙적으로 재발하고 있습니다. 변화 과정에서 제외되어 있는 규칙은 없습니다. 규칙들은 변화하고 가변적이며 상황 변화에 적응해야 합니다. 규칙들을 부과해야 하지만, 또

인공적 현재성, 동질화 헤게모니

한 규칙들이 검열하고 억제하고 금지할 수 있기 때문에 그 규칙들에 저항해야 한다는 것은 지속되고 있는 논쟁거리입니다. 피델 카스트로와의 인터뷰의 경우에 우리가 지정할 수 있는 규칙을 갖고 있다는 것은 분명한데, 이는 우리에게 어떤 경우에도 해서는 안 될 것을 말해 줍니다. 즉 이런 일을 하는 사람은 누구나 중대한 직업적 잘못, 텔레비전 평론가협회의 제소를 정당화해 줄 수 있는 현행적 범죄를 저지르는 것이라고 말입니다.

스티글레르 하지만 법원은 현재로선 이처럼 판결하지 않았습니다.

데리다 이 문제는 잠시 접어 두고 조금 전의 문제를 다시 생각해 봅시다. 만약 우리가 지금 촬영하고 있는 것이 외국이 아니라 프랑스에서 곧바로 생방송된다고 가정한다면, 여러 시청자들이 우리가 말하는 것, 즉 예컨대 오래 지속되고 있는 그레고리 사건 와중에 마르그리트 뒤라스라는 '위대한 프랑스 작가'가 어느날 《리베라시옹》에서 자신은 어머니에게 잘못이 있다고 믿으며, 늘 그렇듯이 자신은 자신이 말하는 것에 대해 잘 알고 있다는 등의 말을 했다는 사실을 알아들을 수 있을 겁니다. 하지만 오늘날의 프랑스 시청자들을 제외한다면 누구도 이를 알아듣지 못할 겁니다. 나중에, 10년 후에는 프랑스에서까지도 누구도 알아듣지 못할 겁니다. 미국이나 동남 아시아는 고사하고 스페인이나 이탈리아 국경을 넘어서기만 해도, 누구도 또는 거의 누구도 이를 알아듣지 못하리라는 점이 충분히 확인될 것입니다. 우리가 말하는 방식과 우리의 수사법, 우리의 어휘들, 우리의 추론과 우리가 문제를 제기하거나 공모를 가정하는 방식이 오늘날 프랑스에서 우리의 실제 시청자들을 극소수로 제한시키지 않으리라고 가정해 봅시다. 오늘만이 아니라 아마 미래에도 그럴 거라고 말입니다. 만약 그렇다면, 적어도 우리가 이 현재 순간의 직접성이 다른 곳에 전달될 수 있는 기회를 얻기 바란다면, 우리는 이 대담이 유통 가능한 '생산물'이 될 수 있도록 지금 말하고 있는 것 속에 몇 가지 설명들을 포함시켜야 할 것입니다. 푸아브르 다르보르가 피델 카스트로와의 대담을 방송하면서(혹시 제가 뭔가 잘못 알고 있다면 고쳐 주기 바랍니다.) 피델 카스트로가 다른 때, 다른 맥락에서, 다른 사람들에 대해 했던 말을 짜맞추고 인용하고 접목시켜서 전체가 동일한 대화인 것처럼 만들었다는 사실을 암시하는 것에 대해서도 설명이 필요할 것입니다.[3] 여기에서도 마찬가지로 사건에 대해 알고 있고 푸아브르 다르보르가 누구인지 알고 있는 프랑스 시청자들만이 우리가 하는 말을 알아들을 수 있을 겁니다. 하지만 다른 사람들에 대해서는 무엇이 문제가 되고 있는지 설명해 주기 위해 책에 달려 있는 각주 비슷한 것을 삽입해야 할 겁니다.

우리는 여기에서 우리의 현재가 분할되는 것을 보게 됩니다. 생생한 현재 자체가 스스로 분할되는 것이지요. 지금 이 순간부터 이 현재는 자기 자신 안에 죽음을 포함하게 되고, 자신의 직접성 속에 어떤 식으로든 자신의 사후까지 살아남게 될 어떤 것을 재기입하게 됩니다. 이 현재는 자신의 삶 속에서 현재의 삶(vie)과 사후의 삶(survie) 사이에서 분할됩니다. 이러한 분할이 없이는 어떠한 이미지도 존재하지 않을 것이며, 촬영도 존재하지 않을 것입니다. 자신의 유령을 자신 안에 포함하고 있는 생생한 현재의 이러한 분열, 이러한 분할 가능성이 없이는 어떠한 기록도 존재하지 않을 것입니다. 유령, 즉 환영, 망령 또는 이미지의 가능한 이미지 말입니다.

이러한 언급이 우리가 방금 전에 한 말을 좀 더 분명히 해 주었으면

---

3 사실 파트리크 푸아브르 다르보르는 카스트로와 대담하지 않았다. 그는 '특종'거리가 될 만한 대담을 꾸며내기 위해, 녹화된 카스트로의 기자 회견에서 이미지들을 빌려다 쓴 것이다.

인공적 현재성, 동질화 헤게모니

좋겠는데, 어쨌든 이제 앞서 말한 위조와, 이 위조를 금지하거나 승인할 수 있는 규칙들의 경우로 되돌아가 보기로 합시다. 선생은 푸아브르 다르보르의 조작에 대한 고소가 기각되었다고 말했습니다. 이는 아마도 그가 아무것도 위조하지 않았다고 주장하면서, 그저 틀만 약간 바꾸었을 뿐 피델 카스트로의 말의 주요 '내용'은 존중될 수 있도록 했다는 점을 입증할 수 있었기 때문일 겁니다.[4] 형식적 틀과 '내용' 사이의 이러한 구분은 분명 아주 문제가 많은 것입니다. 이는 아주 조잡하긴 하지만 여전히 통용되고 있는 구분입니다. 이는 아주 오랜 역사, 법과 소유권, 저작권, 저자의 권리[5](이는 전자와는 전혀 다른 것입니다.) 등의 역사 전체에서 나타나고 있는 것으로, 철저하게 재검토해 보아야 할 것입니다. 이 구분이 분석을 견뎌 낼 수 없다는 것은 아주 자명합니다. 이는 우리가 말하고 있는 원격 기술적 권력들의 등장 이후 오늘날에는 더욱더 신뢰할 수 없는 구분입니다. 틀 짜기, 리듬, 테두리, 형식, 맥락의 구성에 개입함으로써 우리가 조금 전에 말했던 모든 인공적 현재성, 모든 조작이 발생합니다. 저는 이 주제에 대해 엄격한 방식으로 고정된 규칙들을 부과하는 일이 쉬울 것이라고는 생각하지 않습니다.

---

4 그의 변호인은 특히 텔레비전비평가협회가 제한된 집단으로서 자신들의 견해를 대표할 뿐 텔레비전 비평가 집단 전체를 대표할 자격이 없으며, 문제의 방송이 빚어낸 물의에 항의하기 위해 민사 소송을 제기할 수는 없다고 주장했다. 이는 기자, 특히 방송 기자라는 직업의 현재 지위와 관련된 중대한 권리의 문제들을 제기한다. 동업자 단체의 '직업적' 판단 이외에 그는 법적으로 누구에 대해 책임을 지고 있는가?

5 (옮긴이) 여기에서 저작권(copyright)은 좁은 의미에서는 '복제권'을 뜻하고 넓은 의미에서는 '저작재산권'을 의미한다. 이는 '경제적 가치가 있는 이익의 향수를 내용으로 하는 권리'를 뜻하며, 원칙적으로 일부 또는 전체가 양도될 수 있다. 이에 비해 저자의 권리(droit d'auteur/moral right)는 '저작 인격권'을 의미하는 것으로, 이는 '저작권의 주체와 분리할 수 없는 인격적 이익의 향수를 내용으로 하는 권리'를 의미한다. 이는 권리의 성격상 양도나 상속의 대상이 될 수 없다. 저작재산권을 중시하는 영국 등에 비해 프랑스와 독일의 저작권법에서는 저작재산권만이 아니라 저작인격권도 중시하고 있다.

스티글레르 선생님께서는 문제는 결국 수용자 쪽에 있다고 생각하지 않으십니까? 제가 '문화적 예외'의 문제와 진정한 정치에 대해 말했을 때, 저는 국제적인 상업 교류 협정보다는 정치적 의지에 관해, 현재와 미래의 문화 산업의 특수성과 문화 산업이 가동시키고 있는 기술들의 특수성 및 조만간 이루어질 진화들, 그리고 오늘날 이로부터 야기되고 있고 앞으로 발생할 공적 공간의 특수성을 충분하게 고려할 수 있는 정치적 기획에 관해 생각하고 있었습니다. 이러한 정치는 새로운 원격 기술을 자신의 요소로 지니게 될 것이며, 일반적으로는 기억 자체의 기술적 특징에 대한, 그리고 이를 넘어서 원격 기술들을 핵심으로 하고 있는 현 시기의 기억 산업의 기술적 특징에 대한 사유 속에서 필연적으로 구성될 것입니다. 이러한 가설(저는 르루아구랑이 대중 매체들을 분석하고 있는 『기억과 리듬들: 몸짓과 말(*La Mémoire et les rythmes. Le Geste et la Parole*)』(2권)을 생각하고 있는데, 선생님께서도 『그라마톨로지』에서 이 책을 인용하셨죠.)을 좀 더 명확히 하기 위해서는 기술 장치들 속으로 지식이 양도되는 과정으로서의, 기술 체계들로 개인들의 지식이 비전유되는 것으로서의 아날로그적, 디지털적인 매체들의 발전을 참고해야 할 것 같습니다. 마르크스는 이미 이러한 비전유를 예고한 바 있는데, 이는 1945년 이후 시작된 범 세계적인 기억 산업과 상징 산업의 본격화를 위한 기술적 조건이면서, 또한 한편에는 생산자가 존재하고 다른 편에는 소비자가 존재한다는 일반적인 산업 법칙에 이러한 기억을 예속시키기 위한 기술적 조건이기도 합니다. 원격 기술들의 주요 문제 중하나는 원격 기술들이 필연적으로 자신들의 수신자로 삼게 되는 소비자들의 지위 문제입니다.

동시에 우리는 이러한 관점에서 볼 때 현재의 기술이 특히 이미지와 음성 분야에서 인터넷의 발전과 더불어 두드러지게 진화하고 있다는 사실을 확인해 두어야 합니다. 멀티미디어라고 불리는 것의 도움

인공적 현재성, 동질화 헤게모니

을 받아 원격 기술의 새로운 토대들이 발전하고 있습니다. 디지털 이미지 기술은 이미지의 개인적 보관과 처리를 위한 강력한 소프트웨어를 고안해 내고 있는데, 얼마 안 있어 광범위한 사람들이 우선은 대학에서 이후에는 가정에서 활용할 것으로 생각됩니다. 이는 '일반 대중의 전자공학'이 될 것입니다. 이러한 기술적 진화가 수용의 조건들을 심원하게 변형시키리라고 상상해 볼 수 있습니다. 예를 들자면 록 음악가들이 저장된 음향 자료를 사용하기 위해 '신시사이저'라는 장비를 활용하고, 이로부터 주로 음향 자료를 조작해서 생산되는 새로운 음악이 등장하고 있듯이 말입니다. 이는 결국 이 음악가들 및 오늘날의 음악 장르 전체에 대해 새로운 도구를 제공해 준 셈입니다. 선생님께서는 '문화적 예외'라는 이름 아래 제기되는 문제에 대한 답은 시민성을 구성하는 기술적 특징에 대한 고려에서, 또는 진정한 문화적 수용 장치의 설정에서 찾을 수 있다고 생각지 않으십니까?

데리다 선생이 언급한 기술적 발전은 이를 확증해 줍니다. 법률의 형식을 지닌 모든 규제, 국민 국가에 의해 결정된 모든 문화적 보호는 그 자체로 위험스러울 뿐만 아니라, 기술적 관점에서 볼 때 시효 만료되었습니다. 이에 대해서는 이미 언급한 바 있습니다. 이미 국제적인 생산물에 접한 시민들에게 자국의 생산물에 만족하라고 강요하는 것은 점점 더 어려워지고 있습니다. 이 문제에서 국가의 권위주의의 위험은 점점 심화되는 자신의 무기력 때문에 가중되고 있습니다. 이에 대응하기 위해서는 분명 프로그램들이 필요할 테지만, 여기에서도 역시 선생이 '문화적 수용(acculturation)'이라고 부른 것이 국가적이고 권위적으로 될 수 있다는 점에 유의해야 합니다. 제가 보기에 가능할 뿐만 아니라 바람직한 방향은, 어떤 것의 생산 및 보급과 관련된 법적 결정들이 아니라, 이러한 기술과 이러한 기술적 수단들의 활용에 대한 개방적인 교육과 연수 프로그램들입니다. 그가 시민이든 아니든 간에 이러한 기술적 도구들의 사용자들이 스스로 이러한 프로그램의 생산 및 선택에 참여할 수 있도록 가능한 모든 일을 수행해야 합니다. 만약 우리가 '유해한' '할리우드의' 헤게모니에 맞서 싸우려고 한다면, 이는 시장을 닫아 걸어서는 이루어질 수 없으며, 교육과 토론, 문화를 통해 프랑스 및 다른 나라에서 이 영화보다는 다른 영화를 선호할 수 있는 가능성을 키워나가야 하고, 동시에 프랑스 및 미국에서 할리우드적인 유해한 산업에서 벗어날 수 있는 생산 활동을 육성해야 합니다. 이러한 싸움(한 나라에서만이 아니라 미국을 포함한 세계 전체에서의)을 위해 우리는 새로운 담론들을 만들어 낼 수 있고, 이전에는 수용자–관람자의 위치에 있던 사람들 자신에 의한 생산적 선별이 시장에 영향을 미치도록 시도해 볼 수 있습니다. 오늘날 이 모든 문제들이 영화와 텔레비전에 집중되고 있다면, 이는 이를테면 기술적–예술적 생산이 인류 역사에서 이런 거대한 규모의 세계 시장에 직접 연결되어 있었던 적이 없었기 때문입니다. 영화 제작자는 이러저러한 영화를 만들어 내면 전 세계에 이를 판매할 수 있고, 수천 개의 극장에서 이를 상영할 수 있음을 알고 있습니다. 그는 이처럼 처음부터 거대한 예산을 갖고 이를 계산합니다. 사실 그는 이러한 예측이나 비축이 없이는 영화를 기획하고 생산할 수 없을 것입니다. 이는 인류 역사에서 유례가 없던 일입니다.

여기가 바로 결정적인 지점이며, 만약 우리가 국가 간 협약을 통해 보호받고 있는 경계 안에서 그럴 만한 자격이 없는 생산물을 육성하기를 원하지 않는다면, 대량적이든 아니든 간에, 단지 프랑스에서만이 아니라 세계 도처에서, 요컨대 대항–생산, 또 다른 생산 활동의 도움을 받아 이러한 산업적 괴물들에 맞서 싸워야 합니다. 만약 이러한 싸움이 프랑스에 국한된다면, 이는 처음부터 실패할 것입니다. 세계 전체에서 선호의 다양성이 육성되어야 합니다. 이 영화보다는 저 영화를, 미국 영화보다는 다른 영화를, 또는 할리우드의 이 영화보다는 할리우드의 다른 영화를 선호할 수 있어야 합니다. 하지만 만약 이러한 싸움이 여전히 (잠정적으로 이 단어들을 사용하자면) '구매자들'이나 '소비자들'이라 불리는 사람들 쪽에서 이루어지지 않는다면, 이는 처음부터 실패할 것입니다.

스티글레르 제가 제대로 이해했다면, 수신자들 자신이 생산에 참여해야 한다는 말씀이시지요.

데리다 전환되어야 하는 것은 수신자라는 개념 자체입니다. 그리고 사실 이러한 전환이 이루어지고 있지 않습니까?

기억 행위들
── 장소의 정치와 원격 기술

　　스티글레르　알파벳 문자 기록의 기술 및 이 기술이 가능하게 만든 문자의 광범위한 활용은 하나의 시민성의 구성 조건이었습니다. 이러한 활용은 점차 폭넓게 공유되었으며 쥘 페리[1]가 이것의 근대적 완성자라고 할 수 있지만, 사실 고대 그리스에서부터 시작되었습니다. 이 기술은 시청각 자료에 의해 가동된 기술과는 전혀 상이한데, 우리가 이러저러한 방식으로 잠재적인 작가가 아니고서는 독자일 수도 없다는 점 때문입니다. 책의 수신자가 어떤 식으로든 글을 쓸 줄 모르면서 책을 읽을 수 있다고 생각하기는 어렵습니다. 아마 그는 결코 글을 쓰지 않을 수도 있겠지만, 책을 읽을 줄 알게 되는 순간부터 쓸 수 있다는 가능성에 따라 책을 읽는 것입니다. 반면 무엇보다도 기술적인 이유들 때문에, 시청각 자료 및 통신 자료는 수용자가 자신이 수용한 것의 발생 및 생산에 대해 아무런 기술적 능력을 갖지 않아도 되게 만들고 있습니다. 하지만 기술의 진화는 현재 많은 사람들이 수용, 생산, 조작 장치들

1　(옮긴이) 쥘 페리(Jules Ferry, 1832~1893)는 제3공화국 당시 프랑스의 정치가로, 교육에서 정교분리의 원칙을 확립했으며, 의무교육제를 최초로 실시했다.

을 획득할 수 있게 해 주고 있습니다. 그리고 이 때문에 우리는 생산자와 소비자라는 산업적 대립과 단절하면서 수용자 쪽에서 이미지 실천들이 전개되리라고 예상할 수 있습니다. 수용자가 생산자가 되는 것을 목표로 삼고 있는 문화 정치는 분명 이러한 기술의 진화에 의해 가능하게 될 것입니다.

데리다 수신자는 단지 수동적인 수용자에 그친 적이 없었습니다. 선생이 말한 것처럼 고전적인 의미에서 문자 기록에 대한 접근이 시민성의 조건이었다는 점을 상기해 본다면, 오늘날에는 시민성의 개념 자체가 변화되고 있습니다. 조금 전부터 우리에게 제기되고 있는 민주주의의 문제는, 적어도 정치가 시민성에 의해 정의된다면, 그리고 시민성이 지금까지 그랬던 것처럼 어떤 장소나 영토 또는 국민(즉 그 몸체가 어떤 특권화된 영토([원초적으로] 주어지고, [그 이후] 상실되거나 [수복이] 약속되는) 속에 뿌리를 두고 있는 국민 말입니다.) 속으로의 기입에 의해 정의된다면, 아마도 더 이상 시민성의 문제와 연계되지 않을 것입니다. 우리는 조금 전부터 장소들을 전위시키는 어떤 기술에 준거하여 모든 문제들에 접근하고 있습니다. 즉 국경은 더 이상 국경의 구실을 하지 못하고, 이미지들은 세관을 넘나들고 있으며, 정치적인 것과 지역적인 것의 연계, 장소의 정치는 어떤 식으로든 탈구되고 있습니다.

우리가 이러한 방향에서 논의하고 있는 모든 것은 일반적 탈구, 즉 우리가 말하고 있는 기술들 또는 기술과학들의 규정적 효과를 포함해야 합니다. 선생은 조금 전에 수신자는, 적어도 잠재적으로는 생산자, 송신자, 도구를 숙달해야 하는 어떤 사람이라고 말했습니다. 이는 사실입니다. 하지만 선생이 역시 말했던 것처럼, 우리의 근대적 공간을 구성하는 기술적 장치들 대부분은 이를 다룰 만한 능력을 지니지 못한 사람들에 의해 사용되어 왔습니다. 자동차를 운전하고, 전화나 전자 우편,

팩스를 사용하는, 그리고 특히 텔레비전을 시청하는 사람들 대부분은 그것이 어떻게 작동하는지 알지 못하고 있습니다. 그들은 상대적 무능력 상태에서 이렇게 하고 있습니다. 저는 국가 주권의 쇠퇴와 함께, 이러한 상대적 무능력 및, 과거의 무능력과 비교할 수 없을 만한 그 무능력의 정도의 증대에서 미증유의 현상들 대다수(사람들은 이러한 현상들을 쫓아내기 위해 이것들을 낡은 괴물들('종교적인 것의 복귀', '국민주의적' 의고주의들[2])에 동화시키고 있습니다.)에 대한 열쇠를 찾아보려 합니다.

스티글레르 하지만 어떻게 작동하는지 모르는 것과 사용할 줄 모르는 것은 같은 것이 아닙니다. 피아노, 하프시코드 또는 신시사이저와 같은 건반 악기 연주자는 건반의 메커니즘이 어떻게 돌아가는지 인식하지 못하고, 알지도 못합니다. 그리고 이 건반을 만든 기술자가 음악가인 것도 아닙니다. 이런 점 때문에 도구 문화는, 흔히 생각하는 것처럼, 좁은 의미에서의 기술자 문화로 환원될 수 없습니다. 사람들은 어떻게 작동하는지 알지 못하면서도 사용할 수 있습니다. 그리고 사람들은 사용할 줄 모르면서도, 또는 제대로 사용할 줄 모르면서도 어떻게 작동하는지 알 수 있습니다.

데리다 그렇습니다. 하지만 이러한 기능에 대한 수동성이 점점 더 악화되고 있는 것처럼 보입니다. 따라서 촉진되어야 하고(결코 완전하게 이루어질 수는 없습니다만) 발전되어야 하는 것은 '상호 작용'(interactivité, 이 단어를 사용하면 약간 어리석게 보일 수도 있겠지만)입니다. 이 경우 소비자는 자신의 질문을 제기하고 논의의 방향을 재설정하고

---

2 이러한 논거 내지는 가설에 대해서는 "Foi et savoir. Les deux sources de la religion aux limites de la raison", dans *La religion*(Seuil, 1996) 참조.

기억 행위들

다른 규칙들을 제안함으로써 자신에게 제기되는 문제에 곧바로 대응하게 됩니다. 하지만 이는 거의 이루어지지 않고 있습니다! 이는 우리가 바라는 것, 즉 수신자들이 자신에게 도착하는 '메시지'를 전환시킬 수 있거나, 아니면 계약을 다른 식으로 맺기 위해 어떻게 이것이 이루어지고 생산되는지 이해할 수 있는 것과는 아무런 공통점이 없습니다. 분명일종의 대칭성이나 상호성에는 결코 도달하지 못할 것입니다. 수신자가 자신에게 도착하는 것을 재전유한다는 이러한 생각은 하나의 환상에 불과하지만, 그러나 이 때문에 수신자가 수동성에 빠져 있게 내버려두어서는 안 되며, 임시방편이든 정교화된 것이든 간에 모든 형태의 반론권과 선택권, 중지권과 개입권을 위한 싸움을 중단해서도 안 됩니다. 이로부터 거대한 영역이 개방됩니다. 게다가 저는 지금으로서는 계산불가능한 것처럼 보이는 어떤 리듬에 따라 이러한 발전이 철저하게 추구되리라 믿습니다. 이러한 상대적인 재전유가 진행되고 있으며, 우리가 말했던 모든 논쟁들이나 모든 극적인 상황들을 통해 이러한 과정이주목할 만하게 전개되고 있습니다. 그리고 특히, 비록 상대적인 것이라하더라도 여기에서는 '재전유'에 대해 말하지 말고, 제가 탈전유라고부르자고 제안했던 것의 또 다른 구조를 분석해야 할 것입니다.

스티글레르 재전유가 존재할 수 없다는 것은 책의 문화에 대해서도마찬가지입니다.

데리다 물론 그렇습니다. 총체적 재전유란 존재하지 않지만, 또한바로 이 때문에 재전유에 대한 포기도 존재하지 않습니다. 재전유가 완결될 수 없으리라는 사실은 이를 포기하는 것이 가능하다거나 바람직하다는 것을 의미하지 않습니다. 이는 어쨌든 스스로를 재전유하려는욕망과 재전유들 사이의 전쟁의 장을 열어 놓습니다.

스티글레르 엄밀하게 말하자면 총체적인 재전유가 가능하지 않기 때문에, 재전유의 메커니즘들 및 욕망들을 강화하기 위해 지식들이 구성된다고 생각해 볼 수 있습니다. 책의 문화에서 학교가 이러한 지식들을 발전시키기 위해 구성되었던 것처럼, 이미지에 대한 지식들이 구성되리라고 생각해 볼 수 있습니다.

데리다 비교해 보자면, 우리는 이미지에 대해 대략 준(準)알파벳 표기법 상태에 있는 셈입니다. 〔언어의〕 알파벳화 및 구술 언어나 기록 언어의 숙달이 보편적으로 공유된 현상은 아니었던 것처럼,(분명 읽을 줄 아는 사람들과 읽을 줄 모르는 사람들이 항상 있어 왔을 뿐만 아니라, 또한 읽을 줄 아는 사람들 중에도 다양한 능력과 재능 등의 차이가 존재합니다.) 오늘날 이미지와 관련하여 소비자 대중이 상대적인 알파벳 사용의 다양한 양상들과 유비적인 상태에 있다고 말할 수 있을 것입니다.

스티글레르 여기에서 문제는 유비인데, 왜냐하면 우리는 문자, 즉 분명(apparemment) 우리가 이미지에서는 발견하지 못하는 구분되는 요소와 관계하는 한에서만 알파벳 표기법이나 알파벳 사용에 대해 말할 수 있기 때문입니다.

데리다 외견상으로만 보면(apparemment) 문자는 아니지만, 구분되는 요소들의 몽타주가 존재합니다. 분석될 수 없고 분리될 수 없는 대량의 이미지들이 삼켜 버릴 듯 밀려온다는 인상을 받을 수도 있겠지요. 하지만 우리는 전혀 그렇지 않다는 것을 알고 있습니다. 이는 외양일 뿐입니다. 우리는 순간순간마다 단편들로 이미지를 잘라 낼 수 있으며, 이는 많은 문제들, 특히 법적인 문제들을 제기합니다! 그리고 알파벳 같지는 않겠지만 적어도 이미지 또는 이미지들의 구분되는 계열이 존재합니다. 이를 정확하게 분간하고 합성하고 붙이고 편집하는 법을 배워야 합니다.

스티글레르 이미지에 대한 지식의 발전을 촉진시키는 것은 이러한 구분되는 요소들 및 그것들의 조합을 가시화하고 분간을 가능하게 하는 것을 의미합니까?

데리다 이러한 식별력을 발전시키라는 명령이 우리를 지휘하고 있다고 말해도 그다지 위험하지는 않을 것입니다. 이는 하나의 예비적 조건일 뿐이며, 경험 안에서는 모든 것이 식별되지는 않습니다. 하지만 이러한 식별력의 발전이 완만하게 진행되고 있으며, 국가 교육에 의해 조직되고 프로그램될 수는 없겠지만, 적어도 학교 및 학교 밖의 모든 수단을 통해 촉진될 수는 있을 것입니다. 학교의 문제점 중 하나는 학교가 학교 바깥, 즉 집이나 다른 곳에서 이미지와 접하는 주체(시민이든 아니든 간에)의 경험에서 제한된 시공간을 차지할 뿐이라는 점입니다. 이러한 식별의 명령은 학교에서는 반드시 필요하며, 학교 밖의 많은 곳에서도 마찬가지입니다.

스티글레르 따라서 이미지에 대한 새로운 유형의 관계를 발전시킬 정치적 필요성이 존재할 텐데, 이 조건들 중의 하나(이는 바로 이 순간에도 프랑스의 국립시청각연구소의 기록보관소에 의해 설정되고 있습니다.)는 특히 법정 납본과 기록의 보존에 의해 법적, 도구적으로 확립된 기록에 대한 접근입니다. 하지만 또한 필연적으로 도구적 성격을 지니게 될 어떤 기억의 정치를 구상하는 것도 중요합니다. 만약 우리가 문자 기록과의 유비를 시도해 본다면(이러한 유비가 지니는 한계들을 세심하게 고려하면서) 우리는 여기에서 '문법적'이라는 의미에서 구분되는 규칙성에 대해 말하게 됩니다. 그런데 언어에 문자화된 관계를 제공해 주는 문자 기록의 기술 및 이 기술이 가능하게 만드는 도구적 지식들이 광범위하게 전유되지 않고서는 문법가들만이 아니라 초등학교 교사 및 초등학생들이라는 존재조차 상상할 수 없으리라는 점이 분명합니다. 근본적으로, 그리고 일차적으로 도구적, 기술적인 어떤 문화의 광범위한 확산이 없었다면, 학교 문화의 발전을 생각하기 어려울 것입니다. 읽고 쓰는 법을 배운다는 것은 무엇보다도 한 가지 기술을 배우는 것인데, 사람들은 이를 너무 자주 잊어버리곤 합니다. 문서 기록(écrits)의 '제작자'와 '수용자'는 이러한 기술적 능력을 필연적으로 공유하는데, 왜냐하면 읽을 수 있기 위해서는 쓸 줄 알아야 하기 때문입니다. 이를 현대의 원격 기술들과 비교해 본다면, 문제는 시청각적인 도구 문화는 어떤 것일수 있을지 아는 것입니다.

따라서 기술의 문제는 우리가 말했던 모든 것을 관통하고 있습니다. 피델 카스트로의 '인터뷰' 건에 대해 법원은 기각을 결정했는데, 그 이유는 문제의 본질이 정보의 겉포장에, 또는 오히려 그 매체에, 매체의 본성 자체에 있으며, 또한 비디오 자료를 만들면서 몽타주들을 만들고 재단하고 따라서 전환시키고 심지어는 변형시킬 필요성에서 발생하는 일들에 있기 때문이라는 것이었습니다. 방송 기자의 활동에서 어떤 식으로든 빼놓을 수 없는 이런 사항에 대해 법원은 결정을 내릴 만한 능력이 없다고 판단했으며 저는 이를 충분히 이해할 수 있을 것 같습니다. 문제를 일반화해 보자면, 정치적, 법적 사유 일반에서 기술이 차지하고 있는 위치에 대해서는 의문을 제기하지 말아야 합니까? 서양의 전통(실제로는 지금까지도 계속되고 있는)에서 기술은 본질적으로 수단의 범주 아래, 즉 그 자체로는 목적의 구성에 참여하지 못하는 순수 도구성으로 사유되어 왔습니다. 우리가 얼마 전부터 언급해 왔던 문제들에서 이러한 기술의 문제에 대한 새로운 고찰이 요구되고 있지 않습

기억 행위들

서양의 전통에서 기술은 본질적으로 수단의 범주 아래, 즉 그 자체로는 목적의 구성에 참여하지 못하는 순수 도구성으로 사유되어 왔습니다. 〔하지만〕 이러한 기술의 문제에 대한 새로운 고찰이 요구되고 있지 않습니까? 문화 정치의 문제가 기술과 관련되어 있는 정치 공동체라는 훨씬 일반적인 문제의 한 사례, 오늘날 특히 절박하고 긴요한 사례라고 생각하지 않으십니까?
— 스티글레르

니까? 저는 특히 마르크스에 대한 선생님의 저서와, 선생님께서 한편으로는 '상속'의 문제와, 다른 한편으로는 '유령성' 또는 '가상성'의 문제라는 두 가지 이름 아래 개진하셨던 모든 것들을 생각하면서 이 주제를 끌어들이고 있습니다. 선생님께서는 우리가 조금 전부터 언급해 온 문화 정치의 문제가 기술과 관련되어 있는 정치 공동체라는 훨씬 일반적인 문제의 한 사례, 오늘날 특히 절박하고 긴요한 사례라고 생각하지 않으십니까? 선생님께서는 방금 전에 "정치적인 것과 지역적인 것 사이의 연계는 탈구되고 있다."라고 말씀하셨습니다. 이 문제는 본질적으로 기술의 문제가 아닙니까?

데리다 판사가 기술적 문제들에 대해 적어도 암묵적으로라도 자신의 권한의 부재를 공표한 것은 예상 가능한 일이었습니다. 이를 통해 그는 사법적 판단과 기술 사이에 간극이 존재한다는 점을 전제한 셈이지요. 그런데 우리가 알든 모르든 간에 사법적인 것은 항상, 초보적이고 극히 불충분하다 할지라도, 기술에 대한, 형식과 내용에 대한, 도구의 본질에 대한, 틀 짜기의 본질 등에 대한 능력[3]을 함축해 왔습니다. 따라서 우리는 사법적 논의에 대해, 비록 불충분하긴 하지만 그것이 기술적 인식을 함축하고 있을 뿐만 아니라, 또한 그 자체가 기술이라고 말할 수 있습니다. 비록 판결이 그 결정의 순수성에서는 원칙적으로(만약 이것이 가능하다면 말입니다.) '기술적'이어서는 안 된다 하더라도 말입니다. 사법적 논의는 자기 자신 안에 규칙들 및 규칙들의 적용법들의 집합, 즉 하나의 기술을 포함하고 있습니다. 사법적 기술은 존재하며,

---

3 (옮긴이) '능력'은 compétence의 번역인데, 이는 또한 '(법적) 권한'이라는 의미도 지니고 있다. 이런 중의적 어법을 통해 데리다는 기술적 문제와 사법적 판단 사이에는 간극이 존재한다고 생각하는 판사의 견해에 반대하여, "사법적 논의…… 그 자체가 기술"이기 때문에 기술적 문제를 단지 기술적 문제로 남겨 두는 것은 잘못이라는 점을 지적하고 있다.

기억 행위들

기술 일반과 관련하여 어떤 판단, 어떤 정의도 중립적이거나 결백하지 않습니다.

여기에서는 푸아브르 다르보르의 사례는 제쳐 놓고 기억의 정치라는 주제에 대한 선생의 긴 질문의 전제들을 다루어 보기로 합시다. 한편으로 사람들은 기꺼이 자발적으로, 기억의 정치가 존재해야 하며, 기록들을 구성해야 하고, 모든 이 또는 대다수의 사람들이 기록에 대해 알고 작업하고 연구할 수 있게 접근을 허락해야 한다고 말할 수 있습니다. 하지만 동시에 모든 기억의 정치(만약 '정치'라는 단어가 고전적이고 좁은 의미를 지닌다면(이런 의미에서는 '기억의 정책'으로 번역될 수 있다 — 옮긴이))는 국가의 개입을 함축합니다. 이미지들의 축적 가능성과 관련하여 놀라울 만큼 증대하고 있는 현재의 수단들이 무엇이든 간에, 수집되고 보존되어야 할 무한정한 자료 더미에 대해 법률을 제정하고 이를 실행하는 것은 국가입니다. 오늘날에는 모든 것 또는 거의 모든 것을 기록으로 보관하겠다고 (희망 사항이긴 하지만) 적어도 주장해 볼 수는 있게 되었습니다. 국가 기록보관소가 법정 납본과 중요한 논쟁들 및 전통적 의미에서의 국가 기록을 구성하는 모든 것을 보관하고 있을 뿐만 아니라, 어떤 것이든 기재할 수 있게 되었으며, 실제로 기재하게 하고 있습니다. 자료는 방대합니다. 하지만 모든 것을 보존할 수는 없기 때문에, 선택과 그에 따른 해석 및 구조화가 불가피합니다. 우리가 '기억의 정치'에 대해 말할 때부터 우리는 다음과 같이 물어볼 수 있습니다. 실제로는 특정한 시민 사회의 세력을 대표하고 있을 뿐인 어떤 국가 기관이, 국민 국가가 보존해야 하는 것을 궁극적으로, 더욱이 항상 국민적인 것과 공적인 것을 특권화하면서 결정하는 것 아닌가? 왜 독일 것이나 일본 것이 아니라 프랑스 것을 보존해야 하는가? 그리고 국민사에서 보존되는 것은 무엇인가?

기억의 정치가 존재한다는 사실은 이미 하나의 문제를 제기합니다.

사람들은 자생적으로, 기억이 존재해야 하며 기억은 망각보다 낫다고 생각합니다. 이것이 무조건 참이라고 잠시 가정해 봅시다. 기억이 유한하기 때문에 사람들은 이러한 〔기억에의〕 책임을 어떤 국가 제도에, 즉 실제로는 국가의 이름 아래(역사는 우리에게 이에 대해 사유하는 법을 가르쳐 주었습니다.) 항상 국민의 일부 분파, 즉 어떤 계급은 아닐지라도, 이 국가의 모든 시민, 과거와 현재와 장래의 모든 시민의 '전체 의지'도 아니고 대개는 '일반 의지'도 아닌 어떤 것을 대표하는 한 권력 장치에 양도하는 것 아닙니까? 분명 기억의 정치가 존재해야 하겠지만, 또한 이러한 기억의 정치의 이름 아래 …… 시민들이라고는 선뜻 말하지 못하겠지만, …… 그리고 같은 이유 때문에 주체들이라고도 말하지 못하겠지만 …… 기억의 정치에 대한 경각심을 지니도록 '누군가'를 형성하거나 일깨워야 합니다. 과거 유산에 접근하거나 기록을 사용할 수 있는 상황에 있는 누군가는, 하나의 기억의 정치가 존재해 왔고 이제 이러한 정치는 변혁되고 있으며 이러한 정치는 하나의 정치라는 것을 구체적으로 알고 있어야 합니다. 기억의 정치에 대한 비판적 경각심을 일깨워야 합니다. 기억의 정치를 실천하면서 동시에, 동일한 운동에 따라 기억의 정치에 대한 비판을 실천해야 합니다.

스티글레르 다시 말하자면 선별성에 대한 의식을 고양시키는 것…….

데리다 그렇습니다. 이러한 선별성에 대한 의식은 단지 관조적인 비판, 이론적인 경계만은 아닐 것입니다. 우리는 도구화의 문제를 재발견하게 됩니다. 이 모든 것은 도구화가 없이는, 도구성의 문화가 없이는 이루어지지 않을 것입니다. 하지만 동시에(여기에서 언어의 문제가 우리에게 주의를 환기시키고 있습니다.) 기술이 도구를 의미하지 않을 지점이

기억 행위들

존재합니다. '언어의 숙달'은 단순히 대상성이나 대상화의 관계를 의미하지는 않습니다. 기억 속에는 대상화하거나 대상화될 수 있는 것과는 다른 어떤 것이 존재합니다. 항상 이미 기술적이거나 도구적인 것이 존재하지만, 동시에 모든 기술이 도구화될 수 있는 것은 아니라고 말할 수 있습니다. 비판, 비판의 '주체'는 그가 다루는 것과 순수한 대상성의 관계를 맺고 있지는 않습니다. 예컨대 그는 언어를 말할 것이고, 언어를 말해야 하는데, 우리가 언어를 말할 때 우리는 〔언어에 대한〕 관찰자가 아닙니다. 일상 언어나 정치적 언어, 또는 과학적 언어나 시적 언어, 특히 시적 언어가 문제일 경우, 언어의 참여자는 〔언어에 대해〕 도구적 의미에서 사용자 관계에 있지 않습니다. 항상 이미 기술이 존재하지만, 이러한 기술이 완전히 도구화될 수 있는 것은 아닙니다. 따라서 기억의 정치, 기억의 정치에 대한 비판을 일깨워야 하지만(일깨울 필요가 있다면 말입니다.) 동시에 사유를 일깨워야 합니다. 저는 사유라고 분명히 말해 두겠는데, 왜냐하면 만약 비판이 대상화 및 도구화로 이해된다면, 비판만으로는 충분치 않기 때문입니다.

우리가 말하는 '~해야 한다'는 그 자체로는 비판적일 수 없으며, 대상화될 수도 없습니다. 도대체 왜 기억해야 하는 겁니까? 선생은 아마도 결코 기억이 비기억보다 더 낫다는 것을 증명하지 못할 것입니다. 게다가 기억은 망각을 함축하고 있습니다. 만약 선별성이 존재한다면, 이는 망각이 존재하기 때문입니다. '~해야 한다' 자체는 전적으로 비판적이지 않으며, 비판에 사로잡혀 있지 않습니다. 따라서 비판을 사유해야만 합니다. 기억의 정치와 마찬가지로 기억의 정치에 대한 비판은 이러한 '비판'의 명령이 의미하는 것에 대한 사유를 불러 모읍니다. 이러한 사유를 가장 새로운 기술적 사건들에, 장래로부터 우리에게 도래하는, 우리에게 도착하거나 우리에게 도착하게 될 것으로서의 기술에 대한 가장 놀라운 정교화 작업들에 방향을 맞추도록 해야 합니다.

어떻게 이러한 기술적 사건들을, 제가 방금 언급했던 의미에서 사유할 수 있습니까? 어떻게 이것들을 '다른 식으로' 정치화할 수 있습니까? 정치적인 것 자체가 이러한 비판과 이러한 사유의 주제일 수 있으며, 이미 주어져 있는 것이 아님을 유념하면서, 어떻게 이것들을 '민주화할' 수 있습니까? 이는 분명 어렵고 무한한, 심지어 불가능하기까지 한 과제입니다. 조금 전부터 우리는(이 점에 대해서는 우리 둘 모두 일치할 수 있으리라고 생각합니다.) 비판적 문화의 필요성에 대해, 특히 정치적이면서도 일반적으로 은폐되어 있는('탈정치화된') 것을 재활성화하는 정치화 작업에 대해, 그리고 이 모든 현상들의 필수적인 민주화에 대한 자각의 필요성에 대해 인정하고 있습니다. 그렇지만 동시에, 이를테면 동일한 행보 속에서, 특정한 유형의 정치화 작업에 저항해야 하는데, 엄밀하게 말하자면 바로 여기에서 정치적인 것과 민주주의의 상속된 개념(아테네의 민주주의로부터 민주주의라는 개념에 영향을 끼쳐 왔던 모든 혁명들과 더불어 오늘날에 이르기까지 이것이 상속의 문제라는 데 저도 동의합니다.)이 국민 국가의 경계들에 의해, 영토화에 의해, 사람들이 '자연적인' 또는 획득된 '시민성'이라는 번듯한 단어 아래 국민의 혈통이나 조국의 땅으로 이해한다고 믿어 왔던 모든 것에 의해 규제되고 통제되고 한정되어 왔습니다. 정치적인 것은 탈영토화되어야 하며, 또한 분명 그렇게 만들어야 합니다. 그리고 아마도 이러한 정치적인 것의 '경계들'을 넘어서 민주주의를 사유해야 할 것입니다. 이러한 명령, 즉 어떻게든 정치적인 것을 넘어서 정치적인 것을 사유하기 또는 민주주의를 넘어서 민주적인 것을 사유하기는 기술에 의해 나날이 긴급한 방식으로 우리에게 구체적으로 부과되고 있는데, 이는 위협이면서 동시에 기회이기도 합니다. 우리가 텔레비전을 켜거나 전화기 또는 팩스를 사용할 때마다 우리는, 제가 너무 서둘러서, 그리고 너무 개략적으로 언급했던 질문들이 제기된다는 것을 알게 됩니다. 이는 비판해야 한다,

비판을 넘어서 나아가야 한다고 말하는 철학자의 사변적 문제가 아닙니다. 매 순간마다 경계의 문제가 제기됩니다. 우리는 여기 파리 교외에 있는데, 여기에는 케이블 TV가 없습니다. 제가 부다페스트에 가게 되면 훨씬 더 많은 채널과 '연결'될 수 있으며, 아침 5시에 CNN을 시청할 수 있습니다. 제가 텔레비전을 켜는 순간, 리조란지(Ris-Orangis)에 있든 부다페스트에 있든 간에, 비판적 문화, 민주주의, 정치적인 것, 탈영토화의 문제가 분출하게 됩니다.

스티글레르 시민성, 정치, 경계, 고유어, 장소, 영토 등과 같은 이 모든 단어는 우리가 이야기하는 비판 대상(이를 기억의 기술(mnémotechnologie)이라 부르기로 하겠습니다.)에 의해, 그리고 기술 일반에 의해 영향을 받고 있습니다. 이 단어들은 사람들이 이 단어들의 이름 아래 비판할 수 있다고 생각하는 대상과 외재적 관계에 놓여 있지 않고, 우리가 이 대상을 지시할 수 있는 안전한 대지도 아니며, 그것들 자체가 이 대상 자체가 요구하는 해체와 비판의 과정 속에 사로잡혀 있습니다. 선생님께서 여기 리조란지에, 또는 부다페스트나 파리에 계실 때, 선생님께서 CNN 방송망과 관련하여 처하게 되는 상황에 대해 말씀하셨기 때문에 드리는 질문입니다만, 선생님께서는 '정치적' 공동체('정치적'이라는 단어를 따옴표로 묶고 싶은데, 왜냐하면 '정치적'이라는 단어 자체가 질문에 의해 영향을 받고 있기 때문입니다.)가 연결망 공동체, 또는 기술적 공동체의 사상과 같은 어떤 것이 되어야 한다고 생각하시는지요?

데리다 원하든 원하지 않든 간에 이러한 이미지들, 이러한 정보들의 새로운 나눔(partage)이 문제입니다. 이는 더 이상 영토적으로 한정된 국민적이거나 지역적인 공동체에 의해 규제되지 않습니다. 하지만 '공동체'라는 단어를 사용하기는 좀 꺼림칙합니다. 이 단어는 제가 항상 저항해 왔던 단어입니다. '기술 공동체'에 대해 말하는 것은 바로 문제가 되고 있는 것을 재구성하게 될 위험이 있습니다. '연결망'은 좀 더 낫지만, 이는 통일성이나 동질성, 일관성이 없는 연결망이어야 합니다. 이는 나눔입니다. 장뤽 낭시(Jean-Luc Nancy)처럼 저 역시도 '나눔'[4]이라는 단어를 선택하겠습니다. 이 단어는 우리가 어떤 지점까지는 공동으로 소유할 수 있다는 점을 말해 주면서 동시에 분리와 독특성과 분산을 고려하고 있으며, 선생이 방금 언급했던 것처럼 멀리 떨어진 장소

---

4 (옮긴이) 나눔(partage)이라는 개념은 데리다가 본문에서 지적하듯이 그의 동료인 장뤽 낭시의 정치철학의 핵심적인 개념 중 하나이다.

장뤽 낭시는 하이데거의 『존재와 시간』 26절에 나오는 공동 존재(Mitsein)라는 개념과 조르주 바타유의 『저주의 몫』의 논의를 결합하면서 자유와 공동체에 대한 새로운 개념화를 시도하고 있다. 낭시가 하이데거의 공동 존재라는 개념에 주목하는 이유는 이 개념을 통해 (현)존재보다 원초적인 공동 존재, 존재의 문제에 선행하는 공동체의 문제를 비형이상학적인, 또는 비존재론적인 관점에서 다룰 수 있다고 보기 때문이다. 다시 말해 낭시에게서 중요한 것은 개체와 공동체에 대한 실체론적 관점에서 벗어나 실체에 대한 관계의 선행성, 존재에 대한 행위의 선행성을 사유하는 것이며, 여기에서 핵심적인 역할을 수행하는 것이 공동 존재라는 개념을 보다 철저하게 밀고 나간 나눔이라는 개념이다.

나눔이라는 개념은 관계에 앞서 이미 존재하는 개체들, 소유자들이 어떤 대상을 공유하거나 나누어 가진다는 경험적 사태를 가리키는 것이 아니라, **존재의 유한성**을 가리킨다. 그의 말을 그대로 인용하면 "존재론은 두 가지의 형식적 가능성(하지만 이는 또한 물질적 가능성들이기도 하다. 이는 항상 물체/육체의 문제인 것이다.)만을 지니고 있을 뿐이다. 존재는 단일**하다**.(l'Etre est singulier)이거나(오직 존재만이 존재할 뿐이며, 이는 유일하고 이는 자신 안에 존재자들의 존재자성의 모든 공통의 실체를 재흡수한다. 그러나 이렇게 되면 이는 독특**하지 않다**는 점이 분명해진다. 만약 **한 번만** 존재할 뿐이라면, 결코 '한 번'이란 존재하지 않는 것이다.) 독특성 이외에는 아무런 존재도 **존재하지 않는다**거나. 매번 오직 이 한 번일 뿐이며, '매번 오직 이 한 번' 외에는 아무것도 일반적이거나 공통적이지 않은 것이다."(Jean-Luc Nancy, *L'expérience de la libertéc*(Galilée, 1988), 91~92쪽. 강조는 낭시) 따라서 '매번 오직 이 한 번'은 연속적인 시간의 한 계기를 의미하는 것이 아니라 다른 모든 것으로부터 스스로를 분리시키고 잘라 내는 작용, 데리다가 말하는 공간 내기, 간격 두기를 의미한다. 그리고 바로 이러한 분리로서의 독특성을 통해 비로소 통속적인 시간관에서 전제되어 있는 연속성(이는 곧 위에서 말한 단일한 존재이다.)에서 벗어나 관계를 사고하는 것이 가능해진다. 정의상 독특성은 '매번 오직 이 한 번'이며, 따라서 매번 **독특하게, 상이하게** 반복될 수밖에 없고(데리다가 말하는 되풀이 (불)가능성) 이러한 상이성은 곧 관계의 가능 조건이기 때문이다. 따라서 독특성으로서의 현존재(하이데거가 말하는 "매번 나의 것임(Jemeinigkeit)")는 항상 이미 공동 존재이며, 존재는 항상 나눔, 즉 **분리하는 공유**이다.

(도시든 도시가 아니든)에 있는 여러 사람이나 집단이 동일한 프로그램에 접할 수 있다는 점을 고려합니다. 만약 우리가 공동체를 언어 및 문화적, 민족적, 종교적 지평들의 통합체로 이해한다면, 이는 공동체가 아닙니다. 사실 이전과 동일한 모델들에 따르지 않는, 공간 안으로의 또는 공간을 목표로 하는 공동의 기입 형태가 존재하지만, 이를 공동체라 부르기는 망설여집니다. 동시에 또는 거의 동시에 동일한 정보(예컨대 정치적인)의 진행 과정에, 또는 동일한 작품의 상연 과정에 접하게 된 모든 사람에게서 케이블 TV에 의한 이러한 동일한 정보, 동일한 작품, 또는 동일한 영화나 콘서트의 방송은 하나의 프로그래밍입니다. 이러한 프로그래밍에 대한 비판이 거부를 의미하지는 않으며, 다만 어떤 시선에 따라 이러저러한 방식으로 감시하고 질문하고 서로 질문을 주고받고 응답해야 함을 의미합니다. 이를 동시에 감시하고 이에 대한 비판을 함께 결정하거나 준비하는 사람들 모두, 또는 그들 대다수를 '공동체'라 부르려고 할 수도 있겠지만, 저는 이를 '공동체'라 부르지는 않을 텐데, 왜냐하면 상이한 장소에서 상이한 전략들에 따라 상이한 언어로 이루어지기 때문입니다. 그리고 제게는 이러한 독특성들에 대한 존중이 공동체에 대한 존중만큼 중요하게 생각됩니다. 투쟁과 싸움에 연대가 존재할 수 있지만, 이것이 유럽적인 또는 국제적인 범위에 걸쳐 오늘날 우리가 국민이라고 부르는 것과 동일한 유형의 집합성, 응집성 또는 강제된 연대를 설정하는 어떤 공동체를 구성하지는 않습니다. 제가 공동체라는 단어에서 두려워하는 것은 동일화의 도식입니다. 분명 동일화가 존재하며, 우리는 이를 단순히 부정할 수도, 이에 맞서 싸울 수도 없지만, 동일성의 재구성이라는 이름 아래 지역적이거나 국민적인 것이 아니라, 예컨대 유럽적이거나 심지어는 세계적인 단순한 동일성에 대해 말하는 것은 제가 보기에는 문제가 있을 뿐만 아니라, 정치적으로(우리가 조금 전에 이 단어에 부여했던 가공할 만한 의미에서) 염려스러

운 것이기도 합니다. 따라서 가능한 한 최대 다수의 사람들(주체들이나 시민들이라고 규정하지 않기 위해 모호하지만 그냥 '사람들'이라고 말하겠습니다.)을 연결하고 형성하여 이러한 프로그래밍을 경계하고, 그에 응답하고, 궁극적으로는 그에 맞서 싸우려고 시도해야(항상 그래야 한다면 그렇게 해야 합니다.) 하지만, 여기에서 동일화, 재동일화를 과제로 전제하거나 설정해서는 안 됩니다. 탈동일화, 독특성, 동일화하는 연대와의 단절, 탈유대는 제가 보기에 그 반대의 것 못지않게 필수적입니다. 저는 동일화와 차이화 사이에서 선택하고 싶지는 않습니다.

상속들에 대하여
── 그리고 리듬에 대하여

스티글레르 이러한 나눔의 문제는 흐름과 과정과 저장에 모두 관련됩니다. 기록을 보관해야 하고, 이러한 저장물들을 지배하고 있는 생각해 낼 수 있는 모든 형태의 정치적이거나 경제적이거나 또 다른 기준들을 의식하면서, 이와 동시에 저장물이 존재하며 영토적 국지화를 포함하는 (일반적) 국지화가 존재한다는 것을 의식해야 하지만, 사태를 사유하기에는 이것만으로 충분치 않습니다. 따라서 구성되고 국지화되는 연결망과 저장물의 흐름들 및 순환들 사이에 협상이 존재해야 하며, 불가피하게 동일화가 존재한다고 하더라도 이 모든 것에서 어떤 동일성, 어떤 동일한 저장물에 준거하지 않는 나눔이 가능해야 합니다. 이러한 문제 및 이러한 극점들 사이에서의 협상이라는 문제 아래에서 상속의 주제, 선생님께서 '상속하기'라고 부른 주제가 전개됩니다.

데리다 우리는 어떤 저장물, 구성된 어떤 비축물을 마치 기탁되어 있는 것을 찾거나 인수하듯이 상속받지는 않습니다. 저장물이나 기탁물이라는 도식 자체가 이미 부동적(不動的)인데, 왜냐하면 이는 너무 쉽게 어떤 장소로의 위치 설정, 하나의 동일한 장소에 모아 놓은 정돈된

집산물을 생각하도록 만들기 때문입니다. 우리가 말하는 기록 또는 오히려 상속은, 저장물이란 결코 구성되는 것이 아니며 퇴적물이 아님을 함축합니다. 역설적이게도 이것은 항상 이미 분류되어 있기 때문에, 즉 해석되고 걸러지고 질서가 잡혀 있기 때문에, 점점 더 위치 설정이 어려워집니다.

상속하기는 항상 이미 어떤 장소에 놓여 있는, 은행(정보 은행이나 이미지 은행 또는 그 밖의 어떤 것이든)에 보관되어 있는 재산이나 자본을 인수하는 것이 아닙니다. 상속은 결정과 책임과 응답을 함축하며, 따라서 비판적 선별과 선택을 함축합니다. 원하든 원하지 않든, 의식하든 의식하지 못하든 항상 선택이 존재합니다. 만약 상속이 결코 저장물이나 비축물의 질서에 속했던 적이 없었다면, 오늘날 기록 보관의 기술들을 고려해 볼 때 이제 더욱더 저장될 수 있는 상속에 대해 말하기 어려운데, 왜냐하면 무엇보다도 우리는 상속 절차를 다른 곳으로 옮기고 분리하고 전이시킬 수 있기 때문입니다. 오늘날 프랑스인들이 프랑스의 유산에 대한 유일한 상속자가 아니듯이, 기록이 단순히 지역적인 것이 아니고 단순히 국민적인 것이 되어서도 안 되듯이, 상속 역시 단순히 하나의 언어, 하나의 국민 등에 연계되어 있지 않습니다. 제가 이처럼 상속 개념을 강조하는 것이 의고주의적이거나 전통주의적인 태도를 의미하지는 않습니다. 우리가 전체적으로 과거의 상속자라는 것이 과거가 우리에게 모든 것을 지령함을 의미하지는 않습니다. 분명 과거로부터 도래하는 어떤 명령이 존재합니다. 도래하는 것〔장래〕으로서의 어떤 과거로부터 도래하지 않는 명령이란 존재하지 않습니다. 하지만 이러한 과거의 명령은 우리가 지금 응답하고 선택하고 선별하고 비판하도록 촉구합니다. 따라서 저는 상속 개념을 유산, 은행, 저장 등의 개념으로부터 분리시킬 것입니다. 그리고 저는 이를 일반적이고 무조건적으로 주장할 생각이지만, 또한 우리가 이 순간 말하고 있는 것, 즉 기록

상속들에 대하여

보관 기술의 발전 및 그것이 우리로 하여금 사유하도록 촉구하는 것도 고려하고 있습니다.

스티글레르 우리가 말했던 것을 '문화적 예외'라는 표제 아래 요약하려 한다면, 국민적인 것과 이방적인 것 또는 민주주의와 시장을 대립시키는 것은 피상적인 태도이며, 여기에서는 규제의 개념 역시 너무 부족합니다. 좀 더 일반적으로 본다면 선생님께서는 '과정'이라는 용어를 여러 차례 사용하셨습니다. 마치 지금까지도 국가라 불리고 있는 것에 상응하는 구조들이(국가 속에는 안정성의 관념이 존재하고 있습니다.) 그리고 마치 국가라는 개념 자체가 우리 자신이 그 속에 포획되어 있는 어떤 과정성을 더 이상 견뎌 낼 수 없는 것처럼 보입니다. 선생님께서는 이러한 과정성에는 기술적 체계의 발전 속도의 문제(우리가 수세기 동안, 심지어는 수천 년 동안 살아 왔던 구조들은 이러한 발전 속도에 구조적으로 뒤처져 있는 것으로 드러나게 될 것입니다.)가 연계되어 있다고 생각하지 않으십니까?

데리다 여기에는 무수히 많은 문제들이 존재합니다. 과정의 문제를 다루기 전에 우선, 마치 갑자기 전기가 나간 것처럼 기술적 장치들에 구애받지 않고 어떤 성찰이나 토론의 필연적인 진행 과정 또는 그와 내적으로 관련되어 있는 귀결들을 쫓아가는 대신, 지금 여기 카메라와 촬영 장비들 앞에서 말해야 할 때 일어나는 일에 대해 언급해 보고 싶군요. 어쨌든 제 안에서는 심리적이면서 정서적인 변형이 생겨나고 있는데, 저는 이를 그냥 묵과하고 싶지는 않습니다. 말하자면 또 다른 과정이 작동하고 있는데, 저는 이 순간, 자동차를 운전하면서 또는 컴퓨터나 백지 앞에서 몽상하거나 생각하면서 혼자 있을 때, 또는 촬영 전에 그랬고 촬영 이후에 다시 그럴 것처럼 여러분 중 한 사람과 동일한 문제들에 대해, 하지만 시간 및 긴급성과의 다른 관계, 다른 리듬 속에서 말할 때와 같은 방식으로, 같은 리듬에 따라 말할 수 없고 사유할 수 없으며 답변할 수 없습니다. 이는 혼자 있을 경우 우리가 시간 전부를 차지한다는 것을 의미하지는 않습니다. 누구도 시간 전부를 차지할 수는 없습니다. 이는 긴급성과 리듬에 대한 관계가 달라지리라는 것을 의미하는데, 지금 이는 이 촬영 장비와 무대 장치들에 의해 전환되고 있습니다. 누군가가 우리에게 "레디! 고!"라고 말할 때, 어떤 진행 과정이 시작되며 우리는 더 이상 동일한 방식으로 말할 수 없고 동일한 방식으로 사유할 수 없으며 아마도 제대로 사유하기가 어려울 것입니다. ······ 선생도 잘 알다시피, 단어들과의 관계, 그것들이 떠오르거나 떠오르지 않는 방식이 달라집니다. 만약 우리가 여기에서 하고 있는 것이 어떤 특수성을 지니고 있다면, 우리의 첫 번째 과제는 이러한 효과를 망각하지 않고 생략하지 않고 중립화하지 않는 것이며, 우리가 촬영하고 있다는 사실, 어쨌든 저로서는 촬영하는 것에 어려움을 느끼고 있다는 사실에 대한 재 - 표지(re-marque)를 테이프에 기재하고 기록해 두는 일입니다. 글을 쓰고 가르치는 등의 일을 하는 '지식인들'이 카메라나 마이크 앞에 있을 때, 그들이 자신의 주제에 관한 질문들을 좀 더 제기해 보려 할수록(제가 여기에서 하려는 것처럼 말입니다.) 그들이 침묵과 신중함과 유보를 나타낼수록(이는 무익하거나 소극적인 유보가 아니라, 적당히 하지 않으려는, 좀 더 '책임'을 지려는 유보입니다.) 그들이 이런 경험으로부터 더 멀어질수록, 그들은 이런 경험에 덜 익숙해지고, 시나리오의 작위성을 더 깨닫게 된다는 것은 일반적으로 이 지식인들의 경험의 일부를 이루게 됩니다. 늘 텔레비전에 출연하는 지식인들은 아마도 제가 아주 곤혹스러워하고 있는 이러한 작위성의 효과들에 개의치 않을 수 있겠지요. 저는 과정과 정체, 정지와 중단의 문제 때문에 이를 말하고 있습니다. 촬영이 시작되자마자, 저는 억제되고 무력화되고 정지하게 되

상속들에 대하여

고, '꼼짝하지 않은 채' 있게 되며, 제가 이런 상황에 처해 있지 않을 때처럼 사유하거나 말할 수 없게 됩니다.

이런 반성은 이처럼 열린 채로 또는 중단된 채로 남겨 두기로 하고, 이제 과정에 대한 선생의 질문으로 되돌아가 봅시다. 제가 이 단어를 강조했던 것은 적절하지 않았을는지도 모릅니다. 또는 단어가 잘못 선택되었을는지도 모르지요. 이 단어는, 문제가 되고 있는 것이 구조에 대립하는 생성, 고정된 규정에 대립하는 흐름이라고 생각하게 만들 수도 있는데, 이는 제가 원하는 것이 아닙니다. 저는 과정에 주의를 기울여야 하지만, 또한 그에 못지않게 모델들과 장소들, 법칙들 사이의 불연속들, 정체들, 중단들, 구조들 및 이질성들을 간과하지 말아야 한다고 생각합니다. 이런 주의 사항을 염두에 둔다면, 과정에 대한 강조는 우리가 말하고 있는 모든 것이 어떤 변혁에 연루되어 있으며, 이러한 변혁에서는 리듬이 규정적인 위치를 차지하고 있고, 점점 더 계산 불가능하게 되고 있다는 것을 우리가 고려할 수 있게 해 주어야 합니다. 왜냐하면 이는 파도가 밀려오듯이 점점 빠르게 몰아치면서 자신의 힘을 끌어모으고 크기를 늘려 가듯이 자기 자신을 감아 들이기 때문입니다. 비록 우리가 우리 세대 또는 지난 10여 년 동안의 (다행스럽거나 불행스러운) 어떤 외상(traumatisme)을 표시했던 이러저러한 사건들을 예견할 수 있었다 할지라도, 비록 우리가 이러저러한 것, 예컨대 베를린 장벽의 붕괴나 〔이스라엘 전 총리〕 라빈과 아라파트의 악수, 또는 남아프리카 공화국에서 아파르트헤이트의 종식을 예견할 수 있었다 할지라도, 가장 탁월한 전문가들조차도 사건이 발생하기 직전까지 예견할 수 없었던 것은 이 사건이 일어나게 될 순간이었습니다. 저는 과정 속에서의 이러한 가속이 본질적인 방식으로, 그리고 대부분의 경우 원격 방송 매체, 원격 기술의 변혁과 연계되어 있으며, 현재 정보 여행이나 정보의 경로라고 불리는, 이미지들, 모델들 따위가 국경을 넘나드는 것과 연계되어 있다고 생각하고 있습니다. 저는 전화, 팩스, 텔레비전, 전자 우편과 인터넷의 이러한 기술적 변혁이 '민주화'라고 불리는 것, 특히 동유럽권 국가들에서의 '민주화'를 위해, 인권을 옹호하는 모든 논의들 및 민주화를 진전시킬 수 있는 것으로 간주되었던 다양한 모델들보다 더 많은 일을 했을 것이라고 믿고 있습니다. 어쨌든 이러한 모델들이 이런 효과를 낳을 수 있었던 것은 이 모델들이, 텔레비전 화면이나 사진들로 '세계의 다른 쪽'을 직접 소개해서 사람들이 이를 동경하도록 만든 이미지들과 더불어, 또는 아주 신속하게 움직이는 기자들의 보도를 통해 보다 빠르게 전파되었기 때문입니다. 기술에 의한 가속과 기술 자체의 가속, 라디오에서 텔레비전으로의 이행 및 또한 텔레비전 내에서 다중 유선 방송 등으로의 이행과 같은 이 모든 것은 과정을 작동시켰으며, 특히 과정에 질적으로 새로운 가속을 부여했습니다. 어떤 전체주의 체제도(그 정치적, 군사적, 심지어는 경제적 힘이 어떠하든 간에) 전화망의 조밀도의 어떤 임계점 너머까지 생존할 수 없습니다. 이러한 임계점을 넘어서게 되면, 치안 통제는 더 이상 가능하지 않으며, 전체주의적 울타리도 더 이상 유지될 수 없습니다. 저는 지금 전화의 예를 들었지만, 다른 여러 가지 예를 들어 볼 수 있을 것입니다. 따라서 모든 정치적이거나 경제적인 과정들의 가속은 기술의 새로운 시간성, 또 다른 리듬과 분리될 수 없는 것 같습니다.

문화적 예외
— 국가의 상태들, 사건

데리다 이는 우리가 '문화적 예외'에 대해 말했던 것만이 아니라 동시에 국가에 대해 말했던 것에 대해서도 타당합니다.(저는 선생 질문의 어떤 측면도 망각하지 않으려고 노력하고 있습니다.) 때로는 과정의 역동성을 압도할 수도 있는 어떤 정태적 상태를 고려하기 위해 선생이 État라는 단어를 대문자 E를 써서 표기하기도 하고(이 경우 État는 '국가'라는 의미를 지닌다 — 옮긴이) 소문자 e를 써서 표기하기도 하는(이 경우 état는 '상태'라는 의미를 지닌다 — 옮긴이) 언어유희를 한 것은 일리가 있습니다. '문화적 예외'와 관련해서 저는 두 가지 논리를 동시에 생각하게 됩니다. 한편으로 산업적, 또는 기술·산업적 헤게모니에 저항하려는 사람들의 주장들을 생각하게 되는데, 이는 예컨대 이러한 헤게모니를 지니고 있는 어떤 영화가 경제적 위세를 근거로 빈곤하고 동질적이며 획일화된 모델들을 강제하기 때문입니다. 하지만 사정이 이렇다면 저로서는 법률적인 수단 대신 다른 수단들을 발명해 내야 한다고 말하겠습니다. 따라서 다른 한편으로 저는 다른 방식으로 싸울 것을 제안하는 사람들의 주장도 설득력이 있다고 생각합니다. 예컨대 미국에서 동일한 〔헤게모니의〕 위협에 맞서 저항하는 사람들까지 포함하여, 다른 나라에서 이러한 견해에 동조하는 사람들과 동맹을 맺는 겁니다. 어쨌든 국경을 폐쇄해서는 안 되지요. 어떤 형태의 개방성은 논쟁과 다양성을 위한 훌륭한 기회를 제공해 줄 것이며, 상업적 경쟁이라는 좁은 의미에서의 경제적 경쟁이 아니라, '생산'을 비롯하여 '수용'에서도(우리가 조금 전에 문제로 삼았던 이 개념 쌍에 잠정적으로 다시 의존해 봅시다.) 진정한 자극과 긴요한 토론을 낳게 될 것입니다.

마찬가지 설득력을 지니고 있지만, 서로 경쟁적이며 외견상으로 양립 불가능한 이 두 가지 논리 사이에는 유례없는 협상이라는 아주 좁은 험로가 남아 있을 뿐입니다. 이 협상의 법칙, 독특한 어떤 법칙이 발명되어야 합니다. 각각의 작품, 각각의 사건은 규준이나 일반적 규칙 없이 이 험로를 '통과하기' 위한 시도입니다.

스티글레르 문제는 협상이지요.

데리다 협상해야 합니다. 가트(GATT) 조약의 협상 과정에서 집중적인 목표가 되었던 '문화적 예외'라는 이러한 고비는 하나의 통과 지점일 뿐이라는 것을 알고 있어야 합니다. 질문이 봉쇄되어서는 안 됩니다. 결정이 어떻게 내려지든 간에, 질문이 규제되어서는 안 됩니다. 이 질문은 나중에는 다른 관점에서 제기될 것입니다. 이 질문 역시 과정 속에 들어 있는 셈이지요. 격한 논쟁이나 열띤 토론 과정이 열려 있게 해야 합니다. '문화적 예외'의 문제는 가트라는 맥락으로부터 분리될 수 없습니다. 이는 가트의 진행 과정의 한 계기이며, 가트 자체가 아주 오래 지속되어 온 국제적 과정 중의 한 계기일 뿐(이는 분명 최초의 시도라는 의미는 지니고 있습니다.)이기 때문입니다. 정치적 투쟁은 지속되어야 합니다.

'문화적 예외'라는 주제에 관해 두 가지 요구 중 어느 하나를 포기하기 어려운 것(그리고 우리를 무력화할 수도 있는 이 두 가지 요구에 의해 한쪽이나 다른 쪽에서 봉쇄되지 않기 위해서는 항상 이 과정을 재활성화해야 합니다.)과 마찬가지로 오늘날의 국가의 본질을 고려해 볼 때, 저는 국가에 관해 때로는 반국가주의적인 함축을 지니고 있는 담론을 취하게 되고, 때로는 국가주의적인 담론을 취하게 되기도 합니다. 그리고 저는 어느 쪽도 포기하고 싶지 않습니다. (여기에서 길게 논의할 수는 없을 테니) 이를 한마디로 설명하자면 제가 국가는 심지어 그 무조건적인 권위의 형태나 절대적 주권의 형태 아래에서도 하나의 과정이라고 말할 때 저는 국가주의적입니다. 거의 항상 헌법들을 기초하는 '영속주의적' 방식의 선언들에도 불구하고, 국가는 상대적으로 안정된 어떤 과정으로부터 생겨난 운동 중에 있는 불안정한 구조일 뿐입니다. 하지만 이 구조는 어떤 상황에서는 폭력적인 전유들에 저항할 수 있게 해 줍니다. 이런 관점에서, 그리고 이런 한에서 저는 국가, 즉 어떤 유형의 사적이거나 특수한 폭력들을 제동하거나 규제할 수 있는 어떤 국가가 존재하는 것이 바람직하다고 생각합니다. 제가 시민의 한 사람인 나라에서 사회적이거나 경제적인, 물질적이거나 상징적인 다수의 세력들, 또는 그 이해관계와 권력들의 연계들에 맞서 제가 국가 및 그로부터 귀결되는 모든 것을 옹호하는 일이 생길 수 있습니다. 하지만 역으로 보자면, 오늘날의 국가, 즉 국민과 연계되어 있는 국민 국가는 때로, 전환 과정에 있는 또는 가장 빠른 속도로 이러한 전환 과정을 거쳐야 하는 국제법을 제동하는 특수한 이해관계들을 대변합니다. 더욱이 이러한 법은 국민적이거나 국제적인 경제적, 원격 기술과학적 권력들의 연관망에 대해 제한적이고 무기력한 구성체로 남아 있습니다. 여기에서 이 점에 대한 엄밀한 해명이 필요합니다. 저는 오늘날 우리가 연루되어 있는, 불가피하게 추구되어야 할 거대한 운동은 국제법의 근원적인 변혁이라고 믿고 있습니다. 국제법은 오늘날 자신이 기반하고 있는 개념들(본질적으로 서양적인), 특히 국민 국가의 주권이라는 개념을 재고찰해야 합니다. 오늘날 이러한 주권은 원칙적으로 불가침적인 것으로 보입니다. 이는 국제법의 공리(axiome)를 형성하고 있습니다. 이러한 상황의 효과들 중 하나는 유엔 및 다른 기관과 같은 국제기구들이 자신들의 사명을 위해 필요한 아무런 수단도 갖지 못하게 된다는 점입니다. 이 기구들은 자신들의 생각 및 법을 관철시키는 데 무기력하며, 특정한 국민 국가들에 의해 좌우되고 있습니다.(이에 대해 여러 가지 사례들을 제시할 수 있겠지만 그럴 만한 시간 여유가 없군요. 어쨌든 선생은 이를 어떻게 생각해 볼 수 있을지 쉽게 이해할 수 있을 겁니다.) 국제법은 실존하지 않으며, 또는 그것이 실존해야 하는 정도만큼 효과적으로 실존하지 못하고 있습니다. 그것은 자신의 고유한 목적에 대해 실제로는 부적합합니다. 하지만 효과적으로 존재하지 않는 어떤 법, 힘에 의해, 자신의 힘에 의해 자신의 결정들이 존중되도록 할 수 없는 법은 법이 아닙니다. 칸트는 이를 잘 보여준 바 있지요. 이는 국제기구들이 비난받아 마땅하다는 말은 아닙니다. 우리는 이 기구들이 불완전하게나마 존재하고 있다는 사실에 기뻐해야 하며, 이 기구들의 개선 가능성은 이 기구들의 장래를 입증해 줍니다. 이 기구들이 현재 존재하고 있다는 사실은 불충분한 점에 있어서까지도 거대한 진보를 나타내고 있습니다. 하지만 동시에 우리는 이것들의 현재의 불충분함을 잊지 말아야 하는데, 이는 특히, 안타깝게도 오래전부터 그래 왔습니다만 이 법이 현재 연계되어 있는 낡은 국가의 개념으로부터, 따라서 또한 어떤 국민 국가적인 실천들로부터 비롯되는 것입니다. 여기에서도 역시 어떤 과정이 진행 중이며, 우리는 국제법이든 국가 일반이든 '문화적 예외'든 간에, 이 모든 문제들을 가트를 둘러싼 논쟁들, 즉 '노동', '시장', 투기 자본 및 자본의 이동(우리는 여기에서 선생의 질문의 핵심으로 되돌아가게 됩니다.)과 원격 기술과학의 가속적인 발전에 대한 논쟁들(이것들 역시 서로 분리될 수 없습니다.)에 연계시키지

문화적 예외

않고서는 그러한 과정을 사유할 수 없으며, 우리가 그 속에 연루되어 있는 방식을 사유할 수 없습니다. 이 주제들은 넓은 의미에서 기술이라 불리는 것과 연계되어 있지만, 또한 필연적으로(때로는 독단적이고 의심스럽기는 하지만) 세계화라 불리는 것에도 연계되어 있습니다.

지금 기술적 과정 및 심지어 그것의 가속화에 대해 말하고 있다고 해서 이 과정이 속도를 축적하게 되면 이 흐름은 규정된 단계들과 구조들을 경유하게 된다는 사실을 간과해서는 안 됩니다. '과정'이라는 단어에서 내가 거북하게 생각하는 것은, 사람들이 자주 흐름, 연속적인 발전, 과정만이 존재할 뿐이다라고 말하기 위해서 이 단어를 구실로 삼는다는 점입니다. 그렇지 않습니다. 단지 과정만이 존재하는 것은 아니지요. 또는 적어도 과정은 항상 정체들과 상태들, 중단들을 포함하고 있습니다.

스티글레르 그렇다면 문제는 과정과 협상하는 데, 이러한 과정이 실제로 발생시키는 과정의 위치 설정 가능성들과 협상하는 데 있습니다. 장 보드리야르는 『걸프 전쟁은 발생하지 않았다(*La guerre du Golfe n'a pas eu lieu*)』라는 책에서 발생하지 – 않음, 또는 (역사의 과정 속에서의) 비 – 장소의 문제, 마치 역사의 과정 내부에 일종의 사건들의 결이 존재하는 것처럼, 이러한 과정 내에서 아무런 사태도 발생하지 않았을 가능성이라는 문제를 제기하고 있습니다. 선생님께서는 조금 전에 예컨대 기술의 발전이 전체주의 체제들의 파괴, '민주화'의 본질적인 작동 장치들 중 하나였다는 점을 보여 주셨습니다. 하지만 동시에 '문화적 예외'의 주제로 주목을 받은 사람들은, 도처에서 널리 공유되고 있는 감정을 빌미로, 단지 전체주의만이 아니라 다양한 형태의 사회적 응집성을 구성하는 것처럼 보이는 모든 것의 파괴에 대해 말하고 있습니다. 이러한 파괴는 동시에 매우 광범위하게, 그리고 주로 위협으로서, 장래 자체에 대한 위협으로서 느껴지는 과정을 추구해 나가기 위해 치러야 할 대가 이겠지요. 따라서 영속적인 것처럼 보였지만 이 과정을 통해 그렇지 않음이 드러난 과거의 성과들에 의지할 수 없다는 어려움을 지닌 가운데, 협상을 통해 위치 설정의 구조들, 즉 어떤 것이 발생하게 될 장소들이나 구조들을 발명하는 것이 문제입니까? 선생님께서는 '제동하다'라는 동사를 사용하셨습니다. 선생님께서는 "제가 국가 편을 들 수도 있으며, 사적인 전유 과정들을 제동하기 위해서는 기꺼이 국가 편을 들겠습니다."라고 말씀하셨습니다. 때로는 흐름이 위치 설정을 산출할 수 있도록 장치들을 감속시켜야 합니까?

데리다 어떤 경우든 제동해야 한다고 감히 말하지는 않겠습니다. 만약 협상이 존재한다면, 이는 또한 제동이나 시동, 재출발이나 가속의 가능성들을 전제하고 있습니다. 만약 어떤 리듬이 존재한다면, 이는 속도나 가속이 동질적이지 않기 때문입니다. 감속들이 존재할 수도 있지요. 협상에서 우리가 어떤 책임을 지고 어떤 결정을 내린다면(이는 순전히 가설입니다만) 이는 가속이거나 제동일 수 있습니다. 베를린 장벽이 무너지자마자 곧바로 이민자들이나 이주자들의 흐름이 생겨났으며, 서방의 국가들은 이를 제동시켰는데(이는 옳았을 수도 있고 잘못이었을 수도 있겠지만, 어쨌든 사태의 논리는 이해할 수 있습니다.) 이 국가들은 이러한 민주화의 효과들에 맞서 스스로를 보호해야 했기 때문입니다. 이것이 옳았는지 잘못이었는지 누가 알 수 있겠습니까?

이 문제에 대해서는 두 가지 언급이 필요합니다. 우선 과정에 대한 주목이 사건을 말소시켜서는 안 됩니다. 제 생각에 보드리야르가 말하려 했던 것은 어떤 일반적인 과정이 이 모든 것을 단순히 운반해 줄 뿐 아니라, 또한 이미지의 모의물들과 텔레비전, 정보의 조작, 현장 보도 등이 사건을 무화시키기도 하며, 우리는 결국 모의물을 통해서만 이

문화적 예외

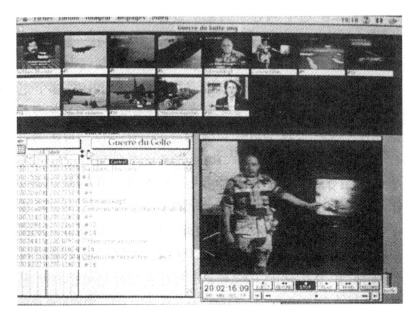

보드리야르가 말하려 했던 것은 어떤 일반적인 과정이 이 모든 것을 단순히 운반해 줄 뿐 아니라, 또한 이미지의 모의물들과 텔레비전, 정보의 조작, 현장 보도 등이 사건을 무화시키기도 하며, 우리는 결국 모의물을 통해서만 이를 체험할 수 있다는 점인 듯합니다. 그러나 이것이 전선의 한쪽에서만 죽음들, 수천의 죽음들이 생겨났으며, 이 전쟁이 발생했다는 사실을 망각하게 해서는 안 됩니다. 우리는 또한 이러한 죽음들은 매번, 수천 번에 걸쳐, 독특한 죽음들임을 잊지 말아야 합니다. 매 순간마다 죽음의 독특성이 존재하는 것입니다.

ー스티글레르

를 체험할 수 있다는 점인 듯합니다. 이는 흥미로운 이야기입니다. 저는 이런 것 또는 이와 유사한 것이 생산되고 있다고(그리고 되풀이 (불)가능성 일반이 사건의 사건성을 구조화하는 순간부터 항상 생산되고 있다고) 믿고 있지만, 그러나 이것이 전선의 한쪽에서만 죽음들, 수천의 죽음들이 생겨났으며, 이 전쟁이 발생했다는 사실을 망각하게 해서는 안 됩니다.(그리고 사건은 자신이 망각되도록 내버려두지 않습니다.) 만약 죽음들이 말소될 수 없다고 하는 데에서 이러한 발－생〔장소를－지님〕이 확인된다면, 우리는 또한 이러한 죽음들은 매번, 수천 번에 걸쳐, 독특한 죽음들임을 잊지 말아야 합니다. 매 순간마다 죽음의 독특성[1]이 존재하는 것입니다. 이런 일이 발생하고 있으며, 어떤 과정도, 어떤 모의물의 논리도 이를 망각시킬 수는 없습니다. 왜냐하면 과정과 함께 또한 독특성을 사유해야 하기 때문입니다.

이는 두 번째 언급할 것과 연결됩니다. 원격 기술 매체적인 모의물들을 빌미로 발생한 죽음과 폭력, 전쟁의 사건을 부인하고 중립화하고 억압하고 망각하게 만드는 미혹이나 부인을 피해야 한다면, 또한 우리는, 사람들이 이러한 독특성의 이름 아래 항상 독특성을 퇴거시키고 분산시키고 밀어내고 추방시킬 위험을 지니고 있는 기술에 맞서 저항한다는 점을 이해해야 합니다. 여기에서 한 가지 가설을 제시하고 싶은데, 이는 물론 오늘날 세계에서 '국민주의의 복귀'나 '종교적 교조주의의 재출현'이라 불리는 것과 같은 방식으로 산출되고 있는 것, 즉 조국의 땅과 국민의 혈통이라는 환상들을 둘러싸고 일어나는 광란들, 인종주의, 외국인 혐오증, 민족 전쟁이나 인종 청소에 대한 완전한 해명이 되지는 못합니다. 저의 가설은 발생하고 있는 사태들을 따라잡지는 못할 것입니다. 게다가 발생하는 사태는 매 경우마다 특유합니다. 구조적

1 (옮긴이) 독특성(singularité) 개념에 대해서는 이 책의 1부 주 7을 참조.

문화적 예외

으로 환상적인 이러한 동기들을 빌미로 논쟁하거나 싸움을 벌이고 있는 것은 매번 하나의 국민이고, 하나의 인민이며, 하나의 언어이고, 하나의 소수 집단입니다. 따라서 일반적 가설은 불충분할 수밖에 없습니다. 하지만 비전유(비고유화)와 탈구, 탈영토화의 일반적 형식(비록 이것뿐은 아니지만)인 한에서, 따라서 또한 어떤 영토의 통제와 연계되어 있는 주권으로서의 국가의 해체나 실격화의 일반적 형식인 한에서 기술적 과정에 호소할 때 이 가설은 불충분하긴 해도 필수적이라고 저는 믿고 있습니다. 비록 이러한 비전유가 때로는 반대의 효과,(근접성, 직접성, 내면성의 환상) 텔레비전과 전화, 팩스, 인공위성, 이미지들 및 담론들의 가속화된 유통 등의 보편적이고 지배적인 효과를 생산할 수도 있지만, 이는 지금-여기가 불확실하고 불안정하게 되었기 때문입니다. 정착과 정주, 고유성은 근원적으로 저항받고, 퇴거당하고 있습니다. 이는 새로운 것은 아닙니다. 과거에도 항상 그랬지요. 고유성은 항상 타자에 의해, 손님에 의해, 비전유의 위협에 의해 시달려 왔습니다. 고유성은 이러한 위협 속에서만 형성되는 것입니다. 그렇지만 우리는 오늘 정치적인 것과 지역적인 것, 국민적인 것과 국민 국가적인 것, 국지적인 것 사이의 근원적인 비전유와 탈영토화, 탈국지화, 분리를 목격하고 있어서, 이에 대해 다음과 같은 반응(반동이라고 해야겠지요.)이 나타나고 있습니다. 즉 나는 내 집에(나 자신으로), 내 가족들과 함께 내 이웃들 곁에서 내 집에 있고 싶다고 말입니다.

게다가 이는 하나의 반응, 즉 어떤 식으로든 보상받기 위한 이차적인 반작용, 사후적 대응이 아닙니다. 이는 (작용과) 동일한 운동입니다. 이는 고유한 것의 구성에 속하며, 제가 앞에서 언급했던 탈-전유의 법칙에 속합니다. 비전유의 가능성 없이는, 이러한 가능성의 확증 없이는 전유도 없는 것입니다.

텔레비전의 예를 들어 봅시다. 텔레비전은 나의 고유성(나의 집) 안에 매 순간 다른 것, 세계적인 것을 도입합니다. 따라서 나는 나의 고유성과 더불어〔내 집에서〕 이전 어느 때보다 더 고립되고 사적으로 되며, 나를 욕망함으로써 영속적으로 타자, 낯선 것, 멀리 떨어져 있는 것, 다른 언어의 침입을 받게 됩니다. 나는 텔레비전을 욕망하지만, 동시에 이 낯선 것으로부터 나를 폐쇄시키며, 이것과 함께 이것 없이 나를 고립시키고 싶어하고, 나의 고유성으로 존재하고 싶어합니다. 자기의 고유성으로의 이러한 후퇴, 자기의 고유성으로의 이러한 회귀는 기술적 비전유, 탈국지화가 강력하고 폭력적일수록 자연히 더 강해집니다. '민주화', 또는 이 이름으로 불리는 것이, 정확히 말하자면 우리가 방금 전에 말했던 기술들 덕분에, 고전적인 전체주의적 이데올로기들, 특히 소비에트 세계가 대표했던 것들을 와해시켰을 만큼 '진전'(저는 이 모든 단어들에 따옴표를 치고 있습니다.)을 이룬 순간부터, 신자유주의적인 시장 이데올로기가 자신의 위력을 더 이상 제어할 수 없게 된 바로 이 순간부터, '소국민주의'라 불리는 이러한 고유성으로의 회귀 형태, 즉 소수 집단의 국민주의, 종교적이고 지역적인 국민주의, 종교적 교조주의(이는 대개 소국민주의와 짝을 이루고 있으며, 자신들의 국가를 재건하려고 시도하고 있습니다.)를 위한 장이 더 자유롭게 개방되었습니다. 이로부터 또한 항상 탈국지화 과정이기도 한 〔'전진'적 운동으로서의〕 기술화 과정의 가속에 수반되는 운동, 실제로는 이 과정의 그림자로서 이 과정과 사실상 혼융되어 있는 운동인 '퇴보'가 비롯됩니다. 우리가 두 개의 페달을 지닌 또는 양극적인 운동에 관계하고 있기 때문에, 제가 보기에는 여기에서도 마찬가지로 양자 사이에서의 선택이 문제일 수는 없으며 고유어, 국민적 독특성의 욕망을 제거하고 대신 기술화 과정의 가속을 추구하는 것이 가치 있는 일이라고 말할 수도 없습니다. 이 두 극 사이에서 협상을 통해 지식과 기술, 과학, 연구를 억제하지 않으면서, 가능하다면 (분명 이는 가능합니다.) 국민주의라 불리는 낡은 환상들에, 언어와 독특성, 혈통과 국민 국가적 경계의 낡은 모델들에 어떤 국민주의적 관계에 따라 연계되어 있지 않은 독특성과 고유어에 대한 다른 경험에 정당한 권리를 부여할 수 있는 방도를 찾아내야 합니다. 저는 독특성에 대한 욕망, 심지어는 고유성에 대한 욕망이 없이는 [타자에 대한] 환대의 문호도(여하튼 환대의 권리와 의무도) 없고, 환대의 욕망(이는 법과 제도를 경유합니다.)도 없다고 생각하고 싶고, 이러한 무조건적 욕망(이를 포기한다는 것은 불가능하며, 포기해서도 안 됩니다.)이 반드시 국민주의나 종교적 교조주의라 불리는 도식들이나 구호들에 연계되어 있지는 않으며, 고유어나 언어 자체에 대한 특정한 개념(이에 대해 저는 고유어에 대한 다른 개념, 그리고 다른 실천적, 시적 경험을 대립시키겠습니다.)과 연계되어 있지도 않다고 믿고 싶습니다. 이러한 동기들, 또는 이러한 개념들, 이러한 가치들, 예컨대 국민주의는 하나의 역사를 지니고 있습니다. 이는 독특성의 욕망들이 피신해 있는 모델들이지만, 오늘날에는 이미 시효가 만료되었으며, 겉보기와는 달리 소멸 중에 있습니다.

독특성과 고유어, 심지어는 어떤 고유성(반복해서 말해 두지만 이는 이기주의적이고 불모화하는, 심지어 치명적인 위험을 지닌 폐쇄와 고립 같은 인상을 줄 수도 있지만, 이는 또한 문호 개방과 환대의 조건이기도 합니다.)을 억지로 포기하지 않고도 바로 이러한 소멸과 '협상'해야 할 것입니다. 따라서 저는 이러한 독특성의 욕망이 기술 및 보편성, 기술의 특정한 규격화와 다른 관계(이는 아주 어려운 것입니다.)를 맺을 수 있다고 믿고 싶습니다. 어쨌든 이러한 욕망은 그 생성에서 기술과 분리될 수 없습니다. 마찬가지로 다양한 언어들 사이의 관계가 절대적인 번역 불가능성으로 귀착되어서는 안 됩니다. 번역이 존재해야 하며, 고유어의 독특성을 획일화하거나 삭제하지 않고서 소통을 가능하게 할 수 있는 번역의 경험을 발명해 내야 합니다. 번역 속에서 이루어져야 하는 것은 언어에 대한 다른 경험, 타자에 대한 다른 경험입니다. 이는 기술에 대한 어떤 경험의 바깥에서는 구성될 수 없고 자신과 관계를 맺을 수도 없는, 고유어에 대한 하나의 다른 경험입니다. '협상'해야 하고 동시에 발명해 내야 하는 것이 바로 이것입니다. 이는 아주 어려운 일이며, 아주 고통스러운 일입니다. 이 과제는 끝이 없지만, 만약 '협상'해야 하는 어떤 것이 존재한다면, 바로 이것입니다. 사람들은 협상에 대해 말할 때 타협과 절충에 대해 말합니다. 절충이 있어야 하지만, 그러나 이는 발명되어야 합니다. …… 훌륭한 절충은 가장 새로운 발명만큼이나 독창적인 하나의 발명입니다. 교섭이 불가능한 것의 이름 아래, 무조건적인 것의 이름 아래, 절충을 허용하지 않는 어떤 것의 이름 아래 절충해야 하며, 바로 이것이 어려운 점입니다. 이는 사유의 어려움이면서 '정치적' 어려움이기도 합니다.

기록 시장
── 진실, 증언, 증거

스티글레르 달리 말하자면 독특성을 기술에 대립시킬 필요는 없습니다. 독특성과 기술은 대립 관계에 있지 않습니다······.

데리다 대립이 아니지요. 아니, 오히려 서로 긴밀하게 연결되어 있습니다. 그러나 거기에 서려 있는 일종의 긴장, 그 긴장을 축소시켜서는 안 됩니다.

스티글레르 몇 가지 예들을 제시해 볼 수 있을 겁니다. 우리가 이미 앞서 말했던 것처럼, 일종의 원격 기술인 문자 기록은 독특한 방언들이나 공동체 형식들의 해체 효과를 가져오면서 전통적인 형식들을 파괴해 왔지만, 그것은 또한 동시에 '시민성'이라 불렸던 것의 독특성, 그리고 '과학성'이라 불릴 수 있는 것의 독특성(분명히 과학적인 것 안에는 독특성이 있습니다.)의 놀라운 발전도 가져왔다고 할 수 있습니다.

데리다 물론이지요.

스티글레르 그래도 여전히 폭력, 즉 기술의 폭력이거나 민주주의 자체의 폭력이며 또한 시간의, 생성의 폭력이기도 한 이 폭력은 매우 폭넓게 감지됩니다. 국민주의나 인종주의, 또는 그런 유(類)의 어떤 충동들에도 전혀 사로잡히지 않은, 어쨌든 그런 것에 사로잡혔다고 스스로 느끼지 않는 사람들에게서까지도 말이지요. 이 폭력은 점점 더 시장의 폭력처럼, 또는 일종의 맹목적인 시장 법칙, 시장 기능에 의해 지배받고 있는 기술 발전의 폭력처럼 느껴집니다. 선생님께서는 시장은 민주주의의 적이 아니라 오히려 민주주의와 이 민주주의가 허용하는 독특성의 발전 조건이라고 충분히 강조해서 말씀하셨습니다. 그러면서 또한 선생님께서는 시장에 대한 상업적인 이해 방식, 시장에 대한 빈약한 이해 방식이 있을 수 있다는 것도 똑같이 언급하셨습니다. 우리는 속도에 대해서 그리고 장래에 대한 관계와 계산 불가능성에 대해서도 말했습니다. 시장은 계산한다, 그것은 본질적으로 계산 체계다, 즉 계산을 통한 상각(償却) 체계다라고 말입니다. 선생님께서는 시장이 아무리 민주주의 발전에 필수 불가결하다 해도, 단기간이라는 것에 종속되는 시장의 경향, 즉 단기 수익을 지상 명령으로 삼으려는 경향이 시장의 문제라고 생각지는 않으십니까?

데리다 오늘날 단기간이란 무엇입니까? 시장의 한계들을 규정하는 것과 시장에서 결코 벗어날 수 없는 것이 무엇인지를 알기가 불가능하기 때문에, 이는 계산하기 어렵습니다. 어떤 것도 결코 시장을 벗어날 수 없는지는 저도 모릅니다. 제가 마르크스에 관한 작은 책에서 교환 가치와 사용 가치에 대해 감히 주장했던 것은, 사실 교환 가치, 시장 가치가 최소한 유령〔귀신 들림〕의 형태로나마, 사용 가치 안에서 항상 이미 고지되어 있다는 것입니다. 넓은 의미에서 시장이라고 불리는 것에 선행하는 것은 아무것도 없음을 말하고 싶었던 겁니다. 마찬가지의 어려움이 상업주의에 관해서도 다시 나타납니다. 제가 말을 약간 성급하게 사용한 것 같은데요. '상업적'이라고 말할 때 우리는 이에 관한 이미지들을 떠올릴 수 있지만, 시장의 상업주의적 실행의 경계를 분명하게 하기 위해 이 말을 쓰게 되면 오해를 불러일으킬 수도 있겠군요. 상업주의는 당장 시작될 수 있습니다. 그것은 장(場) 위에서〔당장에〕시작하고, 시장을 넘어서〔추가로〕일어나지는 않습니다.[1] 따라서 '상업주의'란 말을 어쩌면 서투르게 사용하면서 제가 염두에 두었던 것은, 단지 단기간 때문만이 아니라, 역설적이게도 그 상업주의적 실행 자체가 시장의 확장, 일반화, 풍요로움, 생산성 등을 위태롭게 할 수 있기 때문에, 〔시장을〕 빈약하게 할 우려가 있는 어떤 실천이었습니다. 그리고 이러한 통화주의적인 즉각적 수익성이라는 구실은 시장의 기회(이 말의 가장 좋은 의미에서)가 형성되는 것을 해칠 수 있습니다.

스티글레르 예를 들어 편집 산업의 영역에서 보더라도, 책뿐 아니라 영화와 모든 문화 생산물들의 경우에도 신속한 상각이 실제로 이루어지고 있습니다…….

데리다 그 말〔상업주의〕의 의미를 분명하게 해 봅시다. 만일 최대한 빨리 투자의 수익을 얻기 위해 세계 도처에 내다 팔 저질 텔레비전 연속극 만들기를 선호하고 그로 인해 더 이로운 생산 기회들이 피해를 입는다면, 그건 상업주의가 다른 계산의 실행, 결국은 다른 시장을 이기는 것입니다. 상업주의는 항상 상대적입니다. 그것은 거의 즉각적인 수

---

1 (옮긴이) sur-le-champ은 관용적으로 '당장, 즉석에서'를 뜻하고 pardessus le marché 는 '합의된 것 이상으로, 추가로, 그 위에, 게다가, 더욱이'를 뜻하지만, 문자 그대로 해석하자면 각각 '장 – 이란 것 – 위에서', '시장을 넘어서'를 의미한다. 이 구절은 상업주의가 언제든지 바로 시작될 수 있고 또 우발적으로 발생하지 않는 것은 바로 시장이라는 조건이 선행하고 있기 때문이며 또 그런 조건에서만 가능하다는 뜻을 함축하고 있다.

익성에 절대적인 특권을 부여하는 방식입니다. 즉각성의 문제 그리고 단기간의 문제는 가공할 만한 것인데, 왜냐하면 계산의 규준들이나 기준들이 오늘날엔 변화했기 때문입니다. 예를 들자면, 오늘날에는 지금부터 20년이나 30년 후에 유익한 결과를 낳을 거라고 기대되는 이른바 기초 연구들(유전자 치료, 후천성면역결핍증에 관련된 연구 등등)을 할 수 있습니다. 불과 20년 전만 해도 그런 기초 연구들은 계산 불가능한 장래에 맡겨진 것처럼 보였는데 말이지요. 단기간과 장기간을 구분하는 척도는 항상 변화하고, 그것이 기술과학적 연구에 대한 투자의 계산에 영향을 미칩니다. 상업주의는 그러니까 결국 매우 불분명한 개념인 셈입니다. 그리고 구조적으로도 모호해서 무엇보다도 시장, 상품, 상업, 교환 가치, 따라서 돈과 자본이라는 개념과 관련된 역설에서 비롯되는 비규정성을 지니고 있습니다.

스티글레르 이는 '문화적 예외'와 프랑스 영화에 대한 논쟁에도 핵심적입니다. 저는 이 문제를 검토해 봤으면 하는데요. 왜냐하면 프랑스에서뿐 아니라 전 세계적으로도 그 문제의 해명을 진정으로 바라고 있기 때문입니다. 그 문제가 현재 최악의 형태로 제기되고 있긴 하지만, 어쨌든 지극히 심각한 문제가 아닐 수 없습니다. 저는 어젯밤 라디오에서 프랑스인들이 유럽에서 가장 열심히 영화관을 들락거리는 국민일 거라는 소리를 들었습니다. '문화적 예외'의 협약에 대한 논의에는, 모든 종류의 협상 요소들이 있습니다. 어떤 것들은 말하자면 정말 깨지기 쉬울 텐데, 예를 들자면 쿼터제와 같은 고전적인 형태의 보호주의가 그렇지요. 다른 것들은 더 민감하고요. 프랑스 정부가 영화 산업에 장려금을 지원함으로써 자국의 산업을 유지할 수 있어야 한다고 할 때, 저는 프랑스 정부가 과학 연구에 장려금을 지원하고 발전시킬 권리를 가진다는 사실과 그것이 똑같은 차원에 있다고 봅니다. 그리고 어느 누구도 정부가 과학 연구를 발전시키지 못하도록 막을 권리가 있다고는 생각지 않을 것입니다.

데리다 우리가 조금 전에 말했던 것으로 돌아가 보자면, 그런 점에서 저는 국가주의자가 되겠지요. 어떤 경우에는 국가의 독립성과 주권이 좋은 것입니다.

스티글레르 결국 문제는 단기간이라는 것에 지배되는 어떤 과정의 억제입니다. 세계적인 산업 과정 안에서, 이 경우에는 영화 산업 안에서 어떤 지역의 영화, 즉 프랑스 영화에 충분한 시간을 제공하여 프랑스 영화가 패의 배분을 전환시킬 수 있도록, 다시 말해서 단순히 어떤 과정에 저항하는 것이 아니라 그 과정 자체를 전환시킬 수 있도록 말입니다. 따라서 우리의 논의 전체를 꿰뚫는 핵심적인 문제는 바로 시간입니다. 마찬가지로 우리가 새로운 문화에 관해서 말했던 것도 장기적인 정책에 속합니다. 선생님께서는 과정과 그것의 필연적인 위치 설정(독특성(상각에 직면해서, 마땅히 계산 불가능한 차원에 있어야만 하는 것)을 배려하는 것으로서) 사이의 협상은, 생산 체계를 상각시켜야만 하기 때문에 항상 단기간에 이루어지는 시장의 절대명령과, 기간이 오래 걸리거나 위험 부담을 안고 있는(예를 들어 19세기에 민간 활동을 발전시키기 위해서 국가가 철도나 기초적인 공공시설, 조직 구성 등에 대량 투자를 해야 했던 것처럼 언제나 민간 활동에 맡겨질 수는 없는) 것의 유지 사이에서 이루어진다는 데 동의하십니까?

데리다 모든 협상의 무조건적인 의무, 말하자면 정언 명령은 사실상 장래를 장래에 남겨 두는 것이고 장래를 그냥 내버려두거나 장래가 오게 하는 것, 어쨌든 장래의 가능성이 열려 있게 두는 것입니다. 그 때문에 적어도 그 열려 있음이 완전히 닫히지 않도록 리듬들 사이에서 협상하는 것입니다. 왜 '문화적 예외'의 문제가 특히 프랑스에서 그렇게 첨예하게 대두될까요? '문화적 예외'가 또한 '프랑스의 예외'였기 때문이 아닐까요? 즉 가트 협약에 참여했던 모든 국가들 중에서, 또한 모든 유럽 국가들 가운데서도 자국의 영화가 미국의 헤게모니에 영향받는 다른 영화들보다 약간이라도 타격을 덜 받게 하는 장치를 설정했던 국가는, 제 생각으로는 프랑스가 유일했습니다. 텔레비전에 대해서도 그렇고, 또 결코 빠뜨려서는 안 되는, 어마어마하게 발전하고 있는 거대 시장으로서 극장에서보다는 '각자의 집에서' 훨씬 더 많이 상영되고 있는 영화의 비디오 테이프에 대해서도 그랬습니다. 물론 프랑스 영화도 여전히 미국의 헤게모니로부터 '타격받고 있습니다.' 왜냐하면 미국에선 프랑스 영화가 실제로 안 보이거나 아예 없으니까요. 특히 프랑스어 원판은 더 그렇습니다. 이 문제는 차치해 둡시다.

그러나 전체적으로 볼 때, 제작 부문에서는 프랑스 정부가 주도하거나 승인한 가벼운 장치에 의한 작지만 유용한 결과가 있었습니다. 결과적으로 '문화적 예외'를 통해서 프랑스는 자국의 고유한 예외를 지킬수 있었을 뿐 아니라, 미국의 영화와 텔레비전 헤게모니에 의해 사실상 동일한 상황에 처해 있는 모든 국가들과 문화들에게 하나의 모델이자 자극 또는 범례를 제공할 수 있었으니까 말입니다. 말하자면 어떤 세력의 장악력을 느슨하게 하기 위해서 범례적 예외를 사용하는 것이 문제였습니다. 재미있게 표현해 보자면, 시간에게 시간을 주는 것이, 그래서 미국 영화도 포함한 모든 영화의 발명, 혁신, 창조의 모든 기회들이 미리 질식되지 않도록 하는 것이 문제였던 것입니다.

스티글레르 시간에게 시간을 준다는 것, 위치 설정의 양상을 활성화하면서 특정 장소의, 장래의 이러한 가능성을 보호한다는 것, 그것이

141   기록 시장

바로 상속의 가능성을 여는 것입니다.

데리다　그렇지요. 만일 상속 개념이 어떤 정체성을 가진다면,(다른 기회에 좀 더 논의해야 하겠지만 일단 가설로 받아들인다면) 상속받는다는 것은 예를 들어 단순히 공유 재산이나 기술력을 소유하는 것이 아닙니다. 보편적인 익명의 도구는 상속받지 않습니다. 그것은 소유하게 될 수도 있고 정복해서 얻을 수도 있고 살 수도 있지만, 상속받지는 않습니다. 상속이란 고전적인 의미에서 볼 때, 항상 언어(아마 이름 같은 것이겠지만, 어쨌든 언어)와 독특한 기억을 함축하는 혈통을 통해서 독특성으로부터 독특성으로 전달됩니다. 독특성이 없다면 상속도 없습니다. 상속이란 우리보다 앞서 있고 또 그 과거가 환원 불가능하게 남아 있는 어떤 타자에 입각해서 우리 자신의 고유한 독특성을 세우는 것입니다. 이 타자, 이 타자의 유령이 우리를 주시하고 우리에게 관여합니다. 단순히 피상적으로가 아니라 우리 자신의 고유한 정체성 그 자체에 말입니다.

이런 점에서 보면, 오직 이런 점에서만 본다면 기술은 상속을 위협합니다. 그러나 이젠 그 반대로도 똑같이 말해야만 합니다. 즉 어떤 반복의 가능성과 되풀이 (불)가능성 없이는, 따라서 기술 현상과 기술의 가능성 없이는, 상속도 더 이상 있을 수 없을 거라고 말입니다. 기술이 없으면 상속도 없습니다. 상속은 그러니까 기술과 긴장 관계에 있는 거지요. 순수한 기술은 상속을 파괴하지만, 또 기술이 없이는 상속도 없습니다. 그 때문에 상속이 아주 문제적으로, 결국 아주 아포리아적으로 됩니다. 무엇을 상속받는가? 결코 추상적이고 이름 없는 자산만을 상속받는 건 아닙니다. 어느날 제가 이러저러한 경로로 익명의 자산을 소유하게 되었다고 생각해 봅시다. 또는 제가 산 복권이 당첨되었거나 아니면 무심코 누군가에게서 받은 복권이 당첨되었다고 해 봅시다. 저는 그것을 상속받았다고 하진 않을 것입니다. 설령 자산이 있다 해도, 제가 그것을 상속받는다고 하기 위해선, 그것이 어떤 이름에, 어떤 언어에, 경우에 따라서는 어떤 장소에 연결되어 있어야만 하며, 그것도 매번 독특하게, 독특성으로서 제게 보내지거나 일어나면서, 상속에 응답하라고 제게 요청하면서, 즉 제게 그렇게 할당된 것에 책임지도록 저에게 강요하면서 그래야 합니다. 상속은 단순히 제가 받는 재산만은 아닙니다. 그것은 또한 헌신성의 할당이고, 책임의 명령입니다. 모든 상속은 독특성의 흔적들, (선생도 알고 있기 때문에 여기에서 언어나 담론들에 대해서는 더 이상 말하지 않겠습니다. 저는 예를 들어 동물 사회 안에서 일어나는 '동물적' 상속 가능성을 배제하고 싶진 않습니다.) 즉 담론 없는 흔적들, 다음 세대에 남겨지는 장소들이나 상징적으로 점유된 장소들, 표시된 영토들을 상정합니다. 모든 상속은 독특한 흔적들을 통해서 이루어집니다만, 엄밀한 의미에서 담론들이나 언어들을 통해서라고는 강조하지 않겠습니다. 독특한 흔적들은 기술에 대한 일종의 반항이고, 기술화에 대한 저항들입니다. 그와 동시에(바로 여기에서 긴장이 생겨나는데) 이 독특한 흔적들은 또한 기술적인 되풀이 (불)가능성, 즉 동물성도 단순히 배제되지는 않을 거라는 넓은 의미에서의 기술(tekhnè)을 요청하는 것들이기도 합니다.

스티글레르 선생님께서는 영속적으로 기술과 합성되어 있는 상속, 그 상속의 조건으로서 되풀이 (불)가능성과 반복을 언급하셨습니다. 방금 말씀하셨듯이 이 순간에도 대담에 사용되고 있는 기술적 장치는……

데리다 잠깐만요. 저를 짓누르고 있고 제게 아주 인공적이거나 아주 구속적으로 보이는 것은 장치가 기술적이라는 그 사실이 아닙니다. 기술은 도처에 있습니다. 제가 연필을 가지고 글을 쓸 때라든지 사람들이 탁자에 둘러앉아 잡담을 할 때, 또는 컴퓨터에 의지해서 편리하게 작업할 때처럼 말이지요. 제가 익숙하지 못한 것은 기술의 어떤 유형입니다. 그것의 둔함, 경직성, 이런 환경, 이런 리듬을 갖고 있는, 뭐 그런 것들……

스티글레르 잘 알겠습니다. 그렇지만 이 기술은 완전히 독특한 유동, 흐름, 시간에 대한 어떤 관계를 규정합니다. 이는 특히 선생님과 제가 지금 녹화되는 것의 수용 조건들도 미리 예측하고 있다는 사실과도 관련이 있습니다. 예를 들어, 선생님과 저는 텔레비전이나 더 나중에 이 대담을 보게 될 사람들이 주의를 집중하지 않고 방영되는 것을 그냥 따라가는 성향을 가지고 있다는 것을 너무나 잘 알면서 말하고 있습니다. 이것은 예를 들어 책의 관행과는 커다란 차이가 있습니다. 책은 또한 어떤 과정이지만……

데리다 그렇기도 하고 그렇지 않기도 합니다. 미안합니다. 제가 두 번이나 선생 말을 끊었군요. 저는 글을 쓸 때, 종종 이렇게 말하곤 합니다. "자, 이 구절에 주의를 많이 기울이자. 호흡과 구문을 가다듬고, 리듬에 주의하고" 등등. 그리고 글을 읽는 장소에 따라서 각기 다른 속도로 읽히리라는 걸 저는 알고 있습니다. 신문에 실릴 대담(저한테는 드문 일입니다만)을 다시 손볼 때는 더욱 그렇습니다. 그래서 글이 다른 속도로 읽히리라는 사실을 제 계산에 집어넣으려고 하지요. 그러나 이 '텔레비제(télévisée)'는 도처에 있기 때문에, 그런 계산을 하기가 매우 어렵고 심지어 불가능할 정도입니다. '읽기', '듣기', '보기', '지켜보기' 등에 관한 경험이나 문화에서 단 하나의 독자가 있는 것도 아니고 동질적인 독법이 있는 것도 아닌 만큼 더욱 그렇습니다.

스티글레르   물론 그렇습니다. 그렇지만 선생님 책의 독자가 저녁에 실린 선생님 글을 읽는 독자와 똑같은 태도로 읽지는 않는다는 것을 아마도 예상하고 계실 텐데요.

데리다   그야 물론입니다. 그렇긴 하지만…….

스티글레르   저는 방송 매체가 제기하는 심각한 문제들 중 하나, 특히 흐름의 문화라고 이야기되는 텔레비전의 문제는, 사람들이 멈추기〔집중하기〕가 불가능하다는 느낌을 실제로 갖게 된다는 데 있다고 생각합니다.

데리다   변화하는 지속의 어떤 정지, 어떤 멈춤은 불가능하거나 거의 있을 수 없는, 아주 드문 일입니다. …… 그것은 돌이킬 수 없는 것, 되돌아오기가 불가능한 것입니다…….

스티글레르   되돌아오기가 불가능하다……. 결국 사람들은 귀환 불가능한 처지에 놓이는 것이군요. 반대로 선생님께서 상기시키셨던 것처럼, 기술이란 되풀이 (불)가능성이고 반복 가능성이지요. 선생님뿐만 아니라 모리스 블랑쇼(Maurice Blanchot)를 비롯한 다른 사람들도 그 점을 분석했습니다. 블랑쇼가 '기계적인 것'이라고 불렀던 것은 반복성이었고, 그것이 문자 기록을 구성하지요. 그리고 기술에서 고유어의 기회를 볼 수 있는 것도 바로 여기, 이 반복, 이 되풀이 (불)가능성에서입니다. 어떻게 보면 이 흐름의 운행 자체가 실시간에 대한 어떤 관계에 의해서, 또는 선생님께서 허락하신다면, 여전히 상업적이라고 칭하고 싶은 활용과의 관계에 의해서 지배되고 있다고 말할 수 있겠습니다. 매체들을 위기에 처하게 했던 커다란 사건들에 관해 여기에서 우리가 말했던 것은 모두 어떤 방식에서는 사태의 이런 차원을 설명하고 있습니다.

데리다 때때로 이렇게들 말합니다. 무한한 가치를 지닌 상품을 만들기 위해서는 어떤 이미지만 이끌어내면 된다고 말이지요. 이는 이 기계들에 가공할 만한 어떤 힘이 있다는 데서 비롯됩니다. 반복 능력이 확장된 덕택에, 한번 기재〔녹화/녹음〕되고 나면, 셀 수 없을 만큼 그것을 반복할 수 있습니다. 놀라울 만큼 확장된 기술의 재생 가능성은 살아 있는 흐름, 돌이킬 수 없는 것, 자발성, 되돌아오지 않는 존재의 운동에서 독특성을 실어 가는 것 등을 흉내 내는 데 쓰입니다. 텔레비전을 볼 때, 우리는 그것이 단 한 번만 방송된다는 인상을 받습니다. 그것은 다시 오지 않는다, 말하자면 그것은 '생생하'고, 직접적이고, 실시간에 이루어진다고 말이지요. 비록 그것이 기계에 의해서 가장 유능하고 가장 정교한 반복 속에서 생산되었고, 또 우리가 그 사실을 알고 있다고 해도 말입니다.

얼핏 보아 모순적인 그 생생함의 특성은 기계들이(그것들의 총칭이 뭔지는 저도 모릅니다만) 예를 들어 책에서 멀어지게 합니다. 책 또한 어떤 되풀이 (불)가능성이나 재생 가능성, 심지어는 텔레비제에도 관련이 있지만, 책은 어쨌든 그 자체로 주어지고, 미리 우리에게 "첫 페이지로 되돌아갈 수 있다, 아니 그렇게 해야만 한다, 다시 읽어야만 한다……." 라고 말합니다. 여기에서 텔레비제 및 반복에 대한, 이질적이지는 않지만 매우 거리가 있는 두 경험을 갖게 됩니다.

스티글레르 여기에서 현대 원격 기술들의 특수성을 살펴봤으면 합니다. 선생님께서는 앞(78~79쪽)에서, 생생한 것 그 자체, 적어도 생생한 현재에 대한 환상은 거의 무한한, 그러나 그럼에도 불구하고 유한

한 지체의 가능성 속에 새겨져 있다는 사실을 강조하셨습니다. 선생님께서는 목소리, 육체의 현존, 몸짓 등의 기재 가능성을 언급하셨습니다. 그런데 선생님께서는 방금 이와 거의 반대로 실시간이 지체를 무효화한다는 말씀도 하셨습니다. 이 모든 것은 마치 지체를 극도로 열어 놓는 것(이것을 커다란 기회라고 믿는 경향도 있을 겁니다.)과 모든 지체를 융합시키고 무효화하는 것, 즉 반성의 가능성 자체가 위기에 처해 있다는, 누구도 피할 수 없을 듯한 일반적인 느낌을 주는 것이 동시에 있는 듯 보입니다. 따라서 현대의 원격 기술들에는 두 가지 차원이 있을 것 같습니다.

데리다 그러나 어떤 이들은 선생이 막 시사했던 것과는 반대로 기회가 다른 쪽에, 지체의 부재 쪽에 있다고 말할 것입니다. 선생은 "지체란 따라서 일종의 기회다."라고 말했습니다. 어떤 사람들은 텔레비전의 기회는 바로 지체의 부재에 있다고 생각합니다. 즉 우리는 직접적으로 즉시 당장에 지연 없이 게다가 가능한 개입이나 조작 없이(적어도 그렇게 믿으면서) 본다(본다고 믿는다!)고 말이지요. 증언의 문제가 이런 가능성을 통해서 재개됩니다. 제가 증언에 대해 개최한 어떤 세미나에서, 사람들은 종종 증언이나 예심의 판결에서 나타나는 기술적 간섭의 예들을 환기시켰습니다. 캘리포니아에서 있었던 로드니 킹(Rodney King) 사건의 경우에는, 한 증인이 부모님이 마련해 준 비디오 카메라를 가지고서 경찰들이 로드니 킹을 추격하고 있는 그 순간에 현장에 있었다는 사실이 우연히 알려졌습니다. 그때부터 사람들은 그 사건에 대한 직접적인 어떤 이미지를 소유하게 되었습니다. 그 이미지는 미국 텔레비전의 모든 채널을 통해서 방송되었고, 격한 감정을 불러일으켰습니다. 뒤에 재판이 시작되었을 때 세계적인 이목이 집중되었는데, 이는 다른 경우였다면 불가능했을 것입니다. 왜냐하면 그것은 불행하게도 흔한 장면이었고, 그보다 훨씬 잔인한 장면들이 매일 여기저기서 탄식을 자아내며 자행되고 있으니까요. 그런데 유독 그 장면만이 촬영되었고 나라 전체에 방송되었습니다. 어느 누구도 직접적으로 눈앞에 주어진 것, 게다가 언뜻 보아선 중개도 없고 매개자도 없이 직접 양심을 자극하는 것으로부터 더 이상 시선을 돌릴 수가 없었습니다. 그러자 그것은 갑자기 차마 보고 있을 수 없는 것이 되었고, 그 장면은 용납할 수 없어 보였습니다. 집단적이거나 위임된 책임(경찰)이란 구실은 용인될 수 없는 것들로 보였습니다. 그렇지만 경찰들의 변호사들과 검사는 촬영된 장면을 1초 단위로 잘라 내어 분석하면서, 한쪽은 "그러나 킹은 일어나려고 했고 경관들을 위협하려고 했다. 따라서 경관들은 스스로를 방어할 이유가 충분히 있었다."라고 하고, 또 다른 쪽은 "천만에, 그렇지 않았어!" 하고 말하면서 가장 반대되는 증명들을 시도했습니다. 그런데 그 이미지는 정확히 1초 단위로 멈춰 놓고 본다면, 이미지를 그렇게 고정시켜 본다면, 사실은 경찰들 쪽의 정당방위는 없었음을 보여 줍니다. 그럼에도 불구하고, 그 필름이 이쪽 입장이나 저쪽 입장을 나타내도록 만들려는 필름에 대한 지극히 세련된 분석들과 논쟁들이 있었습니다. 어쨌거나 법은 그 필름을 엄밀하고 전통적인 의미에서의 증언으로 채택하지 않았습니다. 그것은 해석되어야 할 증거물일 뿐이고, 오직 그 카메라맨의 증언, 카메라를 가지고 있었던 그 젊은이, 즉 생생한 목소리로 자기 신분을 밝히고 난 뒤 대리인 없이 1인칭으로 "나는 진실을 말할 것을 맹세합니다……."라고 말하면서 법정에 출두했던 그의 증언만이 증언일 수 있었습니다. 그래서 카메라가, 비인격적인 어떤 기술적 장치가 증언으로 사용될 수 없었기 때문에 그가 솔직하게 자신이 보았다고 생각했던 것을 증언했습니다.(적어도 그렇게 한다고 여겨졌습니다.)

스티글레르 선생님께서 방금 소개한 이 증언의 문제에 입각해서, 법

로드니 킹에 대한 구타 장면

법은 그 필름을 엄밀하고 전통적인 의미에서의 증언으로 채택하지 않았습니다. 그것은 해석되어야 할 증거물일 뿐이고, 오직 그 카메라맨의 증언, 카메라를 가지고 있었던 그 젊은이, 즉 생생한 목소리로 자기 신분을 밝히고 난 뒤 대리인 없이 1인칭으로 "나는 진실을 말할 것을 맹세합니다."라고 말하면서 법정에 출두했던 그의 증언만이 증언일 수 있었습니다.
— 데리다

에 대한 더 일반적인 주제를 검토해 봤으면 합니다. 사실 그레고리 사건과 장 피에르 비으맹의 최근 소송에서 카세트들과 녹음들이 동원되었음에도 불구하고, 또 우리가 속도위반을 했을 때는 사진이 그 증거 노릇을 함에도 불구하고, 결국 우리의 법은 쓰인 증언에, 구술 증언과 어떤 (증거 제출) 장치에 근거를 두는 것이 아닌가…….

데리다 ……증언(témoignage)과 증거(preuve), 증언과 증거물(pièce à conviction), 증언과 증빙(indice)을 구분해야만 합니다. (가령 이렇게 증언과 구분되는 모든 것들이 최소한 암묵적으로라도 증인이 있다는 근거 위에서만 그리고 증인의 선서의 어떤 절차 위에서만 각각 그 자체로서 확립될 수 있을지라도 말입니다. 그런데 이것이 문제를 극히 어렵게 만듭니다. 증언이란 개념은 경계를 갖기도 하고 안 갖기도 한다는 것이지요……. 그러나 이것은 우리를 너무 멀리까지 끌고 갈 우려가 있습니다…….)

스티글레르 우리의 법은 증거 제출 장치에 근거를 두고 있습니다. 증거란 증언과 똑같지는 않지만 증언 개념에 분명히 영향을 미칠 수 있고, 또 그것은 문자 기록이라는 이 '원격 기술'을 전제합니다. 다른 한편으로 학문적인 활동으로서의 역사학은 시청각 소재를 잘 소화하지 못합니다. 마르크 페로(Marc Ferro)는 이미 오래전에 시청각 자료를 역사적 사료의 원천으로, 기록으로 받아들이자고 호소했습니다만, 이런 방식은 아직도 대학에서 많은 저항을 겪고 있습니다. 물론 프랑스만은 아니겠지만 아마도 프랑스에선 특히 더 그럴 겁니다. 이런 기록은 의심할 여지없이 문제들을 제기합니다. 선생님께서 로드니 킹의 구타 장면에 관해서 말했던 것은 그런 문제들을 일깨워 주는 어떤 요소들을 분명하게 제시해 줍니다. 실시간이나 생방송에 대해서 재검토해 보자면, 피에르 노라(Pierre Nora)는 1973년 『사건의 귀환』에서, 중계 시스템과 더불어(그는 달 착륙의 예를 들었습니다만.) 방송 매체들은 말하자면 역사학적으로 이루어져야 할 활동을 단락시키고(정상 수순을 뛰어넘어 직접 교섭하고(court-circuitaient)) 심지어 역사가들이 사건을 구성할 가능성을 갖기도 전에 사건을 구성했다고 썼습니다. 그는 자신이 "시간의 작업"이라고 불렀던 것을 제거하는 방송 매체에 의한 시간적 간격의 융합을 강조했습니다. 시간은 일종의 작업[노동]입니다. 뒤에 가서 이 문제를〔기술적〕 토대 문제와도 관계되어야 할 애도 작업과 함께 곧 다시 생각해 볼 것입니다. 선생님께서는 증언의 기술적 토대들을 고려하자는 주장에 대한 사법 분야나 역사학 분야의 저항을 어떻게 분석하십니까?

데리다 아주 일반적인 명제에서 시작해 봅시다. 이것을 약간 독단적인 형태로 제시해 보지요. 즉 법, 어쨌든 우리가 말하는 서양 법의 모든 공리 체계는 우리가 말하는 기술의 변화들을 참작하여 분명히 전환되어야 하고 다시 만들어져야만 하며, 또 그렇게 될 것이다라고 말입니다. 이것은 다소 개략적인 일반론이긴 하지만, 거의 이론의 여지가 없어 보입니다. 구분해야만 하고 항상 구분해야 할 증언과 증거의 예를 들어 봅시다. 증언은 결코 증거로서 채택되지도 않았고 또 채택되지도 않을 것입니다. 엄밀한 의미에서 증언이란 '나는 맹세한다.'라고 말하는, 진실을 말하겠다고 서약하는, 약속을 제시하고 자기 약속을 믿어 달라고 당부하는 그 어떤 누군가에 의해서 1인칭으로 제시됩니다. 바로 여기에선 증거가 제시될 필요가 없습니다. 또는 결코 제시될 수 없을 것입니다. 구조적이고 본질적인, 결코 우연적이 아닌 이유들 때문에 말이지요. 다른 한편으로 증언이 어떤 증거를 통해서 입증되는 것은 가능하지만, 증거의 절차는 증언의 절차와 절대적으로 이질적입니다. 증언의 절차는 서약, 신뢰, 맹세, 진실을 말하겠다는 약속, "나는 진실을, 오직 진실만을 말할 것을, 그리고 진실 이외엔 아무것도 말하지 않을 것을 맹세한다."를 함축하기 때문입니다. 따라서 증거가 있는 바로 그곳에 증언은 없습니다. 기술적인 기록은 원칙적으로 결코 증언을 대체해선 안 될 것입니다. 이것은 증거의 차원인 이론적인 차원에서나 증거물과 증거들로서 제출될 수 있고, 증인의 서약을 함축하는 맹세나 신뢰, 신용의 요소하고는 관계가 없어야만 합니다.

따라서 로드니 킹 재판의 예를 잠시 재검토해 봅시다. 비디오로 녹화된 것은 기록으로, 아마도 증거물로, 아마도 증거로 사용될 수는 있었겠지만, 증언을 대체하진 못했습니다. 이에 대한 증거(증거!)는 사건 현장을 촬영했던 그 젊은이가 배심원을 구성한 살아 있는 사람들, 그 자체로 법적 권위를 지닌 그 사람들 앞에서 카메라를 가지고 있었던 것은 바로 자기였고 자기가 그 장면을 목격했고 자신이 촬영했던 것을 자기가 보았다는 것 등을 맹세하면서 그 자신이 직접 증명하러(attester) 오기를 요구받았다는 데 있습니다. 따라서 증언과 증거, 따라서 모든 기술적인 기재 사이에는 이질성이 있습니다. 기술은 결코 증언을 제공할 수 없을 것입니다. 다른 한편, 이제 여기에서 이미 얼마 전부터 우리에게 부과되고 있는 논리를 이해할 수 있을 텐데요, 앞의 경우와는 반대로 증언하고 선서하는 자는 어느 누구든 간에 "내가, 지금, 여기에서, 당신들 앞에서" 진실을 말하겠다는 것뿐만 아니라 이 진실을 곧바로, 내일도, 그리고 무한히 반복하고 확증할 것도 약속하는 것입니다. 내 증언의 현재는 반복되어야만 하고 따라서 되풀이 (불)가능성은 이미 증인의 약속이 갖는 생생한 현재의 핵심에 박혀 있습니다. 기입된 증언으로서, 증인의 증명으로서 증언은 항상 담론 속에서 이루어집니다. 증인이 되는 것은 무언가를 보거나 듣거나 하는 것이지만, 증언을 하는 것(기입하는 것)은[2] 항상 어떤 담론을 말하고 주장하고 떠맡고 서명하는 것입니다. 어떤 담론 없이는 증언을 기입할 수 없는 거지요. 그러니까 그 담론 자체는, 어떤 증명에 요구되는 최소한의 문법 규칙이나 수사 규칙이 구성하고 있는 기술은 물론이고, 비록 선서에 함축되어 있는 되풀이 (불)가능성의 형식 아래에서일 뿐이긴 하지만, 이미 기술을 수용하고 있는 것입니다.

바로 거기에 명백한 모순이 있습니다. 기술은 결코 증언을 만들 수 없고, 증언엔 기술이 전혀 없습니다. 그럼에도 불구하고 증언은 불순합니다. 그럼에도 불구하고 증언은 이미 기술에 대한 요청을 함축합니다. 이런 모순 속에서, 또는 이런 아포리아적인 긴장 속에서 증언과 기술이 기여한 부분들을, 그리고 선생이 역사와 기억에 관해 상기시켰던 모든 귀결들을 다시 생각할 필요성이 드러납니다.(저는 다른 곳에서, 어떤 세미나 같은 데서 다른 리듬으로, 바라건대 여기 기계들 앞에서 서둘러 즉흥적으로 말하는 것보다는 더 다듬어진 방식으로 이에 대해 말하고 싶습니다.) 역사가란 증거들과 증언들을 동시에 참조하는 사람입니다. 그가 증언들을 검토할 때에도, 이는 증인들이 이러저러한 것을 했고 보았고 들었다고 공표했다는 것을 함축하기 때문에 그는 증언들을 증거물들에, 증거들에 또는 증언들 간에 서로 대질시킵니다.

스티글레르 역사가에게는 증언들이 생생한 것이 아닐 수 있겠군요…….

데리다 그렇지요. 그러나 기재된 증언이란 무엇입니까? 누군가가 출두해서 지금, 현재, 한 번만, 진실을 말하겠다고 맹세할 때, 그의 증언

---

2 (옮긴이) porter témoignage는 '증언하다'와 '증언을 기입하다'의 의미를 다 함축하고 있다. 데리다가 계속 '기입하다'를 강조해서 사용하고 있는 것은 증인 자신이 1인칭 화법으로 직접 진술하는 증언에도 '항상 이미' 그 가능성의 조건으로서 기술적 토대가 개입되어 있음을 부각시키기 위해서이다.

이 기재되고 우리가 기재된 그 증언을 갖게 될 때, 이 기재된 것은 증언에 비길 만한가요 아닌가요? 이것은 제가 막 제기했던 되풀이 (불)가능성의 문제입니다. 그리고 '텔레비제' 특유의 되풀이 (불)가능성 문제이기도 합니다. 나는 내 증언을 반복하겠다고 약속할 뿐만 아니라, 내 증언이 기재될 수 있다는 원칙을 받아들입니다. 아무도 비밀스럽게 증언하러 오진 않습니다. 나는 공식적으로, 사회나 기타 등등을 대변하는 배심원들 앞에서 증언합니다. 따라서 나는 공개적인 조건에서 증언하면서, 내 증언이 아마도 서기와 같은 사람에 의해서 기재되고 이 내용이 활용될 수 있으며 그 결과 증언 기록이 '인간적'이고 '살아 있는' 증언에 비길 만하다는 것을 미리 받아들입니다. 분명히 기록 보관의 모든 현실적인 가능성들, 아날로그나 디지털 방식의 기재 능력들은 원칙적으로 증언과 증거는 분리시켜야 한다는 개념적 장치를 수정합니다.

이것은 하나의 거대한 역사이고, 여기에서 그 모든 복잡성을 펼쳐 보일 순 없습니다. 의미론적인 쟁점들이 내재해 있기 때문이지요. 그리스어로 증언에 해당하는 말은 간혹 '증거'를 의미하기도 합니다. 증언에서 증거로 미끄러져 들어간 것도 우연은 아니지요. 앞서 말했던 이유들 때문에 여기에서 긴 분석에 들어갈 수는 없습니다. 하지만 저는 이 이유들이 거의 '육체적'이라는 점을 여담으로나마 강조해 두고 싶습니다. 우리가 말하는 모든 기술적인 변화들, 지금 여기에서 우리를 구속하고 불편하게, 딱딱하고 인위적인 방식으로 말하게끔 강제하는 것을 포함한 이런 것들을 통해서 변화하는 것, 일어나고 있는 것, 그러나 우연이 아닌, 그것은 바로 육체의 실질적인 전환입니다. 기술에 대한 관계는 주어진 육체가 순응하고 적응해야만 하는 등의 어떤 것이 아닙니다. 이는 무엇보다도 육체를 전환시키는 어떤 것입니다. 이 모든 기계 장치들 앞에서 움직이고 반응하는 것은 동일한 육체가 아닙니다. 어떤 다른 육체가 조금씩 발명되고 변경되고 미묘하게 변이되기 시작합니다. 예를 들면 어떤 '지식인들'이나 배우들, 그리고 우리에겐 드문 일이지만, 지금 바로 우리가 처해 있는 이런 상황에 아주 익숙한 사람들, 그런 사람들은 얼른 눈에 띄진 않지만 주의를 기울여 보면 본래의 육체가 아주 심각하게 변했을 때만큼이나 놀라운 어떤 '육체적인' 전환을 실제로 이루었습니다. 우리와 관련된 것 중 낯익은 인공적 상황들에 대해서도 똑같이 말할 수 있습니다. 자동차 운전하기와 컴퓨터로 작업하기 같은 것 말이지요. 예를 들면, 저는 가르치는 데 익숙한 것이 아니라, 길들여지는 것입니다. 다시 말하자면, 사람들로 꽉 찬 방에 들어가 강단에 자리 잡고 서서 쉬지 않고 두 시간 동안 말하게 될 때, 그것은 커다란 인공적인 무대에서의 연기라는 점을 이해하기 위해서는 매우 특별한 어떤 주의력을 길러야만 합니다.(저도 그렇게 하려고 애쓰고 있습니다.) 그것[3]만을 기대하고, 거기에서 욕망의 장소를 발견하는 어떤 육체에 아주 간단하게 굴복하지 않는 한, 사람들은 여기에서 스스로 이러한 육체를 발명하게 됩니다. 그러니까 의학의 발전들, X선 사진술, 초음파 검사, 이식 수술의 가능성이 우리의 육체와 육체에 대한 우리의 관계를 전환시키는 것과 마찬가지로, 방송 매체의 공간도 이러저러한 이유로 우리가 관객이든 배우든 간에, 육체와 육체에 대한 우리의 관계를 근본적으로 전환시킵니다.

---

3 (옮긴이) ça는 '그것'을 의미하는 대명사이지만, 프로이트가 사용한 Id라는 개념의 프랑스어 번역이기도 하다. 이런 중의적 의미에 따라 이 문장을 해석해 보면, '그것'은 자주 방송 매체에 출현하고 이를 즐기는 일부 지식인들을 꼬집는 의미에서 '방송 매체 출연'을 의미하면서 동시에 이들의 욕망을 자극하는 무의식적인 힘을 가리키기도 한다. 아래에 나오는 바르트의 '그것이-있었음(ça-a-été)' 역시 이런 중의적인 의미로 이해되어야 한다. 즉 '그것'은 사진에 기록된 이미지의 지시체를 가리키기도 하지만, 동시에 욕망의 원천으로서의 무의식적인 힘을 가리키기도 한다.

스티글레르 일단 증거에 관한 문제는 접어 두고, 잠시 이 육체의 문제와 유령 또는 환영의 주제에 관해서 검토해 봤으면 좋겠습니다. 『밝은 방(*La Chambre claire*)』에서 바르트는 또한 사진에 어떤 인증력이 있으며 거기에는 '역사적인 매개 작용'이 단락되어 있다는 문제가(노라가 말한 것과는 다른 방식이지만 비교할 수는 있습니다.) 제기된다고 말합니다. 저는 잠시 후에 그가 "사진의 노에마"('그것이–있었음')라고 부른 것에 대한 분석들(또한 그 사진의 노에마를 인증의 주제로 이끈 분석들)을 검토해 볼 생각입니다. 그런데 그는 여기에선 정확성(exactitude)이 아니라 인증(authentification)이 문제라고 덧붙이고 있습니다. 이것은 증거의 문제에 속하는 것이지만, 단순히 거기에만 속하는 것이 아니라, 또한……

　　데리다 그렇지요, 그는 증언 쪽에서 증거를 끌어내고자 합니다. 그가 말한 대로 (이 점에 관해서 그를 따르기는 약간 곤란하다고 생각합니다만) 사진 효과란(사진 효과, 또는 오히려 사진 효과의 상관자인 지향적인 노에마라고 분명히 해 두겠습니다.) 우리를 직접적으로, 그리고 부정할 수 없도록, 현재였던 어떤 과거 앞에, 있던 그대로 현재가 되어 있을 바로 그 과거[4] 앞에 데려다 놓는 데 있고, 이 때문에, 돌연히, 그 사진 효과가 진실한(authentique) 증언의 힘을 가진다는 느낌을 받습니다. 그것도 증거의 힘이 아니라 거부할 수 없는 증언의 힘 말이지요. 사진이란 회화와 문학과는 달리, 한 번 거기에 있었던 어떤 것을 자기 밖에서 자신 안으로, 사진기 밖에서 사진기 안으로 끌어들인 것입니다. 어쨌든 대체할 수 없는 그 현재를 포착했다고 여겨지고 구조적으로도 그렇게 간주됩

---

　　4 (옮긴이) '현재였던 어떤 과거'와 '있던 그대로 현재가 되어 있을 바로 그 과거'에서 전자의 현재는 어떤 특정한 과거의 현재 상태, 즉 피사체가 촬영되던 시점을 가리키고, 후자의 현재는 사진을 바라보는 사람의 현재를 각각 가리킨다.

니다. 즉 그것이 거기에 단 한 번 있었다, 그리고 이 '단 한 번'의 독특성은 거부할 수 없고, 바로 이 독특성이 '그것이 거기에 있었다'를 증언하리라고 말입니다. 사진은 증거할 뿐만 아니라 증언합니다. 물론 우리는 이것이 우리 안에 산출하는, 바르트의 말을 빌리자면, 그 "효과"와 "폐부를 찌르는 듯한"[5] 감동을 잘 이해합니다. 그러나 이 효과는 구성될 수 있습니다. 이는 자연스러운 것이 아닙니다. 항상 인위적으로 구성될 위험이 있습니다. 조작하지 않은 사진 안에도 구성 그 자체가 있습니다. 그런 데다가 모든 종류의 기술적인 간섭들에 의해서 항상 이 위에 덧칠할 가능성도 있습니다. 기록 보관의 도구들은 우리가 지금 다루고 있듯이 매우 세련된 것으로서 상반되는 효과를 동시에 가집니다. 한편으로 이 도구들은 그 어느 때보다 더 '진실하게', 더 충실하게 '있었던 것으로서의 현재'를 재생할 수 있습니다. 그러나 다른 한편으로 바로 이 도구들, 이 동일한 능력이 합성 이미지들을 조작하고 잘라 재구성하고 만들어 내는 것과 같은 더욱 세련된 가능성들을 제공합니다. 여기에서 합성은 더 많은 인증[진실화]의 여지와 기회를 주면서 동시에 바로 이 인증에 대한 더 커다란 위협도 주는 것이지요. 이 진실성의 가치는 기술에 의해 가능하지만 동시에 바로 이 기술에 의해 위협받는 겁니다. 서로 분리할 수 없게 말이지요. 그런 까닭에 사람들은, 좀 순진하지만, 기록보다는 이른바 생생한 증언을 계속해서 선호할 것입니다. 그래서 사람들은 어떤 증인이 법정에 출두해서 자기 이름을 말할 때, 그가 바로 그 자신이다(!)라고 믿기를 좋아합니다. 그는 말합니다. …… 설사

---

5 (옮긴이) 바르트의 '푼크툼(punctum)'을 말한다. 푼크툼은 라틴어로 점(點)을 말하는데, 바르트의 표현대로 하자면 "찌름, 작은 구멍, 작은 반점, 작은 흠이며 또한 주사위 던지기"를 뜻한다. "사진의 푼크툼은 그 자체가 나를 찌르는 (또한 나를 상처 입히고 괴롭히는) 우연이다." 즉 사진의 우연한 어떤 세부로부터 화살처럼 날아와 보는 사람의 가슴을 찌르고 상처 입히는 사진의 효과를 가리키는 것으로서, 기호화하거나 개념화할 수 없는 일종의 개인적인 울림을 의미한다.

기록 시장

그가 거짓말할지라도, 혹은 잊어버릴지라도, 혹은 그의 증언이 불충분하거나 기대할 게 없다 할지라도 적어도 그는 진짜일 수 있습니다. 내가 진실을 말할 것을 맹세할 때, 나는 진리를 말하겠다고, 즉 틀리지 않겠다고 맹세하는 게 아닙니다. 틀리는 증인은 거짓 증언을 하는 게 아닙니다. 나는 거짓 증언을 하지 않겠다고, 내가 보고 들었던 것을 솔직하게 말하겠다고 맹세하는 것입니다. 내가 말하겠다고 맹세한 것은 바로 이런 진실입니다. 따라서 이는 일종의 정직성(véracité)이지, 객관적인 진리가 아닙니다. 출두한 어떤 증인이 "내가 보았던 것은 바로 그거다."라고 말할 때, 그가 잘못 보았든 오해했든 간에 거짓 맹세를 했다고 비난하지는 못할 것입니다. 만일 그가 거짓말을 한다면, 그리고 고의로 자신이 보았거나 들었던 것을 말하지 않는다면, 따라서 속일 목적으로, 자신이 아는 것과 일치하지 않는 말을 믿게 만들 목적으로 위증한다면, 거짓 맹세를 했다고 그를 비난할 것입니다. 거짓 증언은 틀린 증언이 아닙니다. 그러므로 사람들은 계속해서 기록과 증거에 대해서보다는 증언에 더 많은 신뢰를 보낼 것입니다. 가장 진지한 또는 가장 진실한 이 증언 속에 짜깁기, 무의식, 인격의 분할, 정신분열 등과 같은 것들이 개입해서 결국 '나는 진실을 말할 것을 맹세합니다'라고 말하는 여기 나 자신'을 지극히 복잡한 어떤 구성이 전제되어 있는 것으로 만들 수 있다는 점을 자연스럽게 무시하면서 말입니다.

한마디로 말하자면 정신분석학을 요구하고 있고 또 기술의 어떤 상태와 분리할 수 없는 이런 변화는, 종종 지적되었던 것처럼, 아직도 분명하게 법 안에, 증언 개념 안에, 모든 법적 공리 체계 안에 통합되지 못했습니다. 기술에 대한 어떤 생각이 아직도 법 안에, 우리의 법 안에 통합되지 못한 것과 마찬가지로, 정신분석학적인 것에 대한 어떤 생각 또한 여기에 흡수되지 못했고 '이해되지(포함되지)'도 못했습니다. 이러저러한 정신분석학들이 논의되고 있는지는 모르겠지만, 정신분석학적인 것, 즉 무의식, 자기(ipséité)의 토픽6에 대한 고려, 정신적인 심급들의 분화나 분열, 자아란 단지 하나의 심적 심급에 불과하거나 하나의 분열된 심급일 수 있다는 사실, 이런 모든 세련됨과 복잡함들과 더불어 이 토픽이 이끌어낼 수 있는 것들이 법적 담론에서는 광범위하게 무시된 채로 남아 있습니다. 법의 원리 안에서, 법의 원리 그 자체에서 무시되어 있다는 거지요. 더욱 나쁜 것은 이 담론이 이런 몰인식 위에서 구성된다는 것입니다. 어쩌면 그것은 이런 몰인식을 위해서 만들어지는지도 모릅니다.

제가 이렇게 말한 것은 단순한 사변이 아닙니다. 이는 날마다 효과들을 산출합니다. 이를 감지하지 않고서는 사회면 기사나 사법 연보를 읽을 수가 없습니다. 그 효과들은 광범위합니다. 그리고 오랜 뒤에 아주 오랜 기간에 걸쳐서 이런 상황은 변화되어야 할 것입니다. 그렇게 되면 우리는, 우리의 상속자들은 전혀 다른 어떤 세상에 살게 될 것입니다. 아무튼 〔변화는〕 시작되고 있습니다. 천천히……

---

6 (옮긴이) 여기에서 토픽(topique/Topik)은 '장소'를 가리키는 그리스어의 topos에서 유래하는 단어로, 프로이트가 정신(또는 정신적 장치)의 구조를 나타내기 위해 사용했던 **개념적 은유**이다. 프로이트에게는 정신의 구조를 나타내는 두 가지 토픽이 존재했는데, 하나는 '의식 – 전의식 – 무의식'(『꿈의 해석』(1900))이고 다른 하나는 '이드 – 자아 – 초자아'(『자아와 이드』(1923))이다. 이를 프로이트가 토픽이라고 부른 것은 각기 상이한 기능들을 갖고 있는 각각의 심급들이 '공간적' 또는 '장소적' 관계에 따라 표현되고 있기 때문이다. 이런 의미에서 토픽은 완전히 개념적인 것도 아니고, 완전히 '은유적인 것'도 아닌, 일종의 개념적 은유, 또는 은유적 개념이라고 할 수 있다. 어쨌든 현재의 논의와 관련하여 중요한 것은 첫째 이러한 토픽이 정신 구조의 복합성을 나타내고 있다는 점이며, 둘째 전통적으로 정신이나 인성 자체의 핵심으로 간주되었던 '의식' 또는 '자아'가 여러 토픽 중 하나에 불과하다는 점이다.

기록 시장

음성 기록
── 의미, 상속에서 지평으로

스티글레르 우리는 방금 역사학적 증언에 대해서 말했습니다. 역사가의 작업 중에서 어떤 부분은 주어지지 않은 어떤 증언 과정을 재구성하는 데 모두 바쳐지는데, 이는 작업 대부분이 오로지 기록과 흔적들에서부터만 시작할 수 있기 때문입니다. 그런데 선생님께서 말씀하셨던 것 중 하나에 의하면, 흔적은 증언할 수 없으며 그 흔적들에 입각해서 증언을 구성하기 위해서는 말하자면 역사가 자신에 의한 생생한 증언 작업이 필요하다고 결론지을 수 있을 것입니다. 그렇기 때문에 다시 문자 기록의 문제로 돌아가서 역사 그 자체를 검토해 본다면 사진이 갖는 인증력의 문제가 새롭게 제기될 수 있습니다. 어떤 형태이든 문자 기록이 없다면 분명히 역사도 존재하지 않습니다. 설형 문자, 표의 문자 등과 같은 수많은 형태의 문자 기록들은 그것들을 원사 시대[1]에 귀속시키는 하나의 시대 구분을 통해서 분류될 수 있습니다. 만일 알파벳 문자 기록이 역사학으로서, 또 그와 동시에 삶의 양식이자 시간성인

---

1 (옮긴이) 고고학적 시대 구분에 따르면, 원사 시대는 선사 시대(문헌적 사료가 전혀 없는 시대)와 역사 시대(문헌적 사료가 있는 시대)의 중간 시대로서 문자 출현 초기에 문헌 사료가 단편적으로 존재하는 시대(약 B.C. 3000~1000)를 말한다.

역사(Geschichte)로서[2] 역사 과정의 중심부에 놓여 있다면, 이는 이 알파벳 문자 기록이 그것이 - 있었음을 기재하는 한 형식이기 때문이 아닐까요?[3] 바르트 자신은 사진 찍힌 어떤 장면을 보면서 그것이 있었음을 의심할 수 없다고 말합니다.(여기에서 그는 노예 제도에 관한 장면을 예로 제시하고 있습니다.) '그것이 - 있었음'을 포착하는 이 과정은(물론 사진에서 일어나는 것과 선생님께서 생생한 것〔살아 있는 것〕의 포착에 관해 말씀하셨던 모든 것과는 다른 형식으로) 이미 알파벳 문자 기록 속에서 맨 처음 작동하고 있던 것은 아닐까요? 역사가들이 어떤 학문적인 정당성에 따라 기술적인 흔적들에 입각해서, 자생적으로는 그 흔적 속에 주어지지 않았지만 그럼에도 불구하고 재구성할 수 있고 종합할 수 있는 어떤 증언 과정을 구성한다고 주장할 수 있게끔 한 근거들, 즉 역사적인 작업 그리고 증거와 증언의 제출을 가능하게 한 것이 바로 이 문자 기록 아닐까요?

데리다 증거와 마찬가지로 증언이라는 것도 속속들이 흔적입니다. 선생은 지금 알파벳 문자 기록이 목소리의 포착으로 간주된다는 사실을 언급하는 겁니까?

스티글레르 저는 목소리(voix)보다는 오히려 언어(langue)를 말한 것입니다.

데리다 아 그래요, 언어, 그렇지만 저는 여기에서 목소리라고 하고

---

2 (옮긴이) 여기에서 스티글레르는 역사를 '일어난 사건들(res gestae)'로서의 역사와 '일어난 사건들의 기록(historia rerum gestarum)'을 의미하는 역사학으로 구분하고 있다. 독일어에서는 양자를 각각 Geschichte와 Historie로 구분해서 쓴다.

3 이 점에 대해서는 *La Technique et le Temps*, tome 2, *La Désorientation*(*op. cit.*)에서 "L'époque orthographique" 참조.

음성 기록

싶군요. 한마디 말이라는 독특한 사건 속에 있는 언어, 즉 목소리 말입니다. 설령 큰 목소리가 아니라 해도 목소리의 가능성은 생각할 수 있습니다. 즉 언어를 분절하면서, 언어를 발음하면서 비록 그것이 낮은 목소리에 가깝다 해도 목소리는 언어를 하나의 사건으로 만듭니다. 그 목소리가 언어의 보고로부터 말의 사건으로 넘어가게 만드는 것입니다.

스티글레르 목소리의 결은 없이 말이지요.

데리다 결 없이, 그렇지요……. 그러나 발화조차 되지 않더라도 언어는 여전히 언술(énonciation, 진행상, 언술이라고 부릅시다.) 가능성에 연결되어 있어야만 합니다. 적어도 그것이 하나의 사건을 산출하려 한다면 말입니다. 선생에 의하면, 바로 이 순간에 알파벳 문자 기록은 이 사건에 연결되어 있으리라는 거지요. 다른 문자 기록이라면 반드시 그렇지도 않고, 어쨌든 이런 식은 아닐 텐데 말이지요.

물론 옳은 생각이고 저 역시 그런 주장에 반대하진 않습니다. 바로 이 점이 알파벳 문자 기록(저는 차라리 '표음적'이라고 말하고 싶습니다. 문자 기록 안에서 음성적인 것을 표시해 낸다는 의미에서 말이지요.)을 다른 문자 기록들에 비해서 명백히 진보하도록 만들었습니다. 그러나 바로 이 점은 특정한 방식으로, 또 특정한 지점까지만 알파벳 문자 기록에 해당되었던 것입니다. 특정 지점까지, 더구나 알파벳 또는 표음적인 문자 기록 안에서도 모든 것이 음성적인 것은 아니라는 사실을 고려하게 되는 지점까지 말입니다. 목소리, 그리고 사건과 언술의 가치를 이루는 것은 다른 문자 기록들과 공통적으로 갖고 있는 요소들 없이 알파벳 문자 기록만으로는 가능하지 않습니다. 이는 매우 복잡한 문제입니다. …… 그러나 저는 알파벳 문자 기록이, 이를테면 주어진 어떤 역사

설령 큰 목소리가 아니라 해도 목소리의 가능성은 생각할 수 있습니다. 즉 언어를 분절하면서, 언어를 발음하면서 비록 그것이 낮은 목소리에 가깝다 해도 목소리는 언어를 하나의 사건으로 만듭니다. 그 목소리가 언어의 보고로부터 말의 사건으로 넘어가게 만드는 것입니다.
—데리다

적 국면 속에 자신의 경제를 강요할 수 있었다면(제가 『그라마톨로지』에서 말하고자 했던 것입니다만) 그것은 바로 이런 특권, 즉 생생하다고 간주된 자기촉발[4]의, 목소리의 추정된 재생 가능성, 재현 때문이라고 생각합니다…….

스티글레르 알파벳 문자 기록뿐 아니라, 사진 기록과 음성 기록[5] 및 합성과 모의 작용을 가능하게 해 주는 디지털 기재〔촬영〕 장치들 같은 기록 보관의 양상들은 장래에 대한 어떤 관계의 가능성들을 과잉 규정할 것입니다. 만일 알파벳 문자 기록 그 자체가 언어 속을 지나간 것에 대한, 언어의 과거에 대한, 그리고 바로 이를 통해 이미 ─ 거기에 있는 것[6]에 대한 독특한(정확한) 어떤 접근을 열어 준다는 데 동의한다면,

---

4 (옮긴이) '자기촉발(auto-affection)'은 독일어 Selbstaffektion의 프랑스어 번역어로, 칸트가 『순수 이성 비판』에서 원래 사용한 용법에 따를 경우, 외부의 어떤 것에 의한 감관의 촉발을 의미하는 일반적인 촉발과 대비되는 개념이다. 즉 칸트는 이 개념을 주관이 자기 자신 안에서 실재적으로 경험적 잡다를 산출한다는 의미에서가 아니라 내감을 규정한다는 의미로 사용하고 있다. 원래 칸트 철학 체계에서 이 개념은 미미한 위치를 차지하고 있지만, 하이데거는 『칸트와 형이상학의 문제(Kant und das Probleme der Metaphysik)』(1929)에서 칸트 철학의 핵심적인 개념 중 하나로 부각시키고 있다. 즉 하이데거는 이 개념을 통해 칸트의 초월론적 주관을, 세계 내부적인 시간 규정들의 초월론적 근거로서의 '근원적 시간(ursprüngliche Zeit)'으로 재해석하고, 여기에서 현존재의 기초존재론의 기반을 마련한다.
　　이런 측면에서 본다면 데리다가 쓰는 auto-affection은 '자기감응'으로 번역하는 것이 더 적절하겠지만, 국내에서 '자기촉발'이라는 용어가 널리 쓰이고 있기 때문에 이 책에서는 그대로 사용한다.
5 (옮긴이) 사진 기록(photographie)과 음성 기록(phonographie)은 사전적인 의미로는 각각 '사진술/사진', '녹음술/표음법'을 뜻하지만, 여기에서는 '기록하기(기록 보관)'의 양상도 함축하고 있기 때문에 '─기록(graphie)'의 의미를 살려 번역했다.
6 (옮긴이) 여기에서 스티글레르가 말하는 '이미 ─ 거기에 있는 것(déjà-là)'은 일차적으로는 과거를 뜻한다. 즉 스티글레르에 따르면 우리가 과거에 일어났던 사실을 이해할 수 있는 것은 문자 기록, 특히 알파벳 문자 기록 덕분이며, 이런 의미에서 알파벳 문자 기록은 역사학 및 더 나아가 역사 자체의 가능성의 **기술적** 조건을 구성한다고 말할 수 있다. 따라서 스티글레르에게서 '이미 ─ 거기에 있는 것'은 근본적으로는 기술적 토대 자체를 가리킨다. 이는 특히 『존재와 시간』에서 수행된 하이데거의 실존론적 분석론에 대한 비판을 겨냥하고 있다. 스티글레르에 따르면 하이데거는 『존재와 시간』에서 전재성(前在性, Vorhandenheit)에 기초

그리고 과거에 대한 새로운 접근 가능성으로서의 이 문자 기록이 장래에 대한 새로운 관계를 마련해 준다는 데 동의한다면, 그렇다면 또한 이 문자 기록은 역사가의 학문일 뿐만 아니라, (급격한 가속화, 정치적 공간의 개방, 지리적 탐구의 실행, 영토에 대한 관계의 전환과 같은) 역사적 시간들이 구성하는 장래와의 관계이기도 한 역사적 시간성을 형성하기 위한 하나의 조건이라고 말해야만 합니다.

이와 마찬가지의 의미로, 선생님께서 『폴 드 만을 위한 기억들 (*Mémoires pour Paul de Man*)』에서 '기록 보관의 현대적 양상들'이라고 부르셨던 것들도 장래에 대한 새로운 관계의 배달부라고 말할 수 있다고 생각합니다. 이것들이 새로운 유형의 정확한 기재 기술들(분명히 말하자면 정확하다는 것은 육체와 목소리의 결을 정확하게 포착하게 해 주고 육체 그 자체와 동시에 그 심리적 활동도 변형시킨다는 점을 뜻합니다. 이 점은 곧 다시 검토할 것입니다.)인 한에서 말입니다. 저항 현상들은 아마도 장래에 대한, 장래의 가능성 자체에 대한 어떤 두려움과 관련되어 있을 거라고 '문화적 예외'에 관해서 말했습니다. 이 장래가 새로운 형태의 반성성에 속해야만 할까요? 알파벳 문자 기록은 그 공간 속에 살았던 사람들에게 과거에 대한 새로운 관계를 마련해 주었습니다. 왜냐하면 그 과거가 전혀 새로운 형태로 재활성화될 수 있고 되풀이 (불)가능하게 되었기 때문입니다. 이것은 후설이 말한 기하학자만이 아니라, 그 공간에 살았던 모든 시민들에게도 그러했습니다. 이와 마찬가지로 이번엔

한 전통 형이상학과는 달리 현존재를 도구적 연관에 따른 용재성(用在性, Zuhandenheit)의 세계에 위치시킴으로써 현존재의 현(Da)이 함축하고 있는 현사실성(Faktizitä), 즉 '이미 거기에'의 기술적 성격을 파악할 수 있는 단초를 마련해 주었다. 하지만 역설적이게도 하이데거는 현존재의 근원적 시간성을 기술적 정확성, 즉 시간성의 가능성의 근원적 조건을 이루는 기술적 기입 작용과 분리시킴으로써 자신이 열어 놓은 시간과 기술의 상호 구성적 관계에 대한 탐구로 나아가지 못하고, 실존주의적이고 결단주의적인 철학적 경로로 빠지게 되었다. 스티글레르가 보기에 이는 '누구와 무엇', 즉 생명체와 물질, 인간과 기술의 원초적인 상호 구성적 관계에 대한 하이데거의 맹목에서 유래하는 결과다.

현재의 원격 기술들이 과거에 대한 우리의 관계, 즉 장래에 대한 관계를 변형시키지 않겠습니까? 문자 기록은 반성성, 인식 가능성의 새로운 형태들을 생성시켰고, 고대 지중해 유역에서 발전한 장래에 대한 새로운 관계는 이 과거의 기록이면서 동시에 이 관계가 낳은 새로운 반성성의 형태들이었습니다. 따라서 매우 어렵지만, 그럼에도 불구하고 여기에서 제기되어야만 하는 문제는 이렇습니다. 우리가 종이 매체가 아닌 카메라 앞에서 이 대담을 녹화한다면, 이것은 우리가 목표로 삼고 있는 반성성에 고유한 필연성이 또한 바로 여기에 있다고 생각하기 때문이 아닌가 하는 것입니다. 이 반성성은 자신의 형태 자체에서 자신의 대상에 의해 영향을 받는데, 이 대상은 자신에 대한 우리의 반성을 기재하면서 이 반성을 자신의 제약들에 종속시킵니다. 따라서 문제는 문자 방식, 아날로그 방식, 디지털 방식에서의 정확성과, 각각의 정확성이 이끌어내는 장래에 대한 다양한 관계들 및 반성성, 그 둘 사이의 관계일 것입니다.

데리다 가능하다면 저는 이 문제를 반대로 생각하고 싶습니다. 저는 장래의 개방이 반성성에 비례해서 일어나리라는 선생의 생각을 잘 알고 있습니다. 그러나 다른 사람들은 선생에게 또한 아주 쉽게 이 반성성이 장래를 소멸시킨다고 말할지 모릅니다. 반성성에 의한 제어, 재생 가능성과 되풀이 (불)가능성에 의한 제어는 또한 계산과 예측에 의해서 중립화된 장래에 대한 제어입니다. 실제로 사람들은 아마 선생에게 반성성, 따라서 거기에 결합되어 있는 기술이 장래를 닫아 버린다고, 즉 이것은 앞으로 도착할 수 있을 모든 것을 반복에 의해서 미리 제어할 정도로 선취한다고 말할 수 있을지도 모릅니다. 반성성은 확실히 사건을 가능하게 합니다. 그러나 동시에 이보다 먼저 사건을 약화시킵니다. 따라서 구별은 반성성과 비반성성 사이에서가 아니라, 오히려 양자 모두 기술에 연관되어 있는 반성성의 두 경험들 사이에서 이루어져야 합니다.

그다음에 저는 알파벳 또는 표음 문자 기록이 일반적으로 장래에 대한 관계에서 특권을 가진다는 점에 대해서도 선생만큼 확신하지는 않습니다. 저는 모든 문자 기록은, 비록 그것이 표의 문자나(어쨌든 이런 문자가 순수하게 존재한다고 가정한다면) 그림 문자라 하더라도, 장래에 대해 어떤 관계를 가진다고 말할 것입니다. 이는 쉽게 입증될 수 있습니다. 따라서 여기에서 구별해야만 할 것은 장래에 대한, 즉 가정된 것이든 아니든 이 장래의 무한성에 대한 관계의 양상들입니다. 선생도 알다시피, 이른바 알파벳 또는 표음적인 문자 기록은 항상 불가피하게, 구조적인 이유들로 인해서, 이질적인 요소들을 내포하기 때문에 철저하게 알파벳적이거나 표음적인 것이 아니므로 더욱 그렇습니다. 따라서 이 문자 기록은 항상 일반적으로 이와 대립되는 문자 기록들을 분유합니다. 그러므로 여기에서 극히 풍부한 이 주제에 대해 가능한 모든 논의를 전개시키지 않고서도 우리는 다음과 같은 점을 지적할 수 있게 됩니다. 오늘날 발전하고 있는 원격 기술의 문자 기록은 표음 – 알파벳 모델에 지배받지 않으며, 점점 더 상형 문자나 표의 문자 또는 그림 문자의 유형에 가까워지고 있습니다. 텔레비전, 비디오, 영화가 다시 도입하는 것은 그림 문자이거나, 아니면 적어도 그림 기록의 효과입니다.

이는 우리가 장래에 대해 말했던 것을 약간 복잡하게 만들 것입니다. 오늘날 일어나고 있는 것은 또한 그 기원과 끝에서, 말하자면 그 기원과 말단에서의 역사적 경계에 대한 어떤 경험, 즉 표음 문자 기록의 경계에 대한 경험입니다. 표음 문자 기록의 경계는 그 어느 때보다 더 범람되고 있습니다. 이것은 원초적인 것이 아니라, 유한한 어떤 것입니다. 우리가 지금 겪고 있는 이미지에 대한 경험은 이 경계를 넘어서고 있습니다. 선생이 정당하게 주장했고 또 제게도 인상적이었습니다만,

알파벳의 특권은 알파벳보다 먼저 존재하고 알파벳을 넘어서는 어떤 과정에 속한 단지 하나의 기술 – 경제적 특권에 지나지 않습니다…….

스티글레르 그러나 저는 분명 제가 역사 – 과학적이라고 불렀던 것, 즉 날짜가 새겨져 있고 흔적들을 통해서 표시될 수 있는 이러한 반성성의 형태 속에만 장래에 대한 관계가 있다고 말하지는 않았습니다. 저는 장래에 대한 어떤 관계, 즉 전통적으로 역사 – 반성적이라 불렸던 관계가(이때 '반성적'이라는 말은 (엄밀한 의미에서) '합리성과 인식 가능성의 질문을 통해 작업하는'이라고 이해됩니다.) 기록 보관의 어떤 양상에 의해서 과잉 규정되었다고 주장한 것입니다. 그리고 제가 놀란 것은 기록 보관의 이 양상이 현재의 양상들과 공통적으로 기록의 어떤 정확성[7]을, 즉

7 (옮긴이) 스티글레르가 사용하고 있는 orthothétique라는 단어는 우리말로 옮기기 어려운 용어이다. 이는 어떤 언어에서 각각의 철자나 철자들의 집합이 고유한 음가(音價)를 갖게 하는 규칙, 그리고 단어에서 철자들의 배열이 이루어지는 방식을 나타내는 orthographie(우리말로 옮긴다면 '철자법' 정도가 되겠다.)라는 용어에서 유래하는 단어이다. 하지만 스티글레르는 그의 저서 『기술과 시간 2권: 방향 상실(*La technique et le temps, tome 2, La désorentation*)』(1996)에서 (데리다의 작업을 따라, 하지만 데리다의 문제 설정과는 다소 다른 방식으로) 알파벳 문자 기록과 서양의 형이상학 사이의 관계를 드러내기 위해 이 단어의 함의를 나름대로 체계적으로 풀어내고 있다. 일반적으로 문자학자들은 알파벳 문자의 가장 중요한 의의를 사물을 표현하는 것이 아니라 음소를 표현하는 언어가 최초로 성립되었다는 점에서 찾고 있다. 언어가 개개의 사물들의 표현이라는 제약에서 벗어남으로써 자신의 자율성을 획득하게 되고, 더 나아가 소수의 기본적인 자모음 체계만으로 무한하게 많은 언어 표현들이 가능하게 되었기 때문이다. 스티글레르는 이처럼 언어가 구체적인 사물들과의 관계 및 맥락에서 독립하여 자율성을 획득하게 되는 것을 orthographie로 보고 있으며, 이 점에 알파벳 문자의 중요성이 있다고 평가한다. 하지만 다른 한편으로 그는 알파벳 문자의 의의에 대한 기존 평가의 문제점을 지적하고 있는데, 기존의 관점은 알파벳 문자가 음소의 정확한 표현이라는 데서 알파벳의 의의를 찾고 있는 반면, 실제로 중요한 것은 **정확성** 자체에 있다는 것이다.(ortho-graphie 또는 ortho-thétique에서 ortho라는 접두어는 '정확성'이라는 의미의 그리스어 orthotes에서 유래한다.) 즉 '음소의' 정확성을 강조하는 것은 데리다가 보여 주었듯이, 사유, 따라서 로고스의 직접적 표현으로서의 음성에 대한 가장 충실한 표현 체계가 알파벳 문자 기록이라는 서양의 '알파벳 민족 중심주의'에서 비롯한 것으로, 이는 역설적이게도 사유 및 문명 전체의 보존과 재생산에서 문자 기록이라는 기술적 토대의 필수적인 역할을 은폐하고 억압하는 경향을 낳는다. 이에 비해 알파벳이 '정확한' 문자 기록이라는

제가 다른 곳에서 서로 다른 기억술들의 정확성이라고 칭했던 것을 지닌다는 점입니다. 반면에 이 문자 기록의 정확성과 시간성의 어떤 형태 사이에 일치점이 있음이 사실이라면, 그리고 또 기록 보관의 이 새로운 양상들이 어떤 점에선 더 정확한 기재 양상들이라고 할 수 있음이 사실이라면, 장래의 가능성들의 가속화, 강화, 다양화, 말하자면 확장으로서의 역사일 수 있었던 장래에 대한 서양의 관계를 특권화하지 않고서는, 현재의 정확성의 발전은 '미래 없음'이라는 언표를 길거리에 새길 수밖에 없다는 점에서 역설이 생겨납니다. 처음엔 산업 공동체들의 주변에 국한되었지만, 오늘날에는 모든 지역, 나라 전체, 모든 계급들, 또는 모든 사회 계급에서 배제된 사람들에게서 이 '미래 없음'이라는 언표가 생산되고 있습니다. 그리고 정치적 무능력을 겪어 본 사람들은 모두 이 언표를 이해합니다. 어떤 점에서 기록 보관의 현대적 양상들이 가진 정확성이, 단순히 문자 기록과 관련된 반성성의 추종과 발전에 그치지 않고, 인식 가능성의 새로운 형태들을 가져올 수 있겠습니까? (게다가 원사 시대뿐 아니라 선사 시대에도 완전히 기술적인 기억으로서 반성성이 있다는 것은 분명하고, 또 저는 이 점을 다른 곳에서[8] 충분히 제시했다고 생각합니다.) 아니면 그 반대로 어떤 점에서 이 정확성이 장래를 봉쇄합니까? 도착하는 것과 도착할 수 있는 것에 대한, 그리고 무언가가 도착할 그 가능성 자체에 대한, 개별적이고 집단적인 이해의 문제가 바로 여기에 있습니다.

점에 주목할 경우, 문자 기록에서 사진과 녹음기, 디지털 매체 등과 같은 현대적 매체에 이르는 기록(보관) 체계의 진화 과정을 정확성이라는 관점에서 분석할 수 있는 가능성이 열리며, 더 나아가 (이것이 스티글레르의 보다 야심 찬 기획이지만) 데리다의 기록학의 문제 설정을 구체적인 기술적 진화의 관점에서 보충, 확장, 정정할 수 있는 가능성도 열린다.

이런 관점에서 볼 때 orthothétique를 정확히 한 단어로 번역하기는 어렵지만, 현재의 문맥에서는 '정확한' 정도면 무난할 것으로 보인다. 아울러 독자들은 본문에서 계속 사용되고 있는 '정확성'이라는 표현은 orthotes에서 유래한다는 점을 염두에 둘 필요가 있다.

8 *La Technique et le Temps*, tome 1, *La Faute d'Épiméthée*(*op. cit.*) 참조.

음성 기록

데리다 저는 선생이 왜 정확성을 표음적 – 알파벳 문자 기록 쪽에
두는지 이해하기가 어렵습니다. 우선 이것이 과연 정확한지를 따져 보
아야 할 텐데, 제겐 선생이 말한 만큼 정확해 보이지 않습니다. 그리고
또 과학이나 과학적 합리성에는 정확성이 있다는 것, 정확성에 대한 고
려와 동시에 그것의 성취가 있다는 것, 이는 본질적으로 알파벳 문자
기록에 의존하지 않습니다. 과학적 합리성이란 오히려 표기법상으로는
대부분의 경우 비표음적이고 비알파벳적인 형식화에 의존하고 있습니
다. 저는 알파벳 문자 기록이 어떤 과학성의 전개에 커다란 도움을 준
도구였고 지금도 그렇게 남아 있다는 것을 부인하진 않습니다. 그러나
과학에서 가장 과학적인 것과 과학의 과학성이 갖는 가장 정확한 것은,
일반적으로 표기법의 비표음적이고 비알파벳적인 형식화 쪽에 있었습
니다. 저는 모든 정확성을 표음적인 또는 알파벳적인 문자 기록 쪽에
두진 않을 것입니다.

다른 한편으로 지평이 닫혀 있다는 인상, 장래가 없다는 등의 인상
은 기록 보관의 잠재력만이 아니라 그 반대의 것도 표현할 수 있습니
다. 물론 기록 보관의 잠재력이나 충동은 장래와 열린 지평에 대한 경
험을 개방할 수 있습니다. 즉 도래할 사건에 대한, 그리고 미리 소환해
서 지켜볼 수 있을 사건에 대한 선취 말입니다. 그러나 동시에 선취의
이러한 증대, 이러한 강화는 또한 장래를 소멸시킬 수 있습니다. 이것
이 바로 선취의 역설입니다. 선취는 장래를 개방합니다. 그러나 동시에
이것은 장래를 중화합니다. 이것은 내일 도래한다고 고지되는 것을, 기
억으로, 전미래[9]로, 따라서 회상으로 환원시키고 현재화하고 변형시킵

---

9 (옮긴이) 전미래(futur antérieur)는 영어의 미래완료에 해당하는 프랑스어 시제로, 데리
다나 리오타르 등이 철학적 반성에서 자주 활용하고 있는 용어이다. 이는 일반적인 의미로는
어떤 미래 직전의 시간적 계기, 즉 '앞으로 되어 있을' 시간을 뜻하는데, 철학적인 의미로는
과거와 현재를 포함하는 시간적 전체가 포괄적으로 완성되는 순간, 또는 좀 더 정확히 말하
자면 그 완성의 방향이 결정되는 순간이다. 따라서 전미래는 (과거와) 현재의 갈등 및 싸움

니다. 동일한 하나의 운동이 장래를 개방함과 동시에, 제가 지평 효과라고 부르려는 것을 통해 '그것이 이미 도착했다'는 인상을 주면서 장래를 닫습니다. 제가 지켜볼 수 있고 포착할 수 있고 기록할 수 있으리라고 미리 알고 있는 새로운 것을 받아들일 만반의 준비를 갖추고 있어서, 이 새로운 것은 마치 이미 도착한 것이며, 더 이상 아무것도 도착하지 않으리라 생각될 정도입니다. 따라서 '미래 없음'이라는 이 인상은 역설적으로 보다 커다란 개방에, 어떤 미규정성에, 어떤 열림에, 더욱이 어떤 카오스에, 어떤 균열에 연결되어 있습니다. 어떤 것이든 도착할 수 있으며, 이것은 이미 도착해 있습니다. 그것은 이미 도착했습니다. 죽음은 이미 도착했습니다. 이것이 바로 죽음의 경험입니다. 그러나 죽음과 마찬가지로 사건이란, 타자란 또한 우리가 그것의 도래를 보지 못하는 것이고, 기다리지 않으면서 그리고 기다림의 지평 없이 기다리는 것입니다. 선취할 수 있음, 이것은 죽음의 도래를 보는 것입니다. 그러나 죽음의 도래를 본다는 것, 이것은 이미 슬픔에 잠겨 있는 것(애도 중에 있는 것, endeuillé)이고, 이미 죽음을 약화시키는 것(죽음을 죽이는 것)이고, 심지어는 죽음이 더 이상 도착할 수 없는 지점에 이르기까지 죽음을 약화시키기 시작할 수 있는 것입니다. 죽음은 더 이상 도착할 수조차 없으며, 모든 것은 이미 지나갔습니다. 선취의 구조에, 지평의 구조에, 또한 애도의 구조에 속하는 이러한 이중적인 경험은 물론 새로운 것이 아닙니다. 이를 경험하기 위해서 우리가 말하고 있는 기계들을 기다릴 필요는 없지만, 이 기계들은 여전히 깜짝 놀랄 정도로 강력한 비약을 이 경험에 주었습니다. 대체로 우리를 그리스인들이나 페니키아

의 전략적, 전술적 지침을 규정하는 심급이 된다. 일반적으로 전미래는 '장래'의 절대적 개방성이 모종의 동일화 전략에 따라 (상대적으로) 전유되는 계기를 가리키는 데 비해 데리다의 철학에서는 일체의 전략적 계산 및 기대 지평을 초과하는 장래의 개방성이 가장 큰 중요성을 지니기 때문에, 데리다에 따르면 전미래적 계기에 내포된 목적론적 위험에서 벗어나기 위해서는 장래의 절대적 개방이라는 명령에 따라 전미래를 통제하는 것이 필수적이다.

인들, 또는 중세 사람들과 동일한 실존적 혹은 정신사회학적인 구조에 따라 구성해 주는 상대적으로 안정된 구조들에 입각해서 볼 때는 이것이 깜짝 놀랄 만하지만, 우리는 더 이상 중세 사람들이 아니기 때문에, 바로 우리는 이 간격 속에서 이런 경험을 하고 있는 것입니다.

스티글레르 우리가 뒤처져 있다…….

데리다 우리는 앞서 있으면서 뒤처져 있습니다.

스티글레르 그럼에도 불구하고 인식 가능성의 문제가 남습니다. 저는 여기에서 '인식 가능성'이란 말을 넓은 의미에서 쓰겠습니다. 저도 선생님처럼 과학적 정확성이 표음적인 것으로 환원될 수 없다고 확신합니다. 대수 함수는 아마도 표음 문자 기록이 절대 필요하겠지만(저는 그렇게 믿습니다.) 어떤 그래프 형태로 표현되므로 표음적인 것만으로는 충분치 않고, 또 수학의 수많은 표기법들도 알파벳 영역 바깥에 있습니다. 그럼에도 불구하고 여기에서 제거해 버리기는 어려울 후설 식의 고전적 관점에서 보면, 과학적 행위 그 자체는 후설이 '이념성(idéalité)'이라고 부른 것, 그리고 선생님께서 이념적인 되풀이 (불)가능성이라는 어떤 되풀이 가능성을 상정하는 것으로 분석하셨던 것에 대한 어떤 경험을 통해서 과잉 규정됩니다. 그런데 설령 알파벳 문자 기록이 그 자체만으로는 과학적 정확성을 설명하지 못하고(저로서는 기수법의 정확성이 철자법[10]의 정확성에 선행한다고 제시했습니다만) 표기법의 양상들을 철저하게 규명하지 못한다 해도, 여전히 이 문자 기록 자체에 의해서 개

---

10 (옮긴이) 여기에서 사용된 orthographique 역시 앞서 말한 대로 스티글레르의 고유한 철학적 관점을 함축하고 있는 표현이지만, 현재의 맥락에서는 '철자법적'으로 옮기는 것이 내용을 이해하는 데 더 적합하다.

방된 어떤 유형의 지향성(이것은 바르트가 사진에 대해서 말한 것에 비교할 수 있을 텐데) 밖에서는 이 이념성의 출현을 인식하기 어렵습니다. 제가 만일 플라톤의 대화편을 읽는다면, 저는 그것을 저의 지향(저는 이 말을 바르트가 사용했던 의미에서 쓰고 있습니다.) 속에 포함시키면서 읽습니다. …… 저는 독자로서 저의 지향 속에다가 말하는 자는 바로 플라톤임을 포함시킵니다. 저는 이 기록된 전송을 '매개'로 해서만이 아니라 이 기록된 전송으로서도 플라톤 자신의 사유에 대한 경험을 갖게 됩니다. 이 것이 바로 기하학의 기원에 대한 후설의 텍스트에 의미를 부여합니다. 세대에서 세대로 기하학적 이념성을 재활성화시킬 뿐만 아니라 이 이념성의 가능성을 되풀이 (불)가능성으로 구성하기도 하는 기록된 어떤 매개물 없이 이해될 수 있는 기하학이란 없습니다. 이를 후설 안에서 보여 주었던 분은 자크 데리다, 바로 선생님이십니다. 그러나 이런 되풀이 (불)가능성이 어떤 유형의 문자 기록에도 다 동일하게 허용되는 건 아닙니다.

바르트가 사진 앞에서 '그것이 – 있었음'을 말할 수 있듯이 여기엔 또한 어떤 '현실 효과'가 있는데, 이것은 기하학적 재활성화에 필수 불가결하고, 후설이 분명하게 말했듯이 정확성을 상정합니다. 기재의 정확성이 문제라는 것도 덧붙여 두겠습니다. 선생님께서 바르트 식의 관점을 약화시키면서 조금 전 하신 말씀은 정당합니다. 틀림없이 바르트 자신도 동의했을 것입니다. 이 현실 효과는 포착되는 것의 진실성에 대한 어떠한 보증도 우리에게 주지 않습니다. 그러나 그걸 바라보는 사람에게 어떤 인증 효과(진실화 효과)를 일으키기는 합니다. 마찬가지로 이효과는 기하학적 직관의 재활성화, [과거의] 기하학자 또는 원형적 기하학자의 생생한 현재적 재활성화가 단지 이후의 기하학자뿐 아니라, 후설이 '의식의 흐름'이라고 명한, 자신의 존재의 시간 속에 있는 기하학자에게도 전달될 수 있도록 작용해야만 합니다. 이것이 없이는, 이념화하는 반성성도 없을 것입니다. 이 때문에 어떤 '정확한' 형식에 따라 정확성과 진실성에 대한, 즉 현존에 대한 어떤 감정을 생산하는 모종의 축적 양식은 모종의 인식 가능성의 형식의 조건일 것입니다. 한편으론 식별력을 길러 주는 문화에 관해서 다른 한편으론 일반적인 이미지에 관해서 우리가 말했던 것 가운데, 이미지란 비록 연속성의 효과를 낳는다 할지라도 완전히 구분되는 것으로 짜인다는 사실이 여기에서 본질적인 요소라고 선생님께서는 생각지 않으십니까? 우리를 '탈구시키는' 앞섬 또는 뒤처짐과 관련해서, 이 구분 작용, 그리고 여기에 따르는 정확성이(예를 들면 1초에 24프레임의 장면 구분을 통해서 운동을 재구성하는 영화 촬영 방법처럼) 새로운 인식 가능성과 재전유 과정의 기반 자체를 효과적으로 획득하게 할 결정적인 요소가 아닐까요?

데리다 그렇군요. 이 점은 의심할 여지가 없어 보입니다. 이는 선생이 인식 가능성이라고 부른 것의 장(場), 지식의 장, 의미 자체의 장을 확장시킵니다. 하지만 그 자체 안에 반대 효과를 받아들이게 됩니다. 말하자면 의미와 인식 가능성은(선생이 '구분되는 것'이라고 불렀던, 구분되는 것의 공간 내기(espacement)를 따라서) 구분 작용 자체의 조건들을 형성하는 것, 즉 공간 내기, 비-의미, 여백, 간격과 같이 이를테면 의미를 비-의미로 둘러싸면서 의미의 경계를 넘어서거나 의미에 균열을 만드는 모든 것을 증식시킴으로써만 확장됩니다. 의미의 기원은 의미를 갖지 않습니다. 이것은 부정적이거나 허무주의적인 언표가 아닙니다. 인식 가능성을 가져다주는 것, 인식 가능성을 증가시키는 것은 인식 가능한 것이 아닙니다. 정의상, 위상학적 구조상 말이지요. 이런 점에서 볼 때, 기술은 인식 가능한 것이 아닙니다. 그렇다고 기술이 비합리성의 원천이라든지, 기술이 비합리적이거나 불투명하다는 의미는 아닙니다. 단지 기술은 정의상, 위치상, 그 자신이 가능하게 만드는 것의 장에 속하지 않을 뿐입니다. 따라서 기계란 근본적으로 인식 가능한 것이 아닙니다. 어쨌든 이 기계가 의미의 전개, 전달, 생산을 가능하게 한다 해도, 그 자체로서, 기계로서의 기계는 의미를 갖지 않습니다. 게다가 이 의미의 부재는 또한 탈인간화, 비전유, 허무주의의 효과들을 낳기 때문에 절망스러울 수도 있습니다. 비 - 의미 그 자체는 부조리하거나 부정적이지도 않지만 또한 긍정적이지도 않습니다.

스티글레르 기계가 의미의 구축에 관여하면 기계는 의미를 구성하게 된다…….

데리다 그렇지요. 그러나 의미를 구성하는 것은 의미를 결여하고 있습니다. 이것이 일반적인 구조입니다. 이성의 기원과 이성의 역사의 기원은 합리적이지 않습니다. 이렇게 말하면 비합리주의라고, 어리석고 말도 안 된다고 비난받습니다. 의미의 기원, 이성의 기원, 법의 기원, 인간성의 기원에 대해서 문제를 제기하는 자는 누구든지 바로 그런 문제를 제기하기 위해 그가 묻고 있는 것 자체의 경계를 이루는 것을 향해 나아가야만 합니다. 즉 물음의 조건은 여전히 그 물음이 묻고 있는 것의 장에 속하지 않기 때문입니다. 물음은 물음이 묻고 있는 것의 장에 속하지 않습니다. 인간이나 이성 등의 주제에 대해 문제를 제기하는 사람들을 비인간적이거나 비합리적이라고 비난하는 것은, 그 자체가 이미 일종의 반사 작용, 즉 완전히 원초적인 어떤 공포를 나타냅니다. 이는 아마도 저항할 수 없는 어떤 강박일 텐데, 이 강박은 원초적이어서 이런 소멸 불가능한 일차적 반응을 보여 줍니다. 만일 이로부터 도출된 귀결, 특히 윤리 - 정치적인 귀결을 따른다면, 이 강박적인 반사 작용은 물음의 죽음, 과학의 죽음, 철학의 죽음으로 인도하게 될 것입니다. 더욱이 바로 이것이 아마도 이 불안한 저항의 시인되지 않은 목적일 것입니다. 선생도 알다시피, 제가 여기에서 말한 것은 추상적인 것들이 아닙니다. 이런 유(類)의 문제들을 제기하는 사람들에 대한 신경질적인 반작용들, 비난들, 고발들의 유형을 보여 주는 많은 예들이 제시될 수 있을 것입니다.

스티글레르 선생님께서는 의미란 것이 어떤 중복(redoublement) 속에서 성립하고, 항상 어떤 비전유 과정 속에(선생님께서는 기술적인 비−의미에 대해서 말씀하셨습니다만) 기입되어 있다는 데 동의하십니까? 우리는 이 대담의 처음부터 전유에 대해서 말하고 있습니다. 기회란 선생님 자신이 '탈전유'라 불렀던 어떤 것, 그러니까, 이것이 제 질문인데요, 중복의 차원에 있을 어떤 것으로 비전유와 전유를 함께 묶어 내는 능력에 있지 않겠습니까?

데리다 선생이 '중복'으로 이해하는 것이 무언지 좀 더 분명히 말해 보세요. 저는 잘 이해하지 못하겠군요.

스티글레르 우리는 조금 전에 기계들이 어떻게 작동하는지는 알지 못해도 기계들을 사용할 수 있다고 말했습니다. 그런데 저는 어떤 기계가 어떻게 작동하는지 전혀 알지 못해도, 그 기계를 사용할 줄 알거나 사용할 줄 모르거나 할 수 있다는 사실에 대해서 주장했습니다. 연주되고 있는 피아노 건반들의 메커니즘을 전혀 알지 못해도, 훌륭한 피아니스트일 수 있습니다. 반대로 이 피아니스트는 악기 제작자를 포함해서 피아니스트가 아닌 사람은 갖지 못한, 이 악기에 대한 도구적 앎을 가지고 있습니다. 피아니스트와 피아니스트가 아닌 사람 모두 메커니즘에 대해서 무지하다 하더라도, 양자가 동일한 상황에 있지는 않습니다. '[피아노를 칠 줄] 아는' 피아니스트는 결국 의미 없는 한 무리의 건반들에 지나지 않는 악기의 상태를 이루는 일종의 비전유를 〔음악적으로 의미 있게〕 '전유했습니다'. 악기 위에서 연주하지 않는 순간, 그것은 어떠한 의미도 갖지 않습니다. 악기는 오직 사용이나 실행인 그 중복 속에서만 자신의 의미를 가집니다.

데리다 선생이 '중복'이란 말로 뭘 말하는지 잘 알겠습니다. '의미'에 대해서 말하기는 매우 어렵습니다. 선생도 알다시피 그것은 매우 다의적인 개념입니다. 다른 모든 단어의 의미를 넘어서면서, 그리고 정확히 말하자면 각각의 단어에게 열려 있는 〔의미의〕 가능성을 축적하기 때문에, 이 '의미'라는 단어는 항상 매우 상이한 맥락들에서 다르게 규정될 수 있습니다. 즉 의미 작용(signification)이나 대상에 대립되는 것으로, 의미가 박탈되어 완전히 무의미한 것(후설이 말했던 sinnlos)에 대립되는 것으로, 불가능하거나 모순적이지만(예를 들면 둥근 사각형처럼) 반의미(widersinnig) 그 자체로 이해되거나 또는 엄밀히 말해 반의미라고 거부되기 위해서는 여전히 자신의 반의미 속에 충분히 의미를 갖고 있어야 하는 것에 대립되는 것 등으로 말입니다. 우리가 지금 이런 식으로 이 개념을 진지하게 다루기에는, 이 개념에 너무 많은 굴곡들이 있습니다.

조심스럽게 다뤄야 한다는 점을 염두에 두고서 저는 간단히 이것만 말하고자 합니다. 누군가에 대한 의미, (여기에서도 누군가에 대한에서 이 누군가를 주체에 대한, 의식에 대한, 인간에 대한, 동물에 대한, ……으로 규정하지 않도록 조심해야 합니다. 그만큼 선결되어야 할 많은 문제들이 있으니까요.) 실존 일반(저는 이 실존을 인간성이나 현존재(Dasein)에 국한시키지 않습니다.)에 대한 의미는, 선생의 말을 따르자면 오직 이 전유 과정이 진행됨에 따라서만 존재합니다. 전유 또는 재전유의 과정. 전자와 마찬가지로 후자도(l'ne comme l'autre) 말이지요. '〔유일하고 독특한〕 이것'이 의미를 갖도록 하기 위해서는, 예를 들어 나는 잠재적일지라도 중복하고 반복할 수 있어야만 하고, 이 되풀이 (불)가능성을 통해서 나 스스로(나 자신의 것으로) 전유할 수 있어야만 합니다. 내가 본 것을 볼 수 있어야만 하고, 나 자신에게 접근시킬 수 있어야만 하며, 정체를 확인하고 인지할 수 있어야만 합니다. 이 말들의 가장 넓은 의미에서 말이지요. 이것들은 가장 넓은 의미에서의 전유 과정들입니다. 이런 조건에서만 의미가 존재합니다. 그러나 같은 이유로, 의미는 오직 이 전유 과정이 미리 곤경에 처해 있거나 궁지에 몰려 있거나 잠재적으로 금지되거나 제한되거나 유한한 한에서만 존재합니다. 의미는 나에게 의존하지 않습니다. 그것은 내가 내 것으로 완전하게 재전유할 수 없는 것입니다. 제가 '탈전유'라고 부른 것은 바로, 내가 의미를 인지하든 그렇지 않든 간에, 그 의미가 내게는 낯설고 초월적인 타자로 남아 있으며 여전히 타자성이 존재하는 그곳에 머물러 있음을 내가 알고 또한 그러기를 욕망하지만, 그러면서도 동시에 그 의미를 내 것으로 전유하기 위해서 그 의미를 향해 나아가는, 그런 이중 운동을 말합니다. 내가 만일 의미를 완전하고 철저하게 그리고 남김없이 내 것으로 재전유할 수 있다면 의미란 존재하지 않을 것입니다. 내가 만일 의미를 절대적으로 내 것으로 전유하고자 하지 않는다면 그 경우에도 역시 의미는 존재하지 않을 것입니다. 따라서 유한한 전유의 운동, 즉 탈전유가 있어야만 합니다.(이 '해야만 한다(il faut)'는 것에 함축되어 있는 '결핍(faillir)'이 일반적인 실존 자체입니다.) 나는 이것이 내 것이기를 원해 '야만 하고', 이는 먹고 마시고 지각하고 애도하는 것에서만큼이나 사랑 관계에서도 유효합니다. 그러나 이것이 내 것이라는 데에, 또는 내가 이를 원한다는 데에 어떤 이로움이 존재하기 위해서는 이것은 충분히 타자로 남아 있어야 합니다. 지향성이란 바로 반복에 의해, 동일화에 의해, 이념화에 의해 이루어지는 하나의 전유 과정입니다. 즉 어떤 대상이든 또는 그 외의 다른 무엇이든 간에 타자를 내 것으로 전유하는 것입니다. 그런데 우선 '나 자신', 이 '나' 자체는 또한 전유하면서 – 전유되는 어떤 자기(ipse)에 의해서 전유되어야만 하는데, 이 자기의 '능력'(자기가 할 수 있음(potis)에 연결되고, 그다음에 환대의 손님(hospes)과 적(hostis)에 연결된다는 사실에 그 흔적이 남아 있는)[11]은 아직 자아성이나 더욱이 의식의 형태는 취하지 않고 있습니다. 그러나 동시에 내가 내 것으로 전유하는 것은 내 바깥에 남아 있어야만 하고, 여전히 어떤 의미를 지닐 정도로 충분히 (나와) 다르게 남아 있어야만 합니다. 애도란 이런 모든 측면들에 속합니다. 일반적으로 의미의 조건이란 바로 유한한 전유, 탈전유입니다. 어떤 무한한 존재에게 의미라는 것은 존재하지 않습니다. 아무것도 자신의 것으로 전유할 수 없거나 모든 것을 자신의 것으로 전유할 수 있는 어떤 존재에게 의미라는 것은 존재하지 않습니다. 의미의 조건은 바로 이런 법칙의 긴장, 가장 일반적인 이 법칙의 이중 법칙(선생이 원한다면 이중 구속)입니다. 바로 이것에 의해서 의미, 실존, 지향성, 욕망에 '접근하는 것'이 가능합니다. 이런 접근이란 오직 거리 두기일 수밖에 없습니다……

---

11 (옮긴이) 환대(hospitalité)는 최근 데리다의 핵심적인 철학 주제 중 하나이다. 데리다는 비교언어학의 고전인 『인도 · 유럽 사회의 제도 · 문화 어휘 연구(*Vocabulaire des institutions indo-européennes*)』에서 에밀 벤베니스트가 '환대'에 대해 수행한 어원 분석에 기대어 이를 자신의 정치 사상의 중심 개념으로 삼고 있다. 벤베니스트의 분석에 따르면 환대라는 단어는 라틴어 hospes를 기저로 하고 있는데, hospes는 host-pet-s로 분해될 수 있고, 둘째 요소 pet는 pot, 즉 '주인'이라는 단어에서 유래하며, 따라서 hospes는 '손님의 주인'이라는 의미를 갖게 된다. 결국 환대는 기저 단어인 hospes의 두 요소, hostis와 potis의 합성에서 유래하는데, 더 분석해 보면 hostis는 '우호적인 손님'과 '악의적인 이방인/적'의 의미를 모두 가지며, 또한 potis는 '자기 자신'과 '할 수 있음/권력', '자기 집의 주인'(즉 chez-soi)의 의미를 함께 내포한다는 것이 밝혀진다.

　이 분석에서 출발하여, 그리고 이를 철학적으로 더 심화시키면서 데리다는 '자체성' 자체가 타자에서 유래하기 때문에, 타자에 대한 절대적 환대는 자기의 (불)가능성의 조건이 되며, 제한적인 환대의 법을 넘어서는 정의의 실행이 된다고 주장한다. 하지만 반대로 자기의 존재, 자체성의 보존은 환대의 가능성의 조건이며, 타자는 항상 손님/적으로 분할되기 때문에, 절대적 환대는 또한 항상 계산과 선별의 노력을 포함해야 한다고 말하고 있다.

스티글레르 이것은 또한 분명 상속의 조건이기도 합니다.

데리다 상속이란 내가 내 것으로 전유할 수 없는, 즉 나에게 돌아오고 내가 책임을 지고 내 몫이 되지만, 내가 절대적인 권리를 갖지는 않는 것입니다. 나는 내가 다시 전달해야만 하는 무언가를 상속받습니다. 기분 나쁘든 그렇지 않든 간에, 상속에 대한 소유권이란 없습니다. 바로 그것이 역설이지요. 나는 항상 어떤 상속의 차용자입니다. 그것의 보관자, 증인 또는 중계자…… 나는 어떠한 상속도 남김없이 내 것으로 전유할 수는 없습니다. 언어에서부터 시작해 보자면…….

스티글레르 선생님께서 말씀하신 것은 하이데거가 『존재와 시간』에서 '죽음에 이르는 존재'라고 부른 것에 대해 많이 생각하게 합니다. 아마도 이것이 그리로 환원되지는 않겠지만 말입니다.

데리다 우리는 지금 제가 이런 유형의 대담에서 처음부터 아주 조금도 언급하려고 하지 않았던 주제를 다루고 있습니다. 저는 여기에 대해서는 차라리 말을 꺼내지 않는 편이 낫다고 봅니다. 그만큼 이 주제는 복잡하고 무겁고, 그만큼 역사들과 개념들, 텍스트들을 함축하기 때문입니다. 저는 이것이 일반적으로 텔레비전에는 안 맞는다고 말하는 것이 아닙니다. 그러나 만일 선생이 하이데거의 그 텍스트를 참조하면서 죽음에 이르는 존재에 대해서 진지하게 말하기를 원한다면, 저는 텔레비전에 20시간을 요구할 것입니다. 이 경우 텔레비전을 20시간 동안 시청할 사람들은 이미 많은 것들을 읽은 사람들일 것입니다. 이렇게 하고 나서야 어떤 '의미' 있는 것, 어느 정도의 필연성이나 적합성을 갖고 있는 것에 대해서 말할 수 있습니다. 그렇게 하지 않는다면 시도할 필요조차도 없지요. 텔레비전 자체에 반대해서가 아니라, 오늘날의 텔레비전 상태에 반대해서, 예를 들어 『존재와 시간』 같은 텍스트는 텔레비전에서 토론할 수 없다고 말해야만 하는 것입니다. 제가 이 예를 들고 있긴 하지만, 이는 또한 오늘날 텔레비전에서 예리하게 또는 적절하게 말하기가 불가능한 다른 많은 것들에도 관련되어 있습니다! 이것은 텔레비전을 거부하는 것이 아니라, 텔레비전을 변화시켜야만 한다고, 그 시공간들을 모두 변화시켜야만 한다고(이는 천천히 도래합니다, 이는 차츰차츰 이루어지고 있습니다.) 말하는 것입니다. 아마도 언젠가는 훨씬 더 많은 것을 텔레비전에서 할 수 있으리라고 기대합니다.

음성 기록

유령 기록[1]

스티글레르 그럼에도 불구하고 저는 죽음의 문제를 검토하고 싶습 니다. 『존재와 시간』을 직접적이거나 명시적으로 언급하든 안 하든 간 에(적어도 거쳐는 가야 한다고 말해 두어야 할 것 같습니다.) 바르트가 사진 의 지향성에 관한 분석을 나르시시즘과 애도의 문제 속에 기입하고 있 는 한에서는 말입니다. 엄밀하게 기술적인 차원에서의 사진에 대한 경 험은 나르시시즘에 근본적인 영향을 끼쳤을 것입니다. 우리가 바르트 에 관해 많은 얘길 나누었지만 제가 바르트를 인용하고 싶은 이유는 이 어서 바로 선생님을 인용하고 싶기 때문입니다. 그것도 어떤 책과 관 련해서가 아니라, 선생님께서 자신 그대로의 역할을 맡아서 연기했고 또 거기에서 영화와 환영들에 관한 많은 것들을 표명하셨던 어떤 영화 (「유령 춤(Ghostdance)」[2])와 관련해서 말입니다. 환영과 유령에 관한 주 제는 선생님의 마르크스에 관한 책에서 핵심적이지만, 사실 이미 아주

---

1 (옮긴이) spectrographies의 사전적 의미는 '분광사진술'이지만, 여기에서는 유령의 효 과를 낳는 기록 보관의 양상을 나타내고 있으므로 '유령 기록'으로 번역하기로 한다.
2 「유령 춤」은 1982년에 켄 맥멀렌(Ken McMullen)이 촬영한 영화로, 파스칼 오지에(P. Ogier)와 데리다가 함께 참여했다.

암살 미수범 루이스 페인의 초상 사진(롤랑 바르트의『밝은 방』에서 발췌)

어떤 별에서 출발하여 그 별이 소멸된 다음에야 뒤늦게 지구에 도착하는 광선들처럼 죽은 사람의 사진은 나에게 와서 닿는다. 일종의 탯줄과 같은 끈이 사진 찍힌 대상의 몸과 나의 시선을 연결한다. 비록 감촉할 수는 없다 해도, 빛은 여기에서 어떤 물리적 매개물, 사진 찍혔던 대상과 내가 분유하는 어떤 살갗이다.

— 롤랑 바르트

오래전부터 선생님의 작업에서 지속되어 왔고 선생님의 작업이 끊임없이 다시 돌아갔던 주제입니다. 롤랑 바르트는 『밝은 방』에서 이렇게 썼습니다. "내가 '사진의 지시체'라고 부르는 것은, 하나의 이미지[3]나 기호가 가리키는 임의의 현실적 사물이 아니라, 렌즈 앞에 있었던, 즉 그것이 없었더라면 사진이라는 것도 없었을, 필연적으로 현실적인 사물이다. 그림이란 현실을 보지 않고서도 가장할 수 있다." 그리고 조금 더 뒤에 가서 이렇게 덧붙입니다. "사진을 보면 그 사물이 거기에 있었음을 결코 부인할 수 없다. 사진에는 과거와 현실이 결합된 이중적인 상황이 있다. …… 사진은 문자 그대로 지시체의 발현이다. 거기에 있었던 현실적인 물체로부터 지금 여기에 있는 나, 나에게 와서 닿는 가시광선이 출발했다. 전달되기까지의 시간은 별로 중요하지 않다. 어떤 별에서 출발하여 그 별이 소멸된 다음에야 뒤늦게 지구에 도착하는 광선들처럼 죽은 사람의 사진은 나에게 와서 닿는다. 일종의 탯줄과 같은 끈이 사진 찍힌 대상의 몸과 나의 시선을 연결한다. 비록 감촉할 수는 없다 하더라도, 빛은 여기에서 어떤 물리적 매개물, 사진 찍혔던 대상과 내가 분유하는 어떤 살갗이다. 예전의 그 사물은 자신의 직접적인 가시광선을 통해서, 자신의 빛들을 통해서 자신이 내 시선에 와서 닿는 바로 그 표면에 실제로 접해 있었다."[4]

이 구절들을 주해하면서, 선생님께서는 "사진의 현대적 가능성, 그것은 바로 동일한 체계 안에서 죽음과 지시체를 결합하는 것이다."[5]

---

3 (옮긴이) 여기에서 말하는 이미지는 (바르트의 글에서뿐만 아니라 이 글에서도) 주로 사진, 영화, 텔레비전처럼 빛의 흔적을 전기적, 화학적, 전자적 방식으로 고정시켜 만들어 낸 이미지를 의미하고 있다. 즉 광선의 굴절 또는 반사에 의하여 물체의 상이 비추어진 것을 말하는 '영상'의 의미이다.

4 R. Barthes, *La Chambre claire*, Les Cahiers du cinéma(Gallimard, Seuil, 1979).

5 J. Derrida, *Psyché, Inventions de l'autre*(Galilée, 1987) 중에서 "Les morts de Roland Barthes" 참조.

롤랑 바르트

내가 "사진의 지시체"라고 부르는 것은, 하나의 이미지나 기호가 가리키는 임의의 현실적 사물이 아니라, 렌즈 앞에 있었던, 즉 그것이 없었더라면 사진이라는 것도 없었을, 필연적으로 현실적인 사물이다. …… 사진을 보면 그 사물이 거기에 있었음을 결코 부인할 수 없다. 사진에는 과거와 현실이 결합된 이중적인 상황이 있다. 사진은 문자 그대로 지시체의 발현이다.
—롤랑 바르트

라고 쓰셨습니다. 선생님께서는 이미 이 주해에서 '유령 효과(effet fantomatique)'를 말씀하셨고, 그것은 바르트 자신이 분명하게 드러냈던 것입니다.[6] 선생님께서 자신 그대로의 역할을 연기했던 그 영화에서, 선생님은 상대역인 파스칼 오지에에게 이렇게 말씀하셨지요. "어떤 환영에 사로잡혀 있다는 것은, 결코 현재로는 체험하지 못했던 것에 대한 기억, 사실상 결코 현존의 형태를 취할 수 없었던 것에 대한 기억을 갖는 것입니다. 영화란 일종의 '환영의 싸움(fantomachie)'입니다. 환영들이 돌아오게 합시다. 영화에 정신 분석을 더한 것, 그것이 환영학(유령학)을 보여 줍니다. 현대 기술은 과학적이지만 이런 겉보기와는 반대로 환영들의 힘을 현저하게 증대시키고 있습니다. 장래는 환영들의 것입니다." 이 "장래는 환영들의 것입니다."란 표현을 부연 설명해 주실 수 있겠습니까?

데리다 바르트가 사진의 경험에서 이런 접촉의 중요성에 대해 말했을 때, 이것은 이미지들과 영화, 텔레비전을 향하고 있는 시선뿐만 아니라 유령성에서도 박탈된 것이 바로 촉각적 감각이기 때문입니다. 접촉하고 싶은 욕망, 촉각적인 효과나 정서는, 따라서 좌절 그 자체에 의해서 폭력적으로 호출되며, 촉각의 부재에 사로잡혀(귀신 들려) 있는 곳들로 망령처럼 되돌아오도록 호출됩니다. 사로잡힘을 가리키는 거의 비슷한 낱말들 가운데에서 유령이란 말은 망령이란 말과 달리, 볼 수 있는 어떤 것을 말합니다. 유령이란 우선 가시적인 것입니다. 그러나 그것은 비가시적인 가시적인 것, 즉 살과 뼈로 현존하지 않는 어떤 육체의 가시성입니다. 이것은 자신을 드러내 주는 그 직관을 거부합니다. 이것은 만질 수 있는 것이 아닙니다. 환영(fantôme)이란 말은 파이네스타

---

6 *La Désorientation*(*op. cit.*) 1장에서 이 해석에 대한 한 해석을 볼 수 있을 것이다.

이(자기 자신을 드러내기, phainesthai), 눈앞에 나타나기, 백일하에 드러나기, 현상성을 똑같이 가리킵니다. 유령성, 환영성과 함께(반드시 망령과 함께는 아닙니다.) 일어나는 것은 이처럼 유사 – 가시적인 것이 되었기 때문에, 우리가 이를 살과 뼈를 가진 것으로 보지 않는 한에서만 볼 수 있게 됩니다. 이것은 밤의 가시성입니다. 이미지에 관한 기술이 존재하자마자 가시성은 밤을 품게 됩니다. 가시성은 밤의 신체 속에서 구현되고, 밤의 빛을 사방으로 퍼뜨립니다. 곧 있으면, 이 방 안으로 밤이 내려와 우리를 뒤덮을 것입니다. 설령 그렇지 않다 해도, 낮의 빛을 전혀 필요로 하지 않는 조명 장비들에 의해서 우리가 포착되고 있는 이상 우리는 이미 밤 속에 있는 겁니다. 우리는 이미 '텔레비제'의 유령들입니다. 사람들이 '촬영'하고 있는 이미지가 기록되고 있는 이 밤의 공간 속에서, 우리의 이미지, 이는 이미 밤입니다. 다른 한편, 우리가 알고 있듯이 한번 촬영되고 나면, 일단 포착되고 나면 이 이미지는 우리 없이도 재생될 수 있을 것입니다. 우리가 이미 그것을 알고 있듯이 우리는 우리의 죽음을 품고 있는 이 장래에 이미 사로잡혀(귀신 들려) 있습니다. 우리의 사라짐(죽음)이 이미 거기에 있습니다. 우리는 이 사라짐 때문에 이미 두려움에 사로잡혀 있습니다. 마술적인 다른 '출현', 진짜 말그대로 기적적인 유령 같은 '재 – 출현'을 미리 허용하고 또 감추는 바로 이 사라짐 때문에 말입니다. 시선에만 존재하는 이 사물(chose du regard)은 믿을 수 없을 만큼 감탄스러워서, 오로지 기술 자체가 불러일으킨 믿음 덕분에만, 기술적 조작에 관한 우리의 본질적인 무능력에 의해서만 믿을 수 있습니다.(왜냐하면 우리가 그것(ça)이 어떻게 작동하는지 알고 있다 해도 우리의 얇은, 기술적인 효력, 즉 '그것이 작동한다'는 사실을 우리가 인정하게 만드는 직접적인 지각과 어떠한 공통 척도도 가질 수 없기 때문입니다. 우리는 '그것이 작동한다'는 것을 보지만, 비록 우리가 그것을 안다 할지라도, 우리는 어떻게 '그것이 작동하는지' 보지는 못합니다. 즉 여기에서 본다는 것과 안다는 것은 공약 불가능합니다.) 바로 이것이 우리의 경험을 아주 이상하게 만듭니다. 사전에 이미 우리는 촬영을 통해서 유령이 되어 있고, 유령성에 사로잡혀 있습니다.

감히 말하자면 이 유령의 논리가 항상 저를 사로잡고 있었던 이유는, 이것이 볼 수 있는 것과 볼 수 없는 것, 감각할 수 있는 것과 감각할 수 없는 것 사이의 모든 대립들을 일정한 방식으로 초과하고 있기 때문입니다. 유령이란 볼 수 있으면서 동시에 볼 수 없는 것, 현상하면서 동시에 현상하지 않는 것입니다. 즉 현재를 현재의 부재로 미리 표시하는 흔적인 것입니다. 유령의 논리는 사실상 해체의 논리입니다. 이것은 귀신 들림의 구성 요소이고, 바로 여기에서 해체는 생생한 현재의 한복판에서, 철학적인 것의 가장 생생한 박동 속에서 가장 환대할 만한 자신의 장소를 발견합니다. 일정한 방식으로 유령성을 산출하는 애도 작업과 마찬가지로, 아니 유령성에서 산출된 모든 작업과 마찬가지로 말이지요.

「유령 춤」의 경험을 되돌아보면, 제가 줄곧 즉흥적으로 말했던 이 표현에 대해선 유감스럽게 생각합니다.(선생이 인용했던 장면은 즉흥적이었습니다.) 이것은 영국 영화인인 켄 맥멀렌과 함께 한 아주 독특한 경험이었기 때문에 저는 이를 쉽게 기억해 낼 수 있습니다. 우리는 아침에 셀렉트(Sélect)라는 바에서 1시간 동안 1분짜리 장면을 연기했는데, 이를 기진맥진할 때까지 반복하고 반복하고 반복했습니다. 그러고 나서 오후에는 제 사무실에서 매우 긴, 전혀 다른 장면을 반대로 완전히 즉흥적으로 만들었는데, 켄 맥멀렌은 이를 거의 전부 지켜보기만 했습니다. 바로 여기에서 선생이 인용했던 대화가 나옵니다. 그러니까 저는 "정신분석학 더하기 영화는 …… 환영학(science des fantômes)입니다."라는 말을 즉흥적으로 했던 것입니다. 어쨌든 이 〔과〕학이라는 말이 즉흥성을 넘어 반성의 차원에서까지 유지될 수 있을지는 모르겠습니다. 왜냐하면 과학이라는 말은 환영과 관계되자마자, 과학성 일반은 아니더라도 적어도 매우 오랫동안 과학성을 현실적인 것과 객관적인 것에 맞추어 규제해 온 것, 엄밀하게 말해서 환영이 아니거나 환영이어서는 안되는 것의 경계를 넘어서는 어떤 것이 되기 때문입니다. 사람들은 과학의 과학성이라는 이름 아래 환영들을 내쫓거나 반계몽주의, 강신론, 말하자면 유령들과 귀신 들림을 다루었던 모든 것을 비난해 왔습니다. 이런 주제에 대해서도 할 말이 많이 있을 것입니다.

발현에 관해서 그리고 선생이 인용했던 롤랑 바르트의 매우 아름다운 텍스트에 관해서, 그가 말한 것을 문제 삼기보다, 저는 차라리 이 영화 「유령 춤」과 더불어 일어났던 일을 얘기하고 싶습니다. 그 장면을 파스칼 오지에와 함께 만들었는데, 그녀는 제 사무실에서 제 앞에 있었고, 촬영의 막간을 이용해서 영화 용어로 시선―맞추기(eye-line)라 부르는 것, 즉 [상대방의] 눈에 비친 [자기] 눈을 바라보는 행동을 저에게 가르쳐 주었지요.(우리는 감독이 요구하는 대로, 눈에 비친 눈을 서로 바라보면서, 꽤 길게, 몇 시간 정도는 아니지만 수십 분을 그렇게 흘려보냈습니다. 이것은 낯설고 비현실적인 강렬한 경험입니다. 두 배우들 간의 연기가 아무리 허구적이고 '직업적인' 것이라 하더라도, 이 시선―맞추기의 경험이 길어지고 열정적으로 반복될 경우를 상상해 보십시오.) 그녀가 이것을 제게 가르치고 난 이후에, 제가 선생이 인용했던 대강의 말을 한 이후에, 그녀에게 "그러면 당신은 환영들을 믿습니까." 하고 물어야 했습니다. 이것이 감독이 제게 요구했던 유일한 것입니다. 즉흥 연기가 끝나 갈 무렵에 그녀에게 "그러면 당신은 환영들을 믿습니까." 하고 말해야 했지요. 감독의 요구에 따라, 제가 이 말을 최소한 서른 번은 되풀이할 때마다, 그녀는 짤막하게 "그래요, 지금은 그래요." 하고 말했습니다. 따라서 촬영 중에 이미, 그녀는 적어도 서른 번은 이 말을 반복했습니다. 이미 이 상황은 약간 낯설고 유령 같았고, 뭔가 어긋나고 정상적이지 않았습니다. 이런 일

유령 기록

파스칼 오지에(켄 맥멀렌의 「유령 춤」의 한 장면)

마치 제 눈을 응시하는 것처럼, 커다란 화면 위에서 그녀는 여전히 제게 말했습니다. "그래요, 지금은, 그래요." 어떤 지금? 수년 뒤 텍사스에서 저는 그녀의 유령의 복귀에, 그녀가 말한 유령의 유령이 되돌아와 지금 여기 있는 저에게 말하는 것에 아연할 수밖에 없었습니다. "지금…… 지금…… 지금, 다른 대륙의 이 어두운 방 안에서, 다른 세상에서, 바로 여기에서, 지금, 그래요, 나는 믿어요, 나는 환영들을 믿어요."
—데리다

이 그때 이미 여러 번 일어났던 것입니다. 그러나 2, 3년 후에, 그사이에 파스칼 오지에가 죽었는데, 저와 함께 이 영화에 대해서 말하고 싶어한 학생들 때문에 미국에서 이 영화를 보았을 때, 제 경험이 어땠을지 상상해 보세요. 저는 갑자기 화면 위에 나타나는 파스칼의 얼굴을 보았습니다. 제가 고인(故人)의 얼굴이라고 알고 있었던 바로 그 얼굴 말입니다. 그녀는 "당신은 환영들을 믿습니까."라는 제 질문에 대답했습니다. 마치 제 눈을 응시하는 것처럼, 커다란 화면 위에서 그녀는 여전히 제게 말했습니다. "그래요, 지금은, 그래요." 어떤 지금? 수년 뒤 텍사스에서 저는 그녀의 유령의 복귀에, 그녀가 말한 유령의 유령이 되돌아와 지금 여기에 있는 저에게 말하는 것에 아연할 수밖에 없었습니다. "지금…… 지금…… 지금, 다른 대륙의 이 어두운 방 안에서, 다른 세상에서, 바로 여기에서, 지금, 그래요, 나는 믿어요, 나는 환영들을 믿어요."

그러나 파스칼이 처음으로 이 말을 했을 때, 제 사무실에서 그녀가 이 말을 처음으로 반복했을 때 이미, 그와 동시에 이미 이 유령성이 작동하기 시작했음을 저는 알고 있습니다. 그녀는 이미 존재했었고, 그녀는 이미 이 말을 했었고, 우리가 알고 있는 것처럼 그녀도 역시, 만약 그녀가 그사이에 죽지 않았다 하더라도, 언젠가 '나는 죽어 있다.'라거나 '나는 죽어 있다, 나는 내가 있는 어디에서든 내가 무엇을 말하는지 알고 있다, 그리고 나는 너를 바라보고 있다.'라고 말할 것은 바로 죽은 자〔유령이 된 파스칼 오지에〕임을 알고 있었습니다. 그리고 이 시선은 비대칭적이었습니다. 모든 가능한 〔시선의〕 교환을 넘어서 교환되는, 시선 - 맞추기 없는 시선 - 맞추기, 즉 무한한 밤의 어둠 속에서 타자, 자신의 타자, 자신의 상대자, 교차되는 다른 시선을 찾고 고정시키는 어떤 시선의 시선 - 맞추기로 말이지요.

그라디바[7]가 한 말을 생각해 보세요. "오랫동안, 나는 죽어 있는 데 익숙해져 있다."

이것이 바로 상속에 대해 말하면서 조금 전에 제가 말하고 싶었던 것입니다. 상속에는 항상 제가 마르크스에 관한 작은 책에서 '면갑 효과(l'effet de visière)'라고 이름 붙였던 그런 경험이 들어 있습니다. 즉 환영이 우리를 바라본다는 것이지요. 유령이란 단지 그 되돌아옴을 우리가 보게 되는 어떤 것이 아니라, 우리를 보고 관찰하고 감시한다고 우리 스스로가 느끼는 그런 것입니다. 법처럼 말이지요. 우리는 '법 앞에' 있습니다.[8] 대칭적인 균형도 잡을 수 없고 상호성조차도 없는 관계로 말입니다. 여기에서 타자는 오직 우리만을, 그와 시선조차 마주치지 못하고 지켜보는(마치 우리가 법을 지키고 존중하는 것처럼) 우리만을 바라보고 있습니다. 이로부터 (법과 '법 앞에' 있는 자 사이의) 비대칭성과 법의 타율적인 형상이 비롯됩니다. 전적인 타자(죽은 자란 바로 전적인 타자입니다.)는 나를 바라봅니다. 어떤 부탁이나 명령, 한없는 질문으로 나에게 말 걸면서, 그러나 내 말에 대답하지는 않으면서 나를 바라봅니다. 바로 이것이 나에게 법이 됩니다. 따라서 법은 나를 바라봅니다. 나에게 관심을 가집니다. 나에게만 말을 겁니다. 내가 그나 그녀와 어떤 시선도 교

---

7 (옮긴이) 그라디바(Gradiva)는 독일의 소설가인 빌헬름 옌젠(Wilhelm Jensen, 1837~1911)의 소설 『그라디바』에 나오는 여주인공, 보다 정확히 말하자면 부조로 조각되어 있는 여인상의 이름이다. 프로이트는 「빌헬름 옌젠의 『그라디바』에 나타난 망상과 꿈」(1906)에서 이 소설을 자세히 분석했다.

8 (옮긴이) 이는 카프카의 단편 「법 앞에(Vor dem Gesetz)」의 제목이자, 이를 분석하고 있는 데리다의 논문 "Préugés: Devant la loi", Derrida et al., La facultéde juger(Minuit, 1985)의 제목이기도 하다. '법 앞에 있음(être-devant- loi)'은 데리다에게서 유한자의 일반적인 존재론적 상황을 표현하는 어구이다. 데리다가 최근 들어 카프카의 단편을 분석한 이전의 글이나 『법의 힘』의 논의를 더 일반화하면서 법-앞에-있음을 '타자와의 비대칭적 관계'로 일반화하고 있기 때문이다. 따라서 (이전에도 마찬가지였지만 특히 최근 저작들에서) 데리다가 말하고 있는 법은 경험적, 법률적 의미에 국한되는 것이 아니라, 매우 일반적인 의미를 지님을 염두에 둘 필요가 있다.

환할 수 없기 때문에 한없이 보편적으로 나를 초과하면서 말이지요.

『햄릿』에는 '면갑 효과'라는 것이 나타나고 있습니다. 제가 〔『마르크스의 유령들』에서〕 이렇게 이름 붙인 것은, 올려져 있든 내려져 있든 왕의 투구, 즉 햄릿 아버지가 쓰고 있는 투구는 햄릿 아버지가 자신의 시선은 보여 주지 않으면서 자신은 볼 수 있다는 점을 상기시키고 있기 때문입니다. 햄릿이 자기 아버지를 목격한 증인들인 마르셀러스와 호레이쇼가 자기 아버지의 눈을 보았는지를 무척 알고 싶어서 조바심을 치는 장면이 있습니다. 그의 면갑이 올려져 있었는가? 대답은 "예, 그의 투구는 올려져 있었습니다."이지만, 그 투구가 내려져 있었어도 상관은 없습니다. 면갑이 있다는 사실 자체가, 나를 바라보는 그 누군가를 나는 보지 못한다는, 내가 타자의 시선 아래 있지만 그 시선과 마주칠 수 없다는 바로 그런 상황을 상징하고 있습니다. 유령이란 단순히 내가 볼 수 있는 비가시적인 가시적인 것이 아니라, 일체의 상호성 없이 나를 바라보는 누군가인 것입니다. 바로 이런 누군가가 법을 만들고 여기에서 나는 맹목적으로, 이런 상황에 의해서 맹목적인 채로 있는 것입니다. 유령은 절대적인 볼 권리를 행사합니다. 아니 유령이 볼 권리 자체인 것입니다.

내가 상속인인 것은 이 때문입니다. 타자와 (시선조차도) 교환하지 못한 채 그에게 복종해야 하는, 그 앞에 있는 내 앞에서 그는 나보다 먼저 있습니다. 아버지는 '앞에〔해야 할 의무가〕'[9] 있거나 갚아야 할 빚이 있는 나보다 먼저 있습니다. 나를 바라보는 그는 나보다 먼저 있습니다. 모두의 앞에 있는 그, 그 앞에 있는 나 앞에 나보다 먼저 그 선행자는 거기에 도착해 있습니다. 이것이 바로 법의 계보학의 법〔칙〕, 환원

---

9 (옮긴이) devant은 '앞에, 면전에, 앞으로'를 뜻하는 전치사이면서 '해야만 한다'는 의무의 뜻을 나타내는 devoir 동사의 현재 분사로서 '해야만 하는'을 뜻하기도 한다. 여기에서 devant이 강조된 것은 이 두 가지 의미를 다 함축하고자 하는 것으로 보인다.

불가능한 세대의 차이입니다. 내가 어떤 시선을 교환하거나 교차시킬 수 없게 되는 순간, 나는 나보다 먼저 있는 타자와 관련을 맺게 됩니다. 절대적인 자율성이란 이미 더 이상 가능하지 않습니다. 내가 눈으로 바라볼 수 없는 그 타자의 부재 때문에 나는 빚을 갚을 수도 없고 돌려주거나 교환할 수도 없습니다. 설령 내가 그렇게 하거나 그렇게 한다고 믿는다 해도, 보는 자와 보일 수 있는 것은 타자의 눈 속에서 서로 섞이지 않고 (한 세대에서 다른 세대로) 계승되거나 교대될 수 있을 뿐입니다. 나는 타자의 눈을 보는 자이면서 동시에 보일 수 있는 것으로서 볼 수는 없습니다.

이 때문에 내가 타율적인 것입니다. 그렇다고 내가 자유롭지 않다는 것은 아닙니다. 오히려 바로 이것이 자유의 조건입니다. 나의 자유는 타자의 시선 아래, 타자의 감독 아래 있는 타율성에서 생기는 이러한 책임의 조건에서 비롯됩니다. 이 시선이 바로 유령성 자체입니다.

우리가 여기에서 이미지, 원격 기술, 텔레비전 화면, 기록 등의 이름으로 말한 모든 것에서, 사람들은 어느 정도는 마치 이 모든 것을 연극적으로 표현된 것으로 보려는 경향이 있습니다. 우리가 보는 것들, 우리가 보는 일련의 대상들, 우리 앞에 펼쳐져 있는 광경들, 우리가 (임의로) 설치할 수 있을 장치들, 극단적으로는 우리 스스로 미리-기록했거나 규정했을 어떤 '프롬프터'까지도 있는 것처럼 말이지요. 그런데 유령들이 있는 곳 어디에서나 우리는 주시되고 있고, 우리는 그렇게 느끼거나 믿습니다.[10] 이러한 비대칭성이 모든 것을 복잡하게 만듭니다. 법, 명령, 규율, 수행문(le perfor-matif)이 이론적인 것, 서술문(le constatif), 지

---

10 (옮긴이) 사람들이 이미지, 원격 기술, 텔레비전 등을 '연극적으로 표현된 것'으로 보려는 경향을 가진다는 말은 사람들이 이것들을 주체인 우리 자신에 의해 고안되고 장치되고 작동되는 것으로 간주한다는 의미이다. 반면 데리다가 보기에 이미지, 원격 기술, 텔레비전, 기록 등에서 드러나는 것은 '유령의 논리'이며, 따라서 특히 영상 매체, 원격 기술 시대에는 유령-타자와의 비대칭적-수행적 관계가 중요해진다.

식, 계산, 프로그램할 수 있는 것보다 우세합니다.

이런 식으로 저는 바르트가 '발현'이라고 불렀던 것을 이해하고자 했습니다. 나를 포착하고 둘러싸고 사로잡고 감싸고 있는 빛의 흐름, 이것은 빛의 방사가 아니라 어떤 가능한 시각의 원천입니다. 즉 타자의 시점의 원천이지요. 만일 '현실 효과'가 불가피하다면, 이는 단지 분해할 수 없는 혹은 합성할 수 없는 현실, 거기에 있었던 어떤 '것'이 있기 때문이 아니라, 타자가 있기 때문에, 나를 바라보고 있는 타자가 있기 때문입니다. 이 어떤 것은 그것 앞에 있는 나, 이 나를 앞서가면서 내 앞에, 나보다 먼저 거기에 이미 있었던 타자입니다. 이것은 나의 법입니다. 저는 사진 찍힌 것이 어떤 얼굴이나 시선일 때 훨씬 더 '현실'감을 느낍니다. 어떤 점에서는 산이 그에 못지않게 '현실'적일 수도 있을 텐데 말이지요. 이 '현실 효과'는 세계의 다른 기원의 환원 불가능한 타자성에서 비롯됩니다. 즉 이는 세계의 다른 기원입니다. 제가 여기에서 시선이라고 부르는 것, 타자의 시선은 단순히 이미지들을 지각하는 또 다른 기계가 아닙니다. 이것은 다른 세계, 현상성의 다른 원천, 출현의 또 다른 영점(출발점)입니다.

스티글레르 독특성을 말하시는군요.

데리다 그렇지요. 그러나 이것은 단지 독특성의 어떤 한 지점이 아니라 거기에 입각해서 어떤 한 세계가 개시되는 그런 독특성입니다. 죽은 자인 타자는 그에게 어떤 세계가 열려 있었던, 즉 경험들의 무한한 또는 무한정한 가능성이 열려 있었던 그런 누군가였습니다. 이는 어떤 개시입니다. 유한하면서 – 무한한, 무한히 유한한. 파스칼 오지에는 보았으며, 보게 될 것이고, 보아 왔습니다. 그녀에게는 어떤 세계가 있었습니다. 이 다른 기원, 내가 재전유할 수 없는 여기에서부터, 내가 보이는 무한히 다른 이 장소에서부터, 오늘날까지 여전히 이것은 나를 바라보고 나에게 대답하기를 또는 책임질 수 있기를 요구합니다. '현실'이란 말은 이런 맥락에서 환원될 수 없는 타자의 독특성을 의미합니다. 이 독특성이 어떤 세계를 개방하고 또 이 독특성을 위해 항상 어떤 세계가 있게 될 것인 한 말입니다.

이 문제를 유령성의 문제와 연결시키고 싶으니까, 세계의 다른 기원이나 다른 시선, 타자의 시선에 대한 우리의 관계는 유령성을 함축한다는 점을 분명히 말해 둡시다. 타자의 타자성에 대한 존경은 망령에 대한 존경, 그러니까 비-생명체에 대한, 아마도 살아 있지 않은 것에 대한 존경을 암시합니다. 유령은 죽지는 않았지만, 살아 있지도 않은 것입니다. 제가『마르크스의 유령들』이라는 작은 책에서 어떻게 '사는 법을 배우는가' 그리고 이것이 무엇을 의미할 수 있는가를 자문했을 때, 저는 바로 이 점에서부터 시작하고자 했습니다. 더 이상 생명이 없는 것 또는 아직 생명이 없는 것에 대한, 단순히 현존해 있지 않은 것에 대한 충실성이나 약속의 관계가 없다면, 존경도, 따라서 정의도 가능하지 않습니다. 이 유령에 대한 서약이 없다면 정의에 대한 요구도 책임도 존재하지 않을 것입니다. 한마디로 서약 자체가 없을 것입니다. 누군가가 내게 이 '유령(spectre)'이란 단어가 '존경(respect)'이란 단어의 완벽한 철자 바꾸기임을 알려 주었습니다. 그 이후에 저는 우연히 다른 단어도 역시 그 단어의 완벽한 철자 바꾸기임을 발견했는데, 그게 바로 '왕권(sceptre)'이었습니다. 존경, 유령, 왕권 이 세 단어들은 어떤 공동 형상을 이루고 있는데, 당연히 이에 대해서 많은 것을 이야기할 수 있을 것입니다. 존경이란 것은 나타나지 않으면서 나타나는, 그리고 유령으로서 나를 바라보는 타자의 법에서 비롯합니다. 그런데 져야 할 의무도 없고 갚아야 할 빚도 없는데 의무를 명령하는, 정언명법조차도 넘어서는 무조건적인 이 권위는, 왜 여전히 왕의 유령적인 팔루스(phallus)

에 의해서, 부성적 왕권에 의해서, 손가락 하나 눈짓 하나에도 복종해야 하는 어떤 특권에 의해서 형상화되는 것일까요? 팔루스가 남근과 관련이 있다면 왕권은 손가락과 관련이 있을 것입니다. 이 주물(呪物)적인[11] 유령성이 성의 정체성, 아버지의 남성성을 동요시키는 데 충분했을까요? 이런 것들이 남겨진 문제입니다. 어쨌든(모든 경우에서, en tout cas) 이것은 호기(cas)이고 만기(滿期)의 도래(échéance)이기 때문에 여기에 하나의 기회(chance)가 존재합니다. 이 세 단어들이 똑같은 철자들로 구성된다는 사실 말이지요. 이 기회는, 선생이 말한 것처럼, 오직 알파벳 문자 기록에 의해서만, 독특한 한 언어 안에서만 발생합니다.

스티글레르 선생님께서 조금 전에 지적하셨듯이, 바르트는 촉감을 언급했습니다. 그는 촉감에서 분명히 많은 모티프들을 발견했지만, 틀림없이 여기에서는 특히 그 효과의 기술적 특성을 강조하기 위해서였습니다. 그는 기계적, 화학적, 광학적 차원에서 사진의 기능을 분석합니다.

데리다 촉각을 제외한 모든 감각이 어떤 대체물로 보충될 수 있다는 인상을 보통 갖게 되는데, 이는 옹호되기 힘든 어떤 느낌에 지나지 않습니다. 내가 보는 것은 대체될 수 있지만, 내가 접촉하는 것은 그럴 수 없

---

11 (옮긴이) fétichisme과 féichique는 우리말로 번역하기 아주 어려운 개념인데, 이 개념이 여러 이론 분야에서 상이한 함의를 갖고 있기 때문이다. 즉 이 개념은 인류학에서 자연적 대상(돌, 나무, 동물 등)에 모종의 초자연적 영력이 들어 있다는 믿음 및 이 자연적 대상에 대한 숭배 행위를 의미하는 반면, 역사유물론에서는 "인간들 사이의 규정된 사회적 관계가 사물들 사이의 관계라는 환상적인 모습"을 띠고 나타나는 것(『자본』)을 가리키고, 또한 정신분석학에서는 신체의 일부나 여기에 결부되어 있는 사물들로 성욕이 경도됨을 의미한다. 그래서 이 개념은 각각의 분야에서 '사물 숭배'나 '주물 숭배', '물신 숭배', '절편음란증' 등으로 다양하게 번역되고 있다. 그러나 데리다가 이 개념을 자신의 유령론의 문제 설정과 결부시켜 사용하고 있기 때문에, 이 책에서는 이 개념의 원래 유래(사물 안에 들어 있는 초자연적 힘에 대한 믿음)를 고려하여 '주물 숭배', '주물 숭배적' 등으로 번역하는 것이 적합하다.

유령 기록

다는, 착각이든 아니든 촉각은 대체 불가능성을 보장한다는, 따라서 사물 자체를 그 유일성 속에서 접하게 한다는 느낌을 갖는 것이지요.

스티글레르 바르트가 말한 것은(예를 들어 나다르(Nadar)가 찍은 보들레르의 초상을 본다면) 내가 어떤 사진을 볼 수 있기 위해서는, 그리고 현실 효과가 존재하기 위해서는, 실제로 나다르가 촬영한 보들레르의 얼굴에서 나온 광선들이 사진의 감광판에 접촉했어야 하고, 그 감광판은 복사되었어야 하며, 따라서 빛들이 복사물에 전부 접촉했어야 하고, 결국에 가선 이 빛의 발산물들이 내 눈에 접촉하게 만드는, 고유한 의미에서의 '물질적인' 연쇄가 있었어야 한다는 점입니다. 따라서 여기엔 일종의…….

데리다 ……어떤 일련의 인접성들이 있다…….

스티글레르 물질의 차원에서 이루어진, 물질적인 인접성의 〔계열〕…… 바로 이것이, 나는 보들레르의 얼굴에 접촉할 수 없지만 그 얼굴이 실제로 나를 바라보게 하고 나를 접촉하게 하는 것입니다. 그는 나를 접촉하지만, 나는 그를 접촉할 수 없습니다. 바르트가 스펙트럼(사진 자체)[12]이라고 불렀던 이것과 더불어 선생님께서 묘사하셨던 의미에서의 '면갑 효과'와 유령성이 존재하게 됩니다. 저는 물질과 기술성에

---

12 (옮긴이) 바르트는 『밝은 방』에서 사진 찍힌 대상에 의해 사출된 환영이라는 의미에서 사진을 '유령(spectrum)'이라 부르는데, 이는 spectrum이 어근을 통해 구경거리(spectacle)와 관련되어 있고, 모든 사진에 존재하는 약간의 무시무시함, 즉 죽은 자의 귀환을 덧붙이고 있기 때문이라고 밝힌다. 바르트에게서 사진이란 '생생하게 보이게 하려는' 사진가의 노력에도 불구하고, 살아 있는 대상을 '완전한 이미지'로, 즉 대상화된 부동하는 '죽음의 화신'으로, '유령'으로 만들기 때문에 사진의 본질은 곧 '죽음'이다.

역점을 두고 있습니다. 저는 사진기를 "보기 위한 괘종시계"[13]라고 훌륭하게 표현한 바르트의 기술성에 대한 관심을 아주 인상 깊게 받아들이고 있습니다. 제가 이렇게 주장하는 것은, 선생님께서 『마르크스의 유령들』(이 책의 부제가 "채무 국가, 애도 작업, 새로운 인터내셔널"이었다는 점 또한 언급해 두어야 할 것입니다.)에서 이런 주제를 다루셨고, 계산되었던 것은 아니었지만 「유령 춤」 촬영 당시에도 "프로이트와 마르크스 이후에는 이 문제를 연구해야만 할 것이다."라고 말씀하시면서 이에 대해 예고하셨기 때문입니다. 이때는 10여 년 전이었지요. 저는 지금 물질에 대해 말하고 있는데, 이는 특히 마르크스가 변증법적 유물론의 이론가라는 것이 잘 알려져 있고, 또 선생님께서 유령 문제를 가지고 유물론의 규정된 형태로서의 마르크스 철학을 동요시켰기 때문입니다.(하지만 〔변증법적 유물론과는 다른〕 어떤 유물론에는 권리를 부여하셨습니다.) 어떤 점에서 유령 문제가 마르크스에서 작동하고 있고 그의 전 저작을 통해 주제화되면서 그의 저작을 불안정하게 만들고 그를 두렵게 하는지, 또 어떻게 마르크스가 슈티르너(Stirner)의 유령 동원을 비판하면서도 그 자신 역시 이 문제에 사로잡혀 있는지를 보여 줌으로써 말입니다. 그리고 이런 작업은 선생님께서 '유령론'[14]이라고 부른 것에 따라, 마르크스의

---

13 (옮긴이) 바르트는 사진기의 찰칵거리는 셔터 소리를 '시간의 소리'(괘종시계의 소리)에 비유하며, 이 소리를 듣는 순간, 주체가 사진기 앞에서 '노출 시간' 동안 겪게 되는 '이미지'로 대상화되는 느낌, 유예된 죽음에 대한 극미한 경험에서 깨어나게 된다고 말한다. 바르트는 이 사진기 셔터의 기계적인 소리를 '거의 관능적으로 사랑'하며, 전혀 '슬프지 않게' 유령이 되어 가는 그 짧은 순간을 즐긴다. 여기에서 스티글레르는 이 은유적인 표현의 내용적인 함의뿐만 아니라 사진기가 시계와 같은 정밀 기계에 속한다는 점, 그리고 셔터 소리가 손가락, 렌즈의 차단 장치, 건판의 연결 등에서 비롯된다는 점을 바르트가 알고 있다는 데 주목해서 바르트의 기술에 대한 관심을 높이 사고 있다.

14 (옮긴이) 유령론(hantologie)은 말 그대로 하면 hantise, 즉 '귀신 들림', '유령'에 관한 학문이라는 의미로, 데리다가 『마르크스의 유령들』에서 사용한 신조어이다. 데리다가 보기에 존재하는 것 일반에 대한 학문으로서의 존재론(ontologie)은 '살아 있지도 죽어 있지도 않은 것', 즉 유령을 배제하고 푸닥거리고 있지만, 경계적 - 존재로서의 유령과 유령론은

교환 가치와 사용 가치의 구분을 뒤흔듭니다. 이로 인해 우리는 조금 전에 말했던 시장에 관한 주제들로 다시 돌아가게 됩니다. 마르크스의 정의관은 여기에서 본질적으로 기술에 관련된 구조적인 난점에 부딪힌 건 아닐까요? 다시 말해서 기술은 이 모든 것의 핵심에 있으며, 기술 및 기술의 유령성과 더불어 시간 역시 모든 것의 핵심에 있습니다. 이 교환 가치와 사용 가치의 구분에서 시간과 기술은 분리될 수 없습니다.

데리다 다른 점들에 대해서도 마찬가지이지만 이 점에 있어서도 마르크스의 사유,(저는 마르크스의 철학을 말하는 것이 아닙니다.) 하나의 철학 및 철학과 다른 어떤 것으로 나뉘는 이 사유는 모순되는 운동들에 의해서 작동하는 것처럼 보입니다. 지나치는 김에 말해 두자면, 이는 공통의 법칙에 의해 지배되고 있습니다. 한편으로 보면 마르크스는 틀림없이 당대의 어느 누구보다도 더 기술의 본질을 잘 알고 있었고, 말하자면 과학이나 언어나 정치에서 기술의 환원 불가능성, 심지어 언론 매체의 환원 불가능성도 잘 알고 있었습니다. 그는 언론에 대한, 즉 근대 언론에 대한 관심, 당시에 언론과 정치 사이에서 발전되던 것에 대한 지속적이고 항상적인 관심을 갖고 있었습니다. 당시에 언론이 갖는 효과들의 정치적 쟁점들에 대한 분석을 그만큼 날카롭게 전개했던 사상가는 거의 없었습니다. 다른 한편으로 그는, 선생이 방금 상기시켰듯이, 유령성의 효과들에 대해 거의 강박적으로 주의를 기울였습니다. 저는 가능한 한 엄밀하게 이를 보여 주려 했습니다. 그러나 동시에 그는 모든 철학자들이나 아마도 모든 과학자들도 분유하고 있을⋯⋯ 어떤 믿음이라고나 할까요? 말하자면 환영, 그것(ça)은 존재하지 않는다

존재와 존재론의 은폐된 기원이다. 그리고 프랑스어에서 단어 맨 앞에 오는 h는 발음이 되지 않기 때문에, hantologie는 ontologie와 발음상으로 거의 구분이 되지 않으며, 이는 차이(差移, différance)가 차이(différence)와 발음상으로 구분되지 않는 것과 마찬가지이다.

는 소박하면서도 상식적인 공리를 따르고 있었습니다. 그것이 존재해서는 안 된다, 그러므로 그것을 몰아내야만 한다, 그러므로 그것과 결말을 내야만 한다. 바로 여기에 그 내부 자체로부터 이미 상식을 뒤흔들기에 충분했을 만한 '그러므로'가 있습니다. '그것'이 존재하지 않는다면, 왜 그 유령을 쫓아내야만 했을까요? 『브뤼메르 18일』에서 마르크스가 말했듯이 왜 성서적 전통에서는 죽은 자들이 죽은 자들을 매장하게 내버려두어야 했을까요? 또한 왜 그는 환영성이 사라질 때까지 이를 분석해야만 했을까요? 마르크스는 응당 해야 하는 대로 하지 않았다고 슈티르너를 비난했습니다. 그리고 그는 주물 숭배 비판에서처럼 슈티르너 비판에서, 어떤 조건 아래에서 환영성이 실제로 사라지도록 비판할 수 있는지를 제시하는 강력한 논증들을(좀 더 세밀하게 검토해 보아야겠습니다만) 갖고 있었습니다.(주물 숭배 문제는 이데올로기 문제와 마찬가지로 유령성에 대한 논쟁에서 핵심적입니다.) 이런 모든 생각들은 마르크스가 궁극적인 토대는 살아 있는 경험에, 모든 유령성의 흔적을 지워야만 하는 살아 있는 생산에 있다고 상기시킨 어떤 지점에서부터 작동합니다. 최종 심급에서는 유령성이 전혀 존재하지 않는 어떤 지역에 준거해야 합니다. 제가 보기에 그때부터, 마르크스는 당연히 기술성과 되풀이 (불)가능성, 그리고 유령성을 환원 불가능하게 만드는 모든 것의 힘을 진지하게 평가해야 함에도 불구하고 오히려 그것을 제한하거나 거부하는 것처럼 보였습니다. 정의의 모티프 자체이며(종말론이라고까지는 말하지 않겠습니다만) 제 생각으로는 환원 불가능한 어떤 '메시아성', (이는 메시아주의를 말하는 것이 아닙니다.) 혁명 운동 속에 존재하는 환원 불가능한 메시아성을 고려해 본다면, 그는 유령적인 것을 더 존경해야 했습니다.(여기에서는 할 수 없지만, 저는 다른 곳에서 그 이유를 제시하고자 했습니다.) 그러나 그는 이런 태도를 취하지 않았고, 취할 수 없었으며, 취하지 말아야 했습니다. 저는 이런 필연성을 어떤 양상론에 따라 제시해

유령 기록

야 할지 모르겠습니다. 그러나 어쨌든 그의 텍스트 안에는 모든 유령성에 대해 과학적·철학적·정치적·기술적 존엄성을, 사유의, 어떤 문제로서의 존엄성 등을 거부하려는 고전적인 움직임이 들어 있습니다. 바로 이런 점이, 생생한 현재의 현실성에 매인 어떤 형이상학 속에 뿌리박은 그의 저작의 본질적인 한계를 이루는 것처럼 보입니다.

스티글레르 1848년의 혁명에 관해서 그는 1789년의 경우처럼 죽은 자들의 복귀가 이 혁명을 작동시켰다고 분명히 썼습니다만, 이 혁명이 죽은 자들을 매장할 줄은 몰랐다는 점에서 이 혁명을 비판했습니다.

데리다 『브뤼메르 18일』의 텍스트와 운동을 세밀하게 분석해야 합니다. 마르크스는 여기에서 혁명적인 담론 및 심지어는 혁명들까지 가능하게 만들었던 유령들의 복귀에 대해 감탄할 만한 분석을 하고 있습니다. 그러고 나서 1789년과 1848년에 실패했던 사회 혁명, 도래할 혁명, 사회 혁명으로서 도래할 혁명은 형식과 내용 사이의 분리, '문구'와 '내용' 사이의 불일치를 끝장내야 하며, 혁명을 완수하기 위해서는 과거나 환영적인 신화들의 치장에 따라 유령들의 옷을 입는 그런 필연성을 끝장내야 한다고 마르크스가 알리는 순간이 옵니다. 그가 알리는 것, 그것은 유령들의 종말입니다. 그가 알리는 것은, 『공산당 선언』에 따르면 유럽 열강들을 사로잡고 있던 공산주의의 환영, 그 환영이 혁명에 의해서 환영이기를 그치고 완전히 현존하게 될 것이고, 바로 이것이 교황권을 포함한 낡은 유럽의 열강들을 두렵게 만든다는 것입니다. 왜냐하면, 일단 사회 혁명이 일어나고 공산주의의 환영이 그 자체로 현존하게 되면, 바로 그 순간에, 이 사실 자체에 의해서, 환영들은 더 이상 존재하지 않을 것이기 때문입니다. 그러니까 그는 환영의 사라짐을, 죽은 자의 사라짐을 믿는 것입니다.

이런 진술은 제게 중요해 보입니다. 그 함축들과 결과들이 말이지요. 바로 이 때문에 비록 제가 이 책에서 마르크스에게 경의를 표하기는 했지만, 이 주제에 관해서 제가 한 말은 아마도 근본적으로는 그가 정치에 대해 말한 것, 게다가 이 담론이 포함하고 있는 정의의 이념에 대해서는 망설임으로 받아들여질 수 있습니다. 환영들의 소멸을 촉구할 때, 혁명 운동 자체를 만드는 것, 즉 정의에의 호소나 제가 '메시아성'이라고 부른 것도 함께 포기됩니다. 이것이야말로 환영들에 관련된 것이고, 생생한 현재들의 공시태 너머로 향해야 하는 것인데 말이지요. …… 그렇지만 제가 여기에서 이를 보여 줄 수는 없고 …… 『마르크스의 유령들』을 참조해야겠지요…….

스티글레르 역사 자체가 유령성의 한 효과입니다. 프랑스 혁명에서 로마인들의 복귀는 환원 불가능한 방식으로 모든 역사적 사건들을 과잉 규정하는 유령적인 전송 양식에 속할 것입니다. 아마 다른 한편으로는 차이화된[15] 시간 속에 존재하는 역사라고 불릴 수 있는 것, 즉 (계약의 서명이나 명시적으로 수행적인 형태에 속하는 사건들 같은) 아주 특수한 경우들이 아니라면, 사건과 그 기재 사이에 구조적으로 환원 불가능한 어떤 간극이 있는 것처럼 보이는 문자 기록의 작용 속에 존재하는 어떤 역사에 이 유령성이 속한다고 말할 수 있을 것입니다. 제가 보기에는 철자법적 문자 기록이 차이화된 시간을 이루고 있는 것 같습니다. 오늘날 우리는 많은 사건들을 '직접적으로', '실시간에' 체험하고 있습니다. 실시간에 작용하고 있는 유령성과 차이화된 시간 속에 있는 유령성은 서로 어느 정도까지(이것은 여전히 매우 중대한 문제인데요.) 공약 불

---

15 (옮긴이) différé는 생방송이 아닌 녹화 방송을 얘기할 때의 '녹화된'을 뜻하기도 한다. 따라서 여기에서는 '다른, 지연된, 녹화된'을 다 함축한다고 볼 수 있을 것이다.

가능할까요? 다시 말하자면, 오늘날 유령성과 결부되어 있는, 사건화(événementialisation)의 문제 설정이란 무엇입니까?

데리다 원칙적으로 모든 사건은, 그렇게 말하거나 믿고 있듯이 이른바 '실시간'에 체험됩니다. 우리가 '실시간으로' 체험하는 것, 우리가 주목할 만하다고 판단하고 있는 것은, 바로 우리가 〔직접〕 체험하고 있지 않은 것에 대한 접근입니다. 즉 우리는 우리가 실시간에 있지 않는 바로 '거기'에 있습니다. 이미지들이나 기술적인 연결을 통해서 말이지요. 우리는 우리에게 도착하지 않은, 즉 우리 주위에서 직접적으로 우리가 체험하고 있지 않은 사건들에 실시간으로 도착합니다. 우리는 실시간에 폭탄들이 터지고 있는 쿠웨이트나 이라크 바로 거기에 있습니다. 우리는 우리가 현존해 있지 않은 사건들의 직접적인 양상에 대해서 기재할 것이고 또 그것을 지각한다고 믿습니다. 그러나 어떤 사건의 기재는 기술적인 개입이 있자마자 항상 차이(差移)화됩니다. 즉 이 '차이'가 생생한 현재 속에, 가정되어 있는 공시태의 중심 자체에 기입됩니다. 지나간 사건들은, 예를 들면 1789년 혁명의 순간에 모의물 안에서 모방되고 재구성된 일련의 로마 역사처럼, 분명히 원래의 사건들과는 다르지만, 우리에게 이 다름은, 로마에서 당시에 일어났던 것이 새로운 기재의 대상이 됨을 의미합니다. 우리는 〔역사적 사건들을〕 새롭게 기재할 것이고, 이는 우리에게 새롭게 도착합니다. 그리고 역사적 독해, 역사적 해석을 통해서, 심지어 흉내, 모방, 모의 작용을 통해서 우리는 지나간 것들을 기재할 것입니다. 각인된 것은 기본적으로 계속해서 인쇄되어 나옵니다. 〔시간적〕 간격의 단축은 단지 이 '차이'와 이 시간성의 공간 속에서의 좁혀짐일 뿐입니다. 근대성의 효과, 20세기의 효과로서 세기초에 기재되었던 광경들을 보거나 기재되었던 목소리들을 들을 수 있는 그 순간부터 오늘날 우리가 하고 있는 경험은 현존화의 형태를 가집니다. 이런 현존화의 형태는 이전에는 불가능했고 심지어 생각조차도 할 수 없었지만, 그럼에도 불구하고 일반적인 역사적 경험과 기억이 존재하도록 해 주는 그 간격이나 기간의 가능성 속에 기입되어 있습니다. 이는 절대적인 현실적인 시간이란 결코 존재하지 않음을 의미합니다. 즉 일상적 어법에서 차이화된 시간과 어떤 점에서 대립되는지 쉽게 사람들이 이해하는 실시간이 사실은 결코 순수하지 않다는 것입니다. 실시간이라 불리는 것은 단지 매우 축소된 어떤 '차이'에 지나지 않으며, 시간화 그 자체가 파지나 예지[16]이고, 따라서 흔적들의 놀이에 입각해서 구조화되기 때문에 순수한 실시간이란 존재하지 않습니다. 생생한 현재, 절대적으로 현실적인 현재의 가능 조건은 이미 기억이자 선취, 즉 흔적들의 놀이인 것입니다. 실시간의 효과는 그 자체로 '차이'의 한 특수한 효과입니다. 그렇다고 해서 생중계라고 부르는 것을 할 수 없었던 과거로부터 오늘날 우리를 갈라놓는 특별한 단절을 말소하거나 축소해서는 안 됩니다. 저는 모든 기술적 근대성을, 그것이 훨씬 더 오래된 시간들과 분유하고 있는 가능성의 조건으로 환원시키고 싶진 않습니다. 그렇지만 이 기술적 근대성의 독창성과 특수성을 이해하기 위해서는, 순수한 실시간과 같은 것은 존재하지 않으며, 더구나 완전하고 순수한 상태로 있지 않다는 것을 잊어서는 안 됩니다. 바로 이런 조건에서만 기술만이 실시간의 '효과'를 작동시킬 수 있다는 말의 의미를 이해할 수 있습니다. 사람들은 다른 경우에는 실시간에 대해서 말하지 않을 것입니다. 사람들은 기술적 도구들이 존재하지 않는 듯한 곳에서는 실시간에 대해서 말하지 않습니다.

---

16 (옮긴이) 파지(rétention)와 예지(protention)는 시간 현상을 분석하는 후설의 용어로서, '과거 지향'과 '미래 지향'으로 바꿔 말할 수 있는데, 각각 그 자체로 과거와 미래를 말하는 것이 아니라 과거와 미래의 구성 가능성의 조건을 나타낸다. 후설에게서 이른바 '현재'란 현실적 지금, 파지, 예지의 세 요소가 서로 분리될 수 없이 통일되어 있는 장을 형성하고 있다. 따라서 순수한 '현재'란 존재하지 않는다.

유령 기록

스티글레르 이는 또한 하나의 기회입니다. 제가 조금 전에 반성성이라고 말한 것이 어떤 차이화된 것 안에서만 이해된다면, 그리고 선생님께서 말씀하셨던 것이, 폴 비릴리오(Paul Virilio)가 주장했고 또 현재 상당히 많이 언급되고 있는 영상과 문자 간의 대립을 문제 삼는다면 말입니다.

데리다 이 대립은 매우 유용하고 풍부하기까지 합니다만, 이를 활용하고 사용하면서도 동시에 한계도 인식해야만 합니다. 이것의 타당성은 제한적입니다.

스티글레르 우리가 유령성에 관해 말한 모든 것은 상속의 문제와 연계되어 있으며(실제로는 동일한 문제겠지만) 이는 선생님께서 지금 전개하고 있는 주제와 관련해서도 매우 중요하고 우리가 살아가고 있는 일상적인 현실에서도 매우 중요한 문제입니다. 그 문제는 『존재와 시간』에서 하이데거의 사유 자체에서도 핵심적입니다. 특히 그가 "과거는 현존재에 뒤따르는 것이 아니라 그때마다 이미 현존재에 앞서 있는 것이다."라고 쓴 6절(이것은 유령학적 또는 '유령론적' 분석을 가리킵니다.)에서 말이지요. 망령(사라진 것의 복귀)의 구조가 현존재를 구성합니다. 어떤 점에선, 하이데거가 『존재와 시간』을 넘어서, 매우 중요한 유령학적 분석을 했다고 말할 수 있을 것입니다.

데리다 그래요. …… 조금 후에 이에 대해 간단하게, 그러니까…….

스티글레르 선생님께서 마르크스에 대해서 했던 비판과 동일한 모티프, 또는 비슷한 모티프로 하이데거를 비판해 볼 수도 있을 텐데요. 그러니까 하이데거가 분명히 자기 사유의 중심에 망령의 환원 불가능

성을 기입하면서(왜냐하면 이것은 시간화와 다르지 않기 때문에) 이 문제를
훨씬 더 열어 놓았다고 해도, 그는 사건(그가 '결의'라고 부른 것)을 모든
유령성으로부터 정화하는 것이 아니라,(그는 모든 사건이 유령성에 뿌리박
고 있음을 보여 줍니다.) 유령성을 유령성의 기술성으로부터 정화하고자
하는 것처럼 보이기 때문에 말입니다.

데리다 선생도 알다시피, 하이데거의 기술에 대한 사유는 적어도 이
중적입니다. 일의적으로 단순화될 수 없습니다. 이 점을 검토하기 전에
한 가지 난점을 강조하고 싶군요. 틀림없이 하이데거 자신은 이 상속의
차원을 실존의 중심부에, 따라서 현존재의 실존론적 분석 한가운데에
놓고 있습니다. 이 주제는 특히 『존재와 시간』의 마지막 부분보다 훨
씬 이전에 나타납니다. 분명히 운하임리히카이트, 즉 '두려운 낯섦'[17]이
란 개념은(이것은 프로이트에서처럼 그에게서도 귀신 들림의 요소를(자기 안
에 있는 타자, 유령들의 재출현 등) 정의할 수 있게 합니다.) 『존재와 시간』의

---

17 (옮긴이) '두려운 낯섦(inquiétante étrangeté)'은 운하임리히카이트(Unheimlichkeit)
의 프랑스어 번역이며, 프로이트의 후기 논문 중 하나인 「두려운 낯선 것(das
Unheimliche)」(1919)을 가리킨다. 독일어에서 집을 의미하는 Heim에서 파생된 heimlich
는 '편안한', '친숙한', '낯설지 않은' 등의 의미를 가지며, 따라서 당연히 unheimlich는 이
와 반대되는 의미를 가질 것으로 생각하기 쉽다. 하지만 프로이트는 이 논문에서 어원에 대
한 분석과 함께 호프만(E. T. A. Hoffman)의 「모래 인간」이라는 환상 소설에 대한 분석을
통해, 무의식적으로 억압되어 있는 것이 '반복 강박(Wiederholungszwang)'을 통해 복귀할
때 두려운 낯섦의 감정을 갖게 된다고 밝히는데, 이 억압된 것은 낯선 것이 아니라 언제나 이
미 존재해 왔고 또 자기에게 친숙한 것이라는 점에서 heimlich와 unheimlich 사이의 대립은
해체된다.

다른 한편으로 하이데거의 경우에 Unheimlichkeit는 고향의 포근함과 편안함, 익숙함을
상실했을 때처럼 현존재가 불안 속에서 무를 체험할 때 겪는 심정을 나타낸다. 그런데 프로
이트가 "Unheimlich…… 의 접두사 un은 이 경우 억압의 표식이 될 것이다."(정장진 옮김,
『창조적인 작가와 몽상』(열린 책들, 1996), 138쪽)라고 말하듯이, 이는 현존재의 비본래적
실존 방식(일상적인 것 속에서 편안함을 느낄 수 있는 자신의 존재 근거를 찾으려 하고 거기
에 안주하려고 하는)에 의해 은폐되고 억압된 현존재의 실존론적 근거(말하자면 무근거로서
의 근거)를 드러내 준다는 점에서, 양자 사이에는 비교 가능한 공통점이 있다.

유령 기록

한가운데에 있습니다.[18] 이를 보여 줄 수 있었을 텐데도, 지금까지는 충분히 주목되지도 분석되지도 않았습니다. 그러나 그럼에도 불구하고, 하이데거는 거의, 결코 환영 자체, 망령 자체에 대해서는 말하지 않은 것처럼 보입니다. 마치 그가 이 개념이 자연스럽게 반계몽주의, 강신론, 의심스럽고 경솔한 믿음 등을 함축한다고 불신하는 것처럼 말이지요. 제가 이 점을 다른 곳[19]에서 지적했습니다만, 제가 잘못 보지 않았다면 '환영'이란 단어는 단 한 번 나타났습니다. 그것도 아주 수사법적인 형태로, 시간에 대한 그리고 시간 속에서는 존재하지 않는 듯 보이는 것에 대한 논변 속에서 말입니다. 게다가 이 수사법은 환영이란 단어 자체 및 이 불확실한 신기루에 결합되어 있는 경솔한 믿음에 대한 불신을 확증하고 있습니다. 그러니까 어떤 점에서는 시간성이나 상속에 대한 분석에서, 그가 선생이 지적했던 것처럼 일종의 유령학에 속하는 영역을 열게 되었을지도 모른다고 주장하는 바로 그 순간에, 그는 유령적인 것을 경계하고 있는 것입니다. 그가 정신(Geist)에 대해서 말할 때 유령 (정신은 또한 유령을 의미합니다.)이 결코 그렇게 멀리 떨어져 있는 게 아니며, 또 『언어로의 길 위에서(*Unterwegs zur Sprache*)』에서 트라클(Trakl) 을 분석하고 있는 그의 텍스트들 속에 바로 환영이 존재한다고 말할 수도 있을 것입니다.(저는 이를 다른 곳[20]에서 보여 주고자 했습니다.) 그럼에도 불구하고 그는 우리가 지금 하려는 것처럼 그것을 말하지도 않고, 그것을 주제로 삼지도 않습니다. 그가 상속에 대해서 한 말 가운데 특별히 제가 관심을 가지는 것은 횔덜린의 시를 인용하면서 그가 지적한 구조입니다. 횔덜린에 의하면 우리는 우리의 존재 자체에 의해서 상속

---

18 (옮긴이) 『존재와 시간』의 총 83절 가운데, 이 개념은 40절 「현존재의 한 두드러진 개시성으로서의 불안, 그 근본 심정성」에 나온다.

19 *Apories*(Galilée, 1996), 110쪽, 주 1 참조.

20 (옮긴이) *De l'esprit: Heidegger et la question*(1987) 참조.

인입니다. 즉 언어는 말하자면 실존에, 현존재에, 현존재로서의 인간에게 주어져 있으며, 이를 통해 현존재는 이러저러한 사실을 증언하는 것이 아니라 그가 자신의 존재 자체에서 상속인이라는 사실을 증언합니다. 우리는 우리가 상속인임을 증언할 수 있도록 언어를 상속받습니다. 다시 말하자면 우리는 상속의 가능성을 상속받는 것입니다. 우리가 상속받는다는 사실은 하나의 속성이나 우연이 아니라 우리의 본질이고, 이 본질을 우리가 상속받는 것입니다. 우리는 우리가 상속받는다는 사실을 증언할 가능성을 상속받으며, 이것이 바로 언어입니다. 우리는 나눔의 가능성을 나누고 있는데, 이것은 상속 가능성과 다른 것이 아닙니다. 이러한 구조는 순환적으로 나타나며, 또 분명 그렇지만, 바로 그 때문에 더욱더 놀랄 만한 것이 됩니다. 우리는 미리 이 순환에 갇혀 있습니다. 우리는 상속받는 능력, 말하는 능력, 우리가 상속받도록 해 주는, 그리고 상속받음으로써 이를 통해 증언하도록 해 주는 언어나 법, 또는 '어떤 것'에 우리를 관계시키는 능력 외에는 아무것도 상속받지 않습니다. …… 우리는 증언함으로써, 따라서 상속함으로써 증언 가능성을 증언하고 있습니다.

스티글레르 그리고 상속의 불가능성에 대해서도 증언하고 있지요.

데리다 우리의 책임으로 남겨져 있는 상속의 과제의 불가능성에 대해서도 마찬가지입니다. 유령이 출몰하는 것은 바로 이런 공간, 고유성 바깥에 있는 고유성 안에서입니다. 아무것도 존재하지 않으며 우리는 아무것도 상속받지 않습니다. 사실 죽은 자들은 죽었으니까요. 그리고 복음서에 따라 마르크스가 상기시켰듯이 우리는 죽은 자들이 죽은 자들을 매장하게 하거나, 또는 항상 그렇게 하기를 바랄 수도 있습니다. 그러나 이는 귀환의 법칙(저는 여기에서 죽은 자의 귀환을 말하고 있는데)을 전혀 변화시키지 못합니다. 죽은 자들이 더 이상 실존하지 않는다는 것, 이것은 유령들과의 관계가 끝났음을 의미하지는 않습니다. 오히려 그 반대지요. 애도와 귀신 들림이 그때부터 활개를 치게 됩니다. 애도와 귀신 들림은 죽음 자체보다도 먼저, 죽음의 단순한 가능성으로부터, 즉 직접적인 경계의 - 삶[21]으로서, '텔레비제'로서 솟아오르는 흔적의 가능성으로부터 이미 활개를 치고 있습니다.

그리고 그것(ça)이 실존하지 않는다, 그것이 있지 않다는 사실은, 그것이 임무를 무화시키지 않고, 오히려 무한한 책임을 부여한다는 것입니다. 자율성이란 타율성(타자의 죽음의 장소로부터, 죽음으로서 그리고 타자로서 도래한)으로서의 자율성(우리가 의무 및 법과 함께 부여받을 수 있을 뿐인)이며, 타자의 명령이란 더 이상 재전유될 수 없습니다. 법과 애도는 죽음이라는 동일한 탄생 장소를 가집니다. 죽음이란 '무'로 환원된다고 말함으로써 죽음을 남용하기는 늘 쉽고도 유혹적입니다. 실제로, 이런 반대와 남용은 항상 반박 없이 이루어질 수 있습니다. (남용이나 '반박 없음'의) 이런 가능성은 환원 불가능하고, 또 악의 가능성 자체로서 환원 불가능하게 남아 있어야만 합니다. 그래서 책임이라는 것이 가능하고 의미 있을 수 있도록, 그와 함께 결정, 윤리, 정의 등도 가능하고 의미 있을 수 있도록 말입니다.

이제 선생의 질문에서 가장 어려운 부분을 검토해 봅시다. 테크네(tekhnè)에 관한, 기술과 철학, 기술과 형이상학, 기술과 서양의 관계에 관한 중요한 문제에 매우 세심한 주의를 기울였던 사상가인 하이데거는 아마도 어떤 경우에는 퓌지스(physis)나 선기술적인(pré-technique) 근

---

21 (옮긴이) survivre는 '살아남다', '~보다 오래 살다'는 의미를 지니고 있다. 그런데 survivre에서 접두어 sur는 '~ 위에'라는 의미를 지니고 있다. 따라서 단어를 분철하면 survivre/sur-vie는 '죽음 이후의 - 삶'(survie에는 이런 의미도 있다), 또는 '(죽음과 삶의 경계) 위에서의 - 삶'이라는 의미를 갖게 된다. 이런 함의들을 고려하여 여기에서는 sur-vivance를 '경계의 - 삶'이라고 번역했다.

원성과 비교할 때 기술이 갖는 어떤 파생성을 통해서 이 문제에 접근하고자 했던 것 같습니다. 〔이때〕 퓌지스란 나중에 통상 '자연'이라고 자연스럽게 부르는 그런 것이 아니고, 있는 것으로서 존재자 그 자체, 또는 존재자의 총체로서, 아직은 또는 그 자체로는 테크네일 수 없는 그런 것입니다. 아마도 바로 여기에 어떤 현존이, 현존하거나 현존화할 수 있는 어떤 본질이, 즉 현대적인 의미에서의 모든 기술 이전에 존재할 뿐만 아니라 모든 테크네 이전에 존재하는 피지스의 현존으로서의 어떤 존재가 재구성될 것입니다. 설령 테크네가 진리의 운동에 속한다 할지라도, 진리로서의 피지스 속에는 테크네가 아닌 무언가가 있었을 거라는 뜻입니다. 저는 그저, 다른 점들에 대해서처럼 이 점에 대해서도 이러저러한 명제로 단순화할 수 없을 하이데거 독해에서의 어떤 중요한 문제를 가설적으로 지적할 뿐입니다. 그러나 이 주제에 관한 그토록 많은 부인에도 불구하고, 반기술론자, 근원주의자, 게다가 생태주의자로 남아 있는 하이데거의 어떤 '파토스'를 어떻게 무시하겠습니까?

스티글레르 하이데거는 시골 사람(terrien)이지요.

데리다 시골 사람〔땅에 사는 사람〕이지요. 그러나 하이데거가 '대지'와 '세계'를 아주 강하게 구분한다는 것도 염두에 두어야 합니다. 그럼에도 불구하고, 가령 그 '파토스'와 함의를 중립화하고 하이데거의 가장 애매한 진술들(사람들이 그에게 전가하는 것과는 달리, 그에게 기술이란 악이 아님을 상기시켜 주는)에 제한해 보더라도, 그가 기술이 아닌 기술에 대한 사유(기술성의 사유나 본질은 기술이 아닙니다.)를 생각하고자 한다는 것은 사실입니다. 그는 이렇게 사유될 수 있는 것, 또는 본질에 대한 사유를 기술의 영역으로부터 빼내고자 한 것은 아닐까요? 모든 기술로부터 벗어난 순수 사유가 있음을 암시한 것이 아닐까요? 그의 관

유령 기록

점에서 볼 때, 기술성은 기술이 아니고 기술에 대한 사유도 기술이 아니라는 것, 바로 이것이 사유의 조건입니다. 그는 본질에 대한 사유가 사유도 아니고 본질도 아니라고 말하진 않을 것입니다. 이런 태도를 통해서 끊임없이 그는 과학의 과학성은 과학적이 아님을 상기시킵니다. 그리고 이런 태도 속에서 존재론적 차이, 즉 어떤 것의 본질은 어떤 것이 아니며, 이것이 바로 사유의 조건이라는 사실을 사유하려고 합니다. 이는 사유와 과학 사이에서처럼 사유와 기술 사이에도, 하이데거가 우리에게 상기시키고자 하는 심연이 존재하게 만듭니다. 어쨌든 저에게 이런 문제는(제가 잘 이해하고 있다면 말이지요.) 거대한 문제의 표지이며, 또 하이데거가 사유하고 있는 것뿐만 아니라 그가 사유 일반에 대해서 사유하는 것에 관한 저의 근본적인 유보의 표시이기도 합니다. 비록 제가 사유를 철학이나 과학, 기술로 환원시키지 않는 것이 필요하거나 중요하다는 점을 인정하긴 하지만, 사유 활동이나 사유할 수 있는 것을, 모든 철학적, 과학적 또는 기술적인 오염(저는 이 세 영역을 함께 섞는 것이 아닙니다. 여기에선 동일한 관계 속에 있는 규정들이 문제됩니다.)으로부터 벗어나 있는 순수한 어떤 것으로 만들려는 시도, 그러니까 사유할 수 있는 것에 대한 정화의 시도는, 제가 보기에는 일반적인 정화의 욕망, 즉 건강하고 온전한 것, 흠 없거나 방역된 것(신성한 것)에 대한 욕망과 마찬가지로 자명하지 않은 것 같습니다. 순수한 것, 정화되거나 정화하는 자제(Verhaltenheit), 이런 주제는 『철학에의 기여(Beiträge zur Philosophie)』에서 아주 강하게 드러나고 있지요.

무의식의 경계심

스티글레르 선생님께선 정화의 욕망과 그것이 낳을 수 있는 집단적인 나쁜 환영들, 그리고 기억에 대해서 최근 대략 다음과 같이 말씀하셨습니다. "각 나라는 자신의 고유한 역사와 기억의 경제를 갖고 있다. 프랑스에서는 침묵의 축적, 특히 불투명하고 내성적(耐性的)이며 위험한 침묵의 지층, 은밀한 침묵의 협정이 작동하고 있다. 만약 이〔침묵을〕 드러냄의 과정이 그 효과 및 동기 모두에서 완만하고 불연속적이며 모순적이라면, 이는 바로 유령 때문이다. 하나의 유령은 다른 유령을 부른다. 기억, 진리, 희생자들에 대한 존중으로부터 최악의 것을 환기하는 바로 그 순간에, 최악의 것은 복귀의 위협을 가한다. 이 두 가지 기억들은 항상 가능한 모든 혼합들 직전에 상대방을 다시 수면 위로 떠오르게 하고, 서로를 격화시키고 몰아내면서 필연적으로 계속해서 싸움을 벌이고 있다."《파사주》에 실린 이 대담[1]에서, 선생님께서는 선생님 자신도 서명해야만 한다고 생각하셨다던 경계(警戒)에 대한 호소문

---

[1] (옮긴이) 이 책의 앞에 실린 「인공적 현재성」이 그 대담의 발췌본이고, 여기에 인용된 글은 그중의 한 부분을 요약 발췌한 것이다.

기억 자체에 대한 경계가 문제입니다. 최악의 것을 불신하고 비난하고 내쫓기
위해서 기록을 상기하고 열어 보고 다시 현재화하는 한, 최악의 것은 되돌아
오거나 예고됩니다. 그것은 다시 기억됩니다. 따라서 경계는 점점 더 필수적이
됩니다. 이런 작업은 무의식을 통해서, 힘들의 관계를 통해서 일어나는 고투입
니다. 이것은 다른 곳에서, 우리가 통제하지 못하는 리듬으로 일어납니다.
　　―데리다

의 문제에 답변하셨습니다. 앞에서 우리가 말했던 것과 관련하여, 그때의 선생님 생각을 여기에서 계속 이어 나가 볼 수 있을까요?

데리다 기억 자체에 대한 경계가 문제입니다. 최악의 것을 불신하고 비난하고 내쫓기 위해서 기록들을 상기하고 열어 보고 다시 현재화하는 한, 최악의 것은 되돌아오거나 예고됩니다. 그것은 다시 기억됩니다. 따라서 경계는 점점 더 필수적이 됩니다. 의식적이고 '교양 있는' 시민에게, '결정권을 가진 자'에게 경계는 필수적입니다. 그러나 동시에 이 경계, 의식의 언어로 된 경계의 언어만으로는 충분치 않음도 염두에 두어야 합니다. 결정권을 가진 자들의 교양 정도로는 안 됩니다. 선생이 인용했던 그 글에 서명하게 만든 것은, 바로 개인적인 차원이나 국민적인 차원에서의 무의식에 길을 트는 어떤 작업입니다. '정신분석학적인' 유형의 어떤 작업이 긴급하게 요청되고 있는데, 이것은 담론이나 의식화로 요약될 수 없을 것입니다. 의식화도 필요합니다. 의식적으로, 주제적으로 말하고 보려 하고, 환기하려고 애쓰는 것도 필요합니다. 그러나 이것은 또 다른 분석 작업이 동시에 진행 중에 있음을 명심하면서 이루어져야 합니다. 이것은 의식적인 자아라는, 그리고 맑은 정신으로 깨어 있음이라는 관습적인 양상에 따르는 경계의 절차들과는 다른 절차들에 따라 이루어져야만 합니다. 분명히 시민은, 시민성의 현재 형태 속에서, 자신의 현실적인 지위 속에서 깨어 있어야만 합니다. 예를 들면 어떤 입장을 선택하거나 어떤 담론을 주장할 때, 설득하거나 압력을 행사하기 위해서 또는 증언하기 위해서 행위할 때, 어떤 문서에 가부 투표를 하거나 서명하고 시위하기 위해서 거리로 나설 때 그래야 합니다. 이렇게 경계하는 훈련은 필수 불가결합니다. 그러나 의식을 똑바로 차리고 사태를 직시하거나 명철해지는 것만으로도 이런 작업이 충분히 이루어지리라고 믿어서는 안 될 것입니다. 이런 작업은 무의식을 통해서, 힘

무의식의 경계심

들의 관계를 통해서 일어나는 고투이며, 무대가 가시적이라고 한다면 더 이상 어떤 무대가 아닌 작업의 무대인 것입니다. 이것은 다른 곳에서, 우리가 통제하지 못하는 리듬들로 일어납니다. 이 리듬들에 우리가 수동적으로 대해서는 안 됩니다만, 그럼에도 불구하고 이것들은 우리의 능동성 중에서도 가장 강력한, 일종의 수동성을 함축하고 있습니다. 이것은 형성되고 있고, 이것은 도착합니다. 간단히, 아주 개략적으로 말하자면, 이는 시민들의 포기나 비열함 또는 수동성에 대한 어떠한 변명도 허락하지 않지만, 그럼에도 불구하고 담론들의 작용, 의식화, '입장 선택', 정치적 행동이라는 이 모든 것은 단지 '무의식'의 작업 안에서, 이른바 국민적, 정치적, 집단적인 '무의식'의 작업 안에서 제한된 한 표면만을 차지할 뿐임을 뜻합니다. 이 '무의식'에 접근하는 데는 아마 현재 정신분석학의 믿을 만한 범주들조차도 충분하지 않을 것입니다. 무엇보다 무의식의 범주만으로는 충분치 않습니다. 정신분석학을 고려하면서 작업해야만 할 뿐만 아니라, 바로 우리가 상속받았고 또 상속받고 있는 대로의 정신분석학을 가지고 지금 우리가 말하고 있는 것에 맞춰 작업해 나갈 수 있도록 만들어야 합니다. 아마도 정신분석학을 동원해야 할 것입니다. 조금 전에 우리는 법, 민법, 형법, 국제법의 재정비를 위해 필수적인 동원에 대해서 말했습니다만, 우리가 말했던 문제들, 즉 애도 작업, 집단적 기억, 정치적 망령들, '텔레비제', 모든 종류의 유령적 흔적들이라는 문제들을 위해서도 정신분석학을 동원해야만 합니다. 정신분석학 안에서 정신분석학을 통해 작업하는 것, 또는 정신분석학이 작업하게 하는 것, 이는 하나의 과제임과 동시에 현재 진행 중인 어떤 상황, 어떤 과정이기도 합니다…….

스티글레르 같은 대담에서, 선생님께서는 당대의 철학자에게 신문을 매일 읽도록 환기시킨 점에서 헤겔은 옳았다고 말씀하셨습니다. "오늘날에는 철학자가 동일한 책임 의식을 가지고 어떻게, 그리고 누구에 의해 잡지, 일간지, 주간지, 텔레비전 뉴스가 만들어지는지 알아내야 합니다. 반대쪽에서, 신문사나 프롬프터 쪽에서도 볼 필요가 있습니다." 등등. 간행물과 방송 매체에 대한 선생님의 일상적이면서 학문적인 실천, 또는 일상적인 것과 학문적인 것 사이에 있는 실천이 무엇인지 말씀해 주실 수 있겠습니까?

　　데리다　남아 있는 시간이 별로 없기 때문에 다소 즉흥적이고 소박하게 대답해 보겠습니다. 저는 텔레비전을 많이 봅니다. 그것이 저를 유혹(유혹이라고 정당하게 주장할 수조차 없는 유혹)하기 때문이기도 하지만, 이 유혹을 분석하고 동시에 다른 쪽에서 무슨 일이 일어나는지 알고 싶기 때문이기도 합니다. 제가 신문을 읽을 때 신문 제작 과정에서 일어날 수 있는 일, 즉 누가 결정하는지, 누가 무엇을 선택하는지, 누가 무엇을 선별하는지를 이해하는 데 점점 더 익숙해지는 것과 마찬가지로, 예를 들면 프롬프터를 사용하는 텔레비전의 뉴스 아나운서에게 일어나는 일에 대해 알고 싶은 거지요. 우리가 조금 전에 말했던 이런 시선들의 역사에서 텔레비전의 면갑 효과는 어떻게 됩니까? 텔레비전의 장래가 어떠할지는 아직 알 수 없습니다.(왜냐하면 우리는 아직 텔레비전이나 다차원 매체의 역사 초반부에 있으니까요.) 저는 이 유혹과 이것 때문에 빼앗긴 시간 앞에서 제 의식을 진정시키기 위해 이런 분석에 대한 알리바이를 제공합니다. 저는 텔레비전을 보는 데 너무 많은 시간을 들인다고 생각하면서, 자연스럽게 충분한 독서나 다른 것을 하지 않는다고 저 스스로를 책망하게 됩니다. 그러면서 또 동시에 저는 이것이 그만큼의 다른 것을 잃게 하거나 얻게 하는 그 시간에 대해서도 생각합니다. 이제부터는, 이처럼 전혀 상이한 시간의 경제가 우리의 시간을 조절합니다! 이런 관점을 스스로 정당화하기 위해서, 저는 이것이 필수 불가결하다고 혼자 중얼거립니다. 즉 텔레비전이 정치 현장에 발생시키는 효과들 때문만이 아니라, 그것이 어떻게 만들어지는지, 어떻게 조작되는지, 누가 권력을 갖고 있는지, 누가 선택하는지, 힘들의 관계가 어떤지 등등을 이해해야만 하기 때문에, 텔레비전을 보는 것은 특히 정치적인 임무다라고 말이지요.

스티글레르 뉴스 외에, 어떤 종류의 방송을 보십니까?

데리다 음, 아주 다양하게, 가장 좋은 것과 가장 나쁜 것들을 다 봅니다. 프랑스나 미국의 저급한 드라마를 보게 되는 경우도 있고, 아르테 방송[2]처럼 훌륭한 문화 의식을 제공해 주는 방송들, 정치 토론, 일반적으로 정치적이지만 볼 만한 대담들, 「진실의 시간」, 「7대 7」, 또는 옛날 영화들도 봅니다. 좋은 정치 기록물들을 보는 데 24시간을 다 보낼 수도 있겠지만…… 이는 너무 많은 시간을 잡아먹기 때문에 조금만 봅니다. 짐작건대 제 주변에서는 몇몇 사람들만이 규칙적으로 보는 것 같은데, 제가 꼬박꼬박 규칙적으로 일요일 아침 8시 45분에서 9시 30분까지 보는 것은, 제가 많은 관심을 갖고 있는(이에 대해 말할 시간이 있었더라면 왜 관심을 갖는지 말해 드릴 테지만) 이슬람교와 유대교의 종교 프로그램들입니다. 제가 집에 있을 때는 일요일 아침에 거의 빼먹지 않고 이 두 프로그램을 봅니다. 그러고 나면, 기독교, 그리스정교, 개신교, 가톨릭의 시간대가 옵니다. 이슬람교는 왜 그렇게 아침 일찍 하는지, 또 기독교 다음으로 프랑스에서 가장 신도 수가 많은 이슬람교가 왜 덜 좋은 시간에 '방송'되는 것인지 물어봐야 할 것입니다. 아마 이슬람교도

---

2 (옮긴이) 독일과 프랑스 합작의 문화 프로그램 전문 방송. 아르테 방송에 대한 상세한 소개는 다음 책을 참조하기 바란다. 잉게 그래슬레, 신창섭 옮김, 『유럽의 문화 채널 아르테 TV』(한울, 1996).

들이 제일 일찍 일어나거나 제일 일찍 일어나야 하기 때문은 아닐까 추측해 보면서 말이지요. …… 선생은 제가 뭘 말하는지 알 겁니다. 그다음에 유대교 프로그램이 방송됩니다. 그런데 이 방송들의 내용은 그걸 분석하려는 사람에게는 사회 문화적 관점에서만이 아니라 엄밀한 종교적 관점에서도 흥미롭습니다. 이슬람교 프로그램은 종교적인 부분과 사회적인 부분을 함께 포함하고 있는데, 저는 프랑스에서 이 방송을 만드는 사람들과 그들의 정책이 일으키는 것이 무언지 생각해 보려고 합니다. 여기에 대해선 할 말이 많지만, 시간이 없군요. 이것은 일반적으로 지극히 빈틈없이 이루어지지만, 결국 하나의 정책을 표현하는 것이고, 이것이 저의 흥미를 끕니다. 유대교 프로그램에 대해서도 마찬가진데, 이것은 때때로 (매회 질이 균일하지는 않기 때문에) 텍스트들이나 이 종교에 대해 많은 것을 제게 알려 주지만, 또한 이 프로그램들을 책임지고 있는 사람들의 공언되거나 공언되지 않은 이데올로기적 전략이나 정치적 '입장들'에 대해서도 많은 것을 알려 줍니다.

스티글레르 이 대담 내내 우리는 텔레비전에 대해 새로운 관계를 발명하는 것이 필연적이라고 말했습니다. 또 선생님께서는 아르테 방송을 규칙적으로 시청하신다고 말씀하셨습니다. 선생님께서는 다른 방송과 이 방송의 차이점을 어떻게 파악하고 계신지, 또 어떤 의미에서 이 채널이 지니고 있는 차이가 발명의 영역에서 긍정적인 발전에 기여하는지를 말씀해 주시겠습니까?

데리다 우선 아르테의 장래, 여기에서 이루어질 수 있을 변혁이나 개선이 어떤 것이든 간에, 이 모두는 여전히 어떤 과정 속에서 이루어진다는 점을 상기해 봅시다. 아르테가 이상적이지는 않습니다. 그리고 저는 이 채널의 책임자들이 이 점을 알고 있다고 확신합니다. 그러나 저는 아주 분명하게 아르테는 바람직한 것, 바람직한 발명품이고, 이 발명품이 위협받지 않도록 최선을 다해야 한다고 말하겠습니다. 만일 이것이 외부의 위협들에 취약한 상태라면, 저는 이 위협들이 사라지도록 우리 스스로가 나서야만 한다고 생각합니다. 이런 발명품의 가치는 어디에 있을까요? 아직 시작일 뿐이기는 하지만, 우선적으로 꼽을 수 있는 것은 우리가 많이 말했듯이 시장에 대한 상대적인 독립성입니다. 그다음으로는 아르테가 적어도 두 언어나 두 문화로 되어 있다는 점인데, 이는 처음 있는 대단한 일은 아니지만 적어도 이런 지속성과 조직체를 가진 것으로서는 전혀 새롭습니다. 이것은 우리가 조금 전에 번역에 대해, 그리고 동질화하는 번역 속에서도 사라지지 않고 배제되지 않는 고유어들의 다양성에 대해 말했던 방향으로 조금씩 나아가고 있습니다. 이 모두는 매우 훌륭합니다. 이처럼 훌륭한 것은 계속 발전되어야 하고, 프랑스·독일 쌍방 간의 경쟁을 넘어서 발전해야 하며, 경쟁과 헤게모니의 내부에서 더욱더 다양화되어야 합니다. 그런데 이 채널이나 이와 유사한 다른 발명품들에 대해 논할 때 진지하게 받아들여졌던 논거가 있는데, 이 논거에 따르면 어떤 채널을 다소 '어려운' 분야, 인기 없는 문화 분야로 점점 더 전문화할수록(아르테를 과대평가해선 안 됩니다. 이 채널이 텔레비전에서 상상할 수 있는 가장 어려운 것은 아닙니다!) 그러니까 문화 분야와 난해한 부분을 점점 더 전문화할수록 다른 채널들은 점점 더 빈약해지고, 결국 이 채널들에게 더 이상 문화를 다루지 않아도 될 구실을 마련해 주게 되리라는 것입니다. '지루하다'거나 너무 '지적이다' 같은 표현을 얼마나 많이 합니까! 이 알리바이 논거가 절대적으로 무가치하지는 않지만, 전적으로 설득력이 있지도 않습니다. 어려움을 문제 삼는 논거에 관해서 보자면, 사실 이 문제는 일간지나 텔레비전이나 라디오에선 심각합니다. 그러나 치명적인 어려움이란 없습니다. 자연 상태에서 그 자체로 어려운 것이란 존재하지 않습니다. 어려움이란 것은 몇몇 사람들이, 종종 몇몇 저널리스트들이나 몇몇 사람들만이 상상하거나 투사하는 어떤 것입니다. 즉 그들은 읽기 쉬움〔가독성〕이나 이해 가능성〔가지성〕의 임계선이 자신들이 이해할 수 있는 선에 있는 것이 아니라, 그들이 상상하기에 그것을 구독하거나 시청하고 있는 '국민들'이 이해할 수 있을 그 선에 있다고 믿습니다. 바로 이것이, 언론 매체 일반에 필수 불가결한 하나의 임무임이 분명한 지적이고 창의적인 교육, 어려운 내용을 다룸으로써 수신자를 양성하는 교육, 이런 모든 교육을 방해하거나 제한합니다. 강제 없이, 주입 없이, 엄격한 훈련 없이, 수신자의 정보를 늘리는 데 참여하는 만큼이나 수신자의 교육에도 참여해야만 합니다. 사람들이 믿는 바와는 달리 수신자는 종종 훨씬 더 어려운 것들에도 '자발적으로' 접근할 수 있습니다. 어려움을 문제 삼는 논거는 따라서 별도로 취급될 필요가 있고, 특히 어떤 부류의 사람들이 이 논거를 사용할 때는 진지하게 의심해 볼 필요가 있습니다.

그다음에, 보통 말하는 것과는 반대로 아르테에 문화적인 것과 좀 더 어려운 것들이 더 많이 있다는 사실은, 만약 아르테가 순조롭게 잘 진행된다면, 다른 채널들에 알리바이를 제공하는 것이 아니라 전 세계가 더 많이 더 좋은 것을 원하도록, 그래서 '문화'와 '어려운' 것들을(이 경우에는 약간 우스꽝스럽게 보이기는 하지만, 이 두 단어들을 사용하자면) 풍부하게 하도록 부추길 어떤 경쟁, 비교 우위, 자극 속에 다른 채널들을 참여시킬 것입니다. 그러니까 저는 이 채널의 존재와 발전에 많은 호감을 갖고 있는 것과 마찬가지로 이런 종류의 발명품이 증가하는 데에도 호의적입니다. 아르테라고 부르거나 또는 다르게 부를 수 있는 바로 이런 공간 속에서, 지식인들과 작가들의 '텔레비전에의' 참여와 개입이 발생할 수 있습니다. '지식인들' 가운데, 텔레비전 일반에 대해서가 아니라 그 틀 짜기나 리듬, 규준들의 현재 상태에 대해 어떤 불만을

무의식의 경계심

품고 있는 사람들은 이 상태가 과감하게 변혁되기를 원해야만 합니다. 불가능한 것처럼 보이는 것이 가능하게 되어야 합니다. 파격적인 것들을 텔레비전에다가 시도해야 합니다. 이런 모험을 감행하기 위해서는 분명히 돈이 필요합니다. 시청률의 하락도 일어날 수 있습니다. 시청률의 급격한 하락을 감수하지 않는다면, 실험적인 이 하락의 시간이 주어지지 않는다면, 텔레비전을 이로운 방향으로 변화시킬 기회는 결코 없을 것입니다. 아르테, 이것은 적어도 현재 존재하는 대로의 시청률의 직접적인 통제로부터 자유로운 공간입니다. 사람들은 시청률[의 성격]을 변화시키려고 애쓰고 있으며, 장래에는, 좀 더 많은 사람들이 아르테에 관심을 갖고, 그리하여 다른 채널들을 부추기거나 그것들의 논리에 저항하게 하려고 노력할 것입니다. 저는 아르테에 박수를 보내면서 비슷한 다른 발명품들도 그렇게 되기를 바랍니다.

스티글레르 우리가 말했던 것처럼, 라디오와 텔레비전의 법정 납본은 역사학자들과 그 분야의 전문 연구자들이 기록물들 가운데 매우 중요한 한 부분에 접근할 수 있도록 해 줍니다. 이는 역사학에, 그리고 현재 존재하고 있고 또 앞으로 생길 이미지와 소리에 대한 학문에는 대단히 새로운 것입니다. 그러나 다음과 같은 문제는 남아 있습니다. 즉 학문이란 그 자신의 출판 능력을 갖춰야만 존재한다는 점이 사실이라면, 또 학문이 본질적으로 지식의 전달 양상이라면, 현재의 이미지권, 재산권, 저작권 등은 연구자가 자신의 연구 작업에 이미지들 자체를 동원하고 그것들을 자기 연구 작업의 내부에 학위 논문이나 책이나 논문 등의 결과물로서 물질적인 형태로 기입하려는 가능성을 여전히 방해하고 있다는 것입니다. 달리 말해, 예컨대 역사가의 경우, 그가 연구하는 매체의 고유한 특성들 자체를 역사적 자료에 포함시키는 것이 구조적으로 금지되어 있습니다. 지금 이 순간 기술이(상업적, 경제적, 사법적, 문화적으로는 아닐지라도 기술적 측면에서 말하자면) 이미 지식의 새로운 토대를 향한 진화를 이룩하게 해 줄 수 있는 방향으로 매우 빠르게 진화하고 있다는 점을 고려해 볼 때 이는 그만큼 더 역설적으로 보입니다. 이런 상황에 대해 선생님께서는 어떻게 생각하십니까?

데리다 전보를 보내듯이 간단하게 대답을 해 보자면 일단 〔지식의〕 토대의 변화, 토대라는 개념 자체에서의 변화가, 자연히 이러저러한 리듬으로 어떻게든 일어날 것이라고 해 봅시다. 이는 속도와 시간의 문제입니다. 실제로 지식의 제시에 이미지들을 통합시킬 수 있고 또 통합시켜야 할 때가 올 것입니다. 현재 이것이 어느 정도까지 가능한지는 모르겠습니다만, 어쨌든 이것이 아직은 매우 제한적임은 분명합니다. 그럼에도 불구하고 제가 아직 망설이고 있는 한 가지 문제는, 지식의 제시에 이미지들을 사용하는 것이 이전의 지식이 갖고 있던 엄밀함을 희생시킬지도 모른다는 사실입니다. 그런 시도는 매우 위험할 수 있습니다. 그러나 계속 보존되어야만 하는 조건들을 손상시키지 않는다면, 그런 한에서는 다른 토대들, 이미지들, 새로운 유형의 기록들을 논문에, 책에, 지식의 제시에 집어넣는 것을 반대할 이유가 없다고 봅니다. 제 경우를 보자면, 몇몇 미국 학생들의 부탁으로 캘리포니아에서 어떤 세미나를 하고 난 이후, 글쓰기를 대신해서 영화를 받은 일이 있었습니다. 학생들 중 두 사람이 제가 요구했던 과제에 대해 자신들이 만든 영화를 제출했습니다. 그 세미나의 주제를 감안한다면, 그들은 통상적인 소논문 형식으로 그들이 선택한 작품에 대한 보고서를 제게 제출해야 했습니다. 그런데 그 두 학생은 다른 방식으로 그 세미나의 문제와 매우 분명하게 관련되어 있는, 자신들이 계획해서 만들어 낸 비디오테이프를 보냈던 것입니다. 그러니까 전혀 무관하지는 않았지요. 저는 비록 그런 배경에서는 바로 용인될 수 없다고 하더라도 그런 혁신적인 생

　　　　　　　　　　　　　　　무의식의 경계심

각을 받아들이자고 마음먹었습니다. 그런데 끝내 저는 그들을 받아들일 수 없었습니다. 왜냐하면 그들의 작품을 읽거나 보면서, 제가 어떤 담론이나 이론적인 작업물에 기대했던 것이, 그러한 이미지로의 이행에 의해서 손상을 받으리라는 인상을 받았기 때문입니다. 제가 그 이미지를 거부한 것은 단지 이미지였기 때문이 아니라, 제 생각에는 담론이나 글의 형태였더라면 더 정제된 방식으로 정교하게 만들 수 있었으리라고 여겨지는 것을 약간 엉성하게 이미지 형태로 대체했을 뿐이기 때문이었습니다. 참 어려운 협상이었지요. 저는 그들에게 "안 돼, 자네들은 그것을 문서로 제출해야만 하네." 하고 말하면서 복고주의적이고 반동적인 태도를 취하고 싶진 않았습니다. 그러면서 또 동시에 제가 계속 유지하고자 하는, 분명 보다 전통적인 요구 조건들에 대해서도 양보하고 싶진 않았습니다. 그래서 저는 이렇게 바꿔서 말하는 한 통의 편지를 그들에게 썼습니다. "좋네. 나는 원칙적으로 이것에 반대하진 않네. 그러나 좋은 소논문에 있어야 할 이론적이고 논증적인 힘들이 그만큼 자네들의 비디오테이프에도 있어야만 하네. 그때 가서 다시 논의해 보도록 하세."

스티글레르 대학 안에서는 널리 확산되어 있는 이미지의 지적인(학문적인 것은 아닐지라도) 실천, 이것은 아직 존재하지 않습니다만 장차 이루어져야 할 것입니다.

데리다 너무 비싼 대가를 치르지 않는다면, 즉 우리의 유산이 고전적인 형태의 담론, 특히 이미지가 아닌 종이라는 토대 위에 쓰인 담론과 계속해서 연결시키고 있는 그 엄격성, 세밀성, 정련을 지나치게 훼손시키지 않는다면, 그것은 고무되어야 하겠지요.

스티글레르 새로운 토대들은 이미 멀티미디어입니다. 책이나 이미지나 소리는 따로따로 존재하는 것이 아니라, 이미 단 하나의 토대 위에서 함께 존재하고 있습니다. 바로 콤팩트디스크, 시디롬이라는 멀티미디어말입니다.

데리다 제가 다음과 같이 분명하게 밝혔을 때, 약간 거칠지만, 그 학생들에게 말했던 것이 바로 그 점입니다. "내가 중요하다고 여기는 규준들에 따라서 다듬어진 담론을 자네들의 영화가 갖추었더라면, 또는 그런 담론과 이어져 있었더라면, 그랬다면 내가 더 받아들이기 쉬웠을 걸세. 그러나 이건 그렇지 못했네. 자네들이 내게 제출한 것은 담론의 자리에 들어왔지만, 충분히 그걸 대신하지(remplace)는 못했네."

무의식의 경계심

3부
구분되는 이미지

쥘리앵에게

구분되는 이미지*

이미지 일반이란 존재하지 않습니다. 이른바 정신적 이미지라는 것과 제가 여기에서 앞으로 대물 – 이미지(image-objet)라고 부를 것은 항상 어떤 역사, 어떤 기술적인 역사 속에 기입되어 있는 것으로서, 과거에 언어적 기호의 두 측면을 정의했던 기의와 기표처럼 유일무이한 어떤 현상의 분리될 수 없는 두 측면들입니다.

자크 데리다가 이 두 개념의 대립, 즉 기표란 기의라는 불변하는 이상의 우연적인 변이라는 의미를 지니고 있는 이 대립에 대해서 했던 비판은 결정적입니다. '초월론적 기의'가 존재하지 않는 것과 마찬가지로, 대물 – 이미지에 선행하는 정신적 이미지 일반이나 '초월론적 심상(imagerie)'이란 존재하지 않습니다. 초월론적 상상력에 관한 문제는 여기에서 다루지 않을 것이므로 남겨 두도록 합시다.

만일 정신적 이미지와 대물 – 이미지 사이에 대립은 아니지만 어떤 차

---

* 엑상프로방스의 미술 학교에서 펴낸 『예술과 디지털 사진(*Art et photographie numérique*)』에 맨 처음 실렸던 이 글은 두 번에 걸친 강연의 결과물이다. 첫 번째 강연은 루이 벡(Louis Bec)의 초대로 엑스(Aix)에서 했고, 두 번째 강연은 샐리 제인 노먼(Sally Jane Norman)의 초대로 샤를르빌 – 메지에르(Charleville-Méziéres)의 국제인형극협회(Institut international de la marionnette)에서 했다.

이가 분명히 있다고 한다면, 이는 어떤 쪽도 다른 쪽의 차이를 환원시킬 수 없기 때문에 이 두 측면이 항상 서로 관계 맺고 있음을 의미합니다.

가장 우선적으로 인정되는 차이는 대물적인 것은 지속하는 반면 정신적인 것은 순간적이라는 것입니다. 마찬가지로, 대물-회상은 지속하는 반면,(상인에게서 산 기념품, 비망록이나 일기장의 기록, 어떤 일을 잊지 않으려는 표시로 동여맨 손수건 등 대물-회상은 아주 오랫동안 지속할 수도 있는데, 가령 유물이라는 것을 일종의 대물적 회상이라고 할 수 있다면 수백만 년까지도 지속할 수 있겠지요.) '정신적' 회상은 짧은 기간 안에 불가피하게 사라진다는 것입니다. 즉 생생한 기억, 체험된 기억이란 본질적으로 약하고, 항상 우리를 떠나게 마련입니다. 죽음이란 기억의 완전한 소멸과 다르지 않습니다. 가령 돌아가신 어떤 아프리카 노인에 대해서 사람들은 불타 버린 도서관이라고들 말합니다. (그 자체로 대물-회상을 이루는) 도서관의 화재가 (아프리카 노인의 죽음에 비하면) 우연한 사고라는 점을 제외한다면 그렇게 말할 수 있겠지요. 원칙적으로 도서관은 지속합니다. 반면에 원칙적으로 죽음이란 삶 자체 안에, 말하자면 삶의 '정상적'이거나 '자연스러운' 종말로서 기입되어 있습니다.(때문에 그 노인이 늙은 것이지요.)[1]

만일 정신적 이미지 없이는 대물-이미지도 없으며, 과거에도 결코 없었고 앞으로도 없을 거라고 한다면,(이미지란 오직 보이는 한에서만 이미지일 뿐입니다.) 마찬가지로 대물적 이미지 없이는(사람들이 이를 무엇

---

[1] 타하르 벤 젤룬(Tahar Ben Jelloun)은 1994년 10월 19일 《르 몽드》에 이집트 소설가 나기브 마푸즈(Naguib Mahfouz)가 희생자가 된 살인 미수에 대해서 이렇게 쓰고 있다. "그의 소설에는 자기 나라 사람들에 대한 너무나 자연스러운 관심이 있다. 그가 사는 지역의 사람들이 대부분 그의 소설 속 인물들이다. …… 그는 그들의 친구가 되어 곁에 머물면서 손을 잡아 주는 보이 스카우트요, 마술사다. …… 83세 된 한 인간의 등에, 어떤 정치 정당보다도 더, 어떤 문정관이나 관광 안내소보다도 더 훌륭하게 이집트를 위해서 일했던 한 인간의 등에 단도를 꽂는 것은, 마치 박물관이나 거대한 도서관에 불을 지른 것과 마찬가지이다. 어떤 박물관도, 어떤 도서관도 한 인간의 삶만큼 가치 있지는 않겠지만."

이라고 믿든 간에) 정신적 이미지도 없으며, 과거에도 결코 없었고 앞으로도 없을 것입니다. 정신적 이미지란 항상 어떤 대물 - 이미지의 회귀, 그것의 잔상이자 (환상의 환각적인 재발이나 망막에 맺힌 잔상처럼) 그것의 존속 효과입니다. 게다가 기억 없이는 이미지도 없고 상상력도 없을뿐더러, 근본적으로 대물적이지 않은 기억이란 없습니다. 따라서 이미지의 문제는 또한 그것과 뗄 수 없게 연결되어 있는 흔적과 기입의 문제입니다. 넓은 의미에서 보면 기록의 문제이지요. 저는 대물적 이미지에, 다시 말하면 정신적 이미지에 오늘날 발생하고 있는 것을 명확하게 하기 위해서 이런 문제를 제기해 보고자 합니다.

*

대물 - 이미지의 역사에서, 19세기의 특징적인 커다란 사건은 아날로그 이미지, 즉 사진의 출현입니다. 살아 움직이는 아날로그 이미지(영화)는 사진으로부터 연장된 것으로, 그 나름의 특수성들을 지니고 있긴 하지만, 이 특수성들이란 우선은 사진이라는 사건이 해명되어야만 이해될 수 있습니다.

특징적인 이미지에 관한 20세기의 또 다른 커다란 사건은, 디지털 이미지의 출현, 보통 합성 이미지나 계산된 이미지라고 하는 것의 출현,(여기에서 말하진 않겠지만, 생중계 방송의 출현도 함께 고려되어야 합니다.) 즉 현실을 거의 완벽하게 모방할 수 있는 현실의 모형화의 출현입니다.

20세기 말에 특징적인 커다란 사건은 (틀림없이 다음 세기 초에는 필수적인 것이 되겠지만) 아날로그 - 디지털 이미지의 출현입니다. 이것은 운동에 대한 우리의 이해에 중대한 결과를 낳게 될 것입니다.

구분되는 이미지

아날로그-디지털 이미지는 운동의 체계적인 구분 작용,[2] 요컨대 가시적인 것의 문법화라는 거대한 과정의 촉매 역할을 하기 때문입니다. 언어 관련 산업들이 오늘날 디지털 사전들(즉 또한 문법들)을 생산하는 것과 마찬가지로, 지금은 운동에 관한, 그리고 확장된 의미에서 모든 운동에 관한 산업에서 '문법들'과 '사전들'(살아 움직이는 사물들〔동영상 자료〕의 도서관)이 현실화되고 있습니다. 이는 실제로는 물리학, 화학, 천체물리학에서의 모의 작용들, 심리학적 학습 실험과 인간공학에서의 모의 작용들 및 가상 세계, 생명체의 복제, 인공 지능, 형태 인식, 인공 생명, 인공 죽음과도 관련되어 있습니다. 이 모든 것이, 바로 살아 움직이게 하기에 속하는 것입니다.

운동의 구분 작용과 더불어 일어나는 것을 이해하기 위해서는, 우선 아날로그-디지털 방식이 뭔지, 그것의 새로움은 무엇이고 왜 그것이 살아 움직이는 이미지들의 영역에서 이런 구분 작용의 일반화를 함축하는지를 분석해야만 합니다.

*

일반적으로 기술의 발전은 그때까지 안정적으로 보였던 어떤 상황

---

2 (옮긴이) discrétisation은 사전적으로는 '따로따로 분리된, 불연속적인'을 뜻하는 형용사 discret(éte)에서 파생된 명사형이다. discret(éte)/discrétisation의 내용상의 의미를 다 포괄할 수 있는 적절한 용어를 찾기 어렵지만, 여기에서는 '구분되는/구분 작용'으로 번역하기로 한다. 따라서 이 글에서 핵심적인 개념들인 '구분되는 이미지(image discréte)'나 '운동의 구분 작용(discrétisation du mouvement)'은 일견 어색한 표현으로 보일 수 있는데, 의미상으로는, 알파벳형의 문자나 영화에서처럼 연속된 전체를 낱낱으로 떨어져 구분될 수 있는 요소들(자음과 모음 철자들, 프레임들)의 종합이나 합성에 의해서 만들어 낸다거나, 특히 연속적인 운동이나 흐름을 불연속적인 숫자(0, 1)로 번역하여 재생하는 디지털화를 겨냥하고 있다는 점을 염두에 두었으면 한다.

을 중지시키거나 의심스럽게 만듭니다. 중요한 기술적 혁신의 순간들은 중지의 순간들입니다. 기술은 자신의 발전을 통해서 사물들의 어떤 상태를 단절시키고 거기에 다른 상태를 부여합니다. 우리는 특히 우리의 믿음들 대부분을 근거 짓고 있는 이미지들과 소리들에 관해서는 바로 이런 시기에 살고 있습니다. 예수의 제자 도마처럼, 우리는 우리가 보는 것과 듣는 것, 즉 우리가 지각하는 것을 믿습니다. 그러나 오늘날 우리는 대부분의 시간 동안 지각 보결물을 매개로 해서 지각합니다. 이는 우리의 믿음들을 구성하는 조건들이 강력한 진화 국면에 접어들었다는 것을 의미합니다.[3] 아날로그 – 디지털 기술은 여기에서 결정적인 순간입니다.

중지 또는 단절은 그리스어로 에포케(épokhe)라고 합니다. 철학에서 이 말은 현상학의 주요 개념인데, 바르트가 자신의 사진 연구에 동원하고 있습니다. 그러나 바르트는 (고전적인 현상학을 완전히 전복시키는 어떤 의미에서) 사진이 시간, 기억, 죽음과의 관계에서 에포케를 형성한다고 주장합니다.

아날로그 – 디지털 기술은 아주 오래전부터 진행되어 온 중지 과정을 계속 이어 가고 또 증대해 갑니다. 아날로그 사진은 그 자체로만 보면 단지 〔긴 중지 과정의〕 독특한 한 시기였을 뿐입니다. 따라서 이는 오래된 과정이지만, 이것의 현재의 중지 국면(디지털 사진이라는)은 특별히 흥미로우면서 또한 위협적인 어떤 불안과 의심을 발생시킵니다.

디지털 사진은 아날로그 사진이 지니고 있었던 자연스러운 어떤 믿음을 중지시킵니다. 실제로 디지털 사진을 볼 때는, 내가 보는 것이 진

---

3 나는 여기에서 이전에는 어떠한 보결성도 없는 완전히 순수한 지각이 있었으리라고 말하는 것이 아니다. 오히려 그 반대다. 즉 대물 – 이미지 없는 정신적 이미지란 존재하지 않는다고 말하는 것은, 모든 지각이 기술로부터 영향받고 있음을 말하는 것이다. 나는 이 보결성이 오늘날 분명하게 드러나게 되었고, 또 이것이 본성상 변화하면서 우리의 지각을 위협하고 있음을 말하고 싶은 것이다.

구분되는 이미지

짜로 존재한다고 절대적으로 확신할 수가 없습니다. 그럼에도 불구하고 이것이 하나의 사진이기 때문에, 전혀 존재하지 않는다고도 확신할 수 없습니다. 아날로그 – 디지털 이미지는 앙드레 바쟁(André Bazin)이 아날로그 사진에서의 대물적인 것의 객관성이라고 칭했고, 또한 바르트가 그것이 있었음이라고 불렀던 사진의 노에마를 의심스럽게 만듭니다. 사진의 노에마란 현상학에서 사진의 지향성이라고 부를 만한 것, 즉 모든 (아날로그) 사진에서 내가 본 것은 항상 이미, 미리 있었고, 인화지 위에 찍힌 것은 실제로 있었다는 것입니다. 이것이 아날로그 사진의 본질적인 속성입니다. 그리고 있었던 것을 변형시키는 사진에 대한 조작이 그 이후에 가능하다는 것이 또 다른 속성이 되는데, 그러나 이는 단지 우연적인 속성일 뿐이며 사진에 필연적으로 함께 – 함축된 속성은 아닙니다. 일어날 수는 있는 일이지만, 이것이 규칙은 아닙니다. 모든 아날로그 사진은 (사진에) 찍힌 것이 (실재로) 있었다고 전제한다는 점이 규칙입니다.

반면에 조작은 디지털 사진의 본질, 즉 규칙입니다. 그런데 있었던 게 아니다라는 디지털 사진 이미지의 이 본질적인 가능성은 두려움을 줍니다. 왜냐하면 무한히 조작 가능함에도 불구하고, 이 이미지가 자신 안에 그것이 있었음과 관련된 어떤 것을 간직하고 있는 한에서는 하나의 사진으로 남겠지만, 사진에 대한 디지털 처리 방식의 가능성들이 증가함에 따라 참과 거짓을 구별할 가능성이 줄어들기 때문입니다.

*

그러나 디지털 사진이 존재하기 훨씬 이전에도, 아날로그 사진의 '우연적인' 조작 가능성을 악용하는 경우들이 있었고, 이는 최근 대중 매체 안에서 일반화되었습니다. 명시적으로 또 대량으로 이루어지게 되었다고 해서 그것이 있었음이라는 속성의 효과가 사라지지는 않았습니다. 조작된 아날로그 사진 속에는 그것이 있었음이라는 속성이 있습니다.(이는 모든 사진에 본질적입니다.) 저는 단순하게 그것이 없었다고는 결코 말할 수 없습니다. 그것이 있었다, 그러나 어떤 것이 있긴 하지만 그것이 맞지는 않다라고 말해야만 합니다.

여론은 티미소라(Timisoara)나 피델 카스트로의 거짓 인터뷰 같은 사건들에 의해, 또는 더 엄청나고 복잡한 것으로는, 걸프전 당시에 CNN이 했던 역할에 의해 이러한 이중성을 갑작스레 깨닫게 되었습니다.

아날로그 사진에 본질적인 점은 이 사진이 보여 주는 것[피사체]이 이미 있었던 것이기는 하지만, 아날로그 사진 역시 하나의 인공적, 기술적 합성이며, 아날로그 사진의 이러한 합성적 성격은 이 사진이 보여 주는 것에 대한 '우연적' 위조 가능성이 환원 불가능하게('본질적으로') 주어져 있다는 데에서, 이러한 사정이 비롯합니다. 이러한 위조가 완전한 효력을 발휘하기 위해서는, 한편으로는 그것이 있었음이라는 속성이 사진의 기술적 특성들에 객관적 근거를 두고 있다는 믿음(이 점은 다시 검토할 것입니다만)과, 다른 한편으로는 그 있었던 것을 변경시키는 조작이 동시에 필요합니다. 아날로그 이미지의 이 두 가능성이 동시에 존재하지 않는다면, 예를 들어 텔레비전의 정보는, 현재 언론 매체를 관통하고 있는 위기의 심각성이 어떻든지 간에, 그 즉각적인 믿음의 효과를 고스란히 유지하면서 대량으로 조작될 수는 없을 것입니다.

더구나 이미지 조작을 원하지 않는 경우에도, 예를 들어 몽타주는 내가 본 것이 있었다(설령 본 그대로와는 다르다 할지라도)는 의심할 수 없는 사실을 절대적으로 삭제하지는 않지만 본질상 어떤 미혹을 산출해 냅니다. 아날로그 이미지(및 모든 대물-이미지)에 고유한 이러한 조작 가능성은 바르트가 사진의 현실 효과라고 부른 것이 직접 또는 '실시간' 전송(생방송)과 함께 이루어진다는 사실에 의해 더욱 복잡해집니다. 이미 모든 몽타주 속에 존재했던 것이 직접 현재성(뉴스)의 시간적 흐름 속에서 일어나게 될 때 커다란 문젯거리가 됩니다. 왜냐하면, 이 현재성의 시간적 흐름은 연출하고 이미지화하는 기교들을 더 깊이 은폐하고('하나의 정보가 다른 정보를 뒤쫓는' 흐름 속에서는 뒤로 돌아가는 것이 불가능하기 때문에) 동시에, 실재와 허구 사이의 차이를 마찬가지로 희미하게 만드는, 심지어 그 차이를 불가능하게 만드는(실시간에 보도되는 사건이 '보도'[4] 효과들을 자신의 사건의 구조 내부에 통합하는 한에서) 효과를 갖고 있기 때문입니다.

이런 가능성들은 수년 전부터 민주주의에 영향을 미치는 위험한 의심을 불러일으키는 일종의 환상 효과를 발생시키고 있는데, 이는 사회적 유대를 분해시키는 공포와 그리 멀지 않습니다. 따라서 이것에다가 확고한, 그리고 가능한 한 자기 자신에 대해 의식적인(그러나 원하는 대로 이런 의식이 가능할지 저도 확신하지 못합니다.) 또 다른 의심과 또 다른 분해를 대립시켜야만 할 것입니다. 사실, 아날로그─디지털 방식의 대물─이미지, 제가 또한 구분되는 이미지라고 부를 것은(곧 이렇게 부르는 이유를 설명할 것입니다만) 가시적인 것에 대한 '객관적 분석'과 '주관적 종합'의 새로운 형태들을 출현시키는 데 기여할 수 있고, 또 바로 그렇게 함으로써 발생하는 것(사건)으로부터 스스로를 드러내는 것(가시적인 것)에 관한 또 다른 종류의 믿음과 불신을 출현시키는 데도 기여할 수 있습니다. 더 지적인, 그로 인해 더 세련되고 쉽게 믿지 않는 어떤 믿음, 바로 이것이 도래하는 아날로그─디지털 사진 속에서 우리를 두렵게 하는 것이 또한 가능하게 만들 수 있는 어떤 것입니다.

---

4 (옮긴이) '보도'는 couverture의 역어인데, 프랑스어에서 이 단어는 일반적으로 '은폐, 가리기, 덮개' 등을 의미한다. 따라서 '보도 효과들'은 다른 한편으로는 '은폐 효과들'이라는 의미도 동시에 지니고 있다.

*

　아날로그의 디지털화로 인해서 그것이 있었음이라는 속성에 대한 지식이 동요되고, 이는 두려움을 불러일으킵니다. 그러나 아날로그는 그 자체로도 두려움을 불러일으켰습니다. 예를 들면 최초의 사진들 속에서 사람들은 유령을 보았었습니다.

　바르트는 있었던 그것으로서 인화지 위에 각인된 대물 – 이미지를 스펙트럼〔유령〕이라 부릅니다. 이 유령은 접촉(그러나 아주 독특한 유형의 접촉)을 통해서 산출됩니다. 나다르(Nadar)는 사진으로 보들레르를 찍었고, 보들레르와 나 사이에는 어떤 연쇄, 어떤 빛의 인접성이 있습니다. 즉 내가 그 초상을 바라볼 때, 내 눈에 접촉하러 오는 빛들이 실제로 보들레르에 접촉했었다는 것을 나는 잘 알고 있습니다. 사진의 현실 효과가 있도록 하기 위해서는, 나다르로부터 나에게 이르는 광선의 연쇄 전체, 감광성은 할로겐 화합물에 물질적으로 접촉하고 인화되려는 광자들(photons)이 19세기 이후로 형성하고 있는 '탯줄' 전체가 필요합니다. 진짜 광자 물질이 나에게 이르기까지 서로 충돌하고 전달되면서 나를 접촉하러 온 것이 틀림없습니다. 이 과정의 아주 '현실적인' 물질성이 유령 같은 효과를 산출한다면, 그 이유는 보들레르가 나에게 접촉하지만 나는 그에게 접촉할 수 없기 때문입니다. 내가 보들레르의 사진 찍힌 얼굴 위에 손가락을 놓고 있다고 해서 내가 그를 접촉할 수 있는 것은 아님을 나는 알고 있습니다. 그는 죽었고, 땅에 묻혀 있습니다. 그럼에도 불구하고, 나다르의 사진기가 찍는 그 순간에 보들레르의 얼굴에서 발현되었던 빛들은 결코 응고되지 않고서 여전히 나에게 접촉됩니다. 의심할 수 없이. 그것은 운동을 – 일으키는(é-mouvant)(이것은 내 안에서 은연한 변화〔감동(émouvant)〕를 불러일으킵니다.) 것입니다. 유령 효과, 그것은 여기에서는 절대적인 불가역성의 느낌입니다. 바로 이것이 '접촉하다'

구분되는 이미지

가 독특하게 갖고 있는 것입니다. 즉 그것은 나에게 접촉합니다. 나는 접촉됩니다. 그러나 나는 접촉할 수 없습니다. 나는 '접촉되면서 – 접촉하는' 것일 수 없습니다.

다른 한편으로 아날로그 – 디지털 방식에서 우리가 두려워하는 것은 무엇입니까? 우리는 밤의 빛을 두려워합니다. 바르트 자신 또한 이미 밤에 대해서 말했는데, 이 밤은 내가 체험하지 못했던 과거의 밤이었습니다. 사진의 빛은 내가 체험하지 못했던 과거의 밤으로부터 우리에게 옵니다. 하지만 이 밤은 예전엔 낮이었습니다. 밤은 불가역적으로 밤이 됩니다. 그것이 바로 과거(그리고 유령)입니다. 그러나 낮은 우선은 할로겐 화합물에 접촉해야만 했습니다. 아날로그 빛과 함께라면, 이 은빛들은 아직도 접촉과 삶에, 지나간 삶에 관련되어 있습니다. 그러나 디지털 광자와 함께라면, 밤으로부터 온 이 빛은 더 이상 전적으로 낮으로부터 나오지 않습니다. 이것은 단순하게 밤으로 바뀔 지나간 낮(이것은 보들레르의 얼굴에서 발현된 광자들입니다.)으로부터 나오지 않습니다. 이것은 하데스로부터, 죽음의 왕국으로부터, 땅 밑으로부터 옵니다. 즉 이것은 깊은 땅속 물질들[5]로부터 자유로운 전자적 빛입니다. 전자적인, 다시 말하면 분해된 빛인 것입니다.

디지털 밤 속에서는 접촉이 희미해지고 연쇄는 복잡해집니다. 연쇄가 완전히 사라지지는 않습니다. 이것은 여전히 하나의 사진인 것입니다. 그러나 어떤 것이 끼어들어서, 즉 이진 계산 같은 처리 방식이 끼어들어서 불확실한 전송을 만듭니다. 디지털화는 연쇄를 중단시킵니다. 그것은 스펙트럼(유령)에 직접 조작을 가합니다. 그리고 동시에 그것은 유

---

5 석탄, 석유, 우라늄. 이는 폴 비릴리오가 가짜 – 낮이라고 부른 것이다. 나는 이 밤으로부터 온 빛은 낮의 반대가 아니라 낮의 한가운데에 있는 밤으로부터 온다고 생각한다. 나는 비릴리오와 달리, 가짜 – 낮이 우리를 낮으로부터 벗어나게 하거나 밤이 우리를 낮으로부터 떠나게 한다고 생각하지 않는다. 나는 헤라클레이토스가 말했던 것처럼 밤은 낮의 진리이고, 낮은 밤의 진리라고 생각한다.

령들(fantômes)과 환상들(phantasmes)을 구분 못하게 만듭니다. 광자들은 0과 1의 조합으로 환원되는 화소(pixel)들 그 자체가 되고, 이 화소들 위에서 이산 계산(calculs discrets)이 실행될 수 있습니다. 아날로그 방식(우연한 조작 가능성이 있더라도)일 때는 본질적으로 의심할 수 없었던 그것이 있었음이 디지털 방식(여기선 비‒조작이 우연적입니다.)일 때는 본질적으로 의심할 수 있는 것이 됩니다.

*

아날로그‒디지털 방식은 ([수정체가] 포착한 것의 겉모양이 망막 위에 그려지듯이 직접적으로) 인화지 위에 새겨지는 빛의 감광을 차이화된 시간으로, 즉 있었던 그것의 사진적인 외형질과는 다른 어떤 것을 감광할 처리 방식을 기다리면서 스펙트럼의 요소들을 분해하는, 계산으로서의 저장된 시간으로 대체합니다.

이 새로운 유령 기계의 새로움과 쟁점, 위협과 기회는 바로 구분 작용, 즉 분해이고 밤입니다. 여기에서 '있었던 것'은 분석되어서 불연속적으로 됩니다. 연속성은 바르트적 의미에서 그것이 있었음의 가능 조건입니다. 즉 우리는 빛의 연쇄에 대해서뿐만 아니라 보여진 것에 대해서도 연속성의 느낌을 가져야만 합니다. 그리고 스펙트럼이 단일성을 갖추고, 불가분한 개체(불가분한 독특성, 이것(tode ti))로서 유일한 순간에 유일한 특성을 갖고서 여기에 있는(그것이 있었다) 것이면서 또한 (바르트가 정확하게 '가공될 수 없는(Intraitable)' 것으로 이름 붙인 푼크툼을 산출할 수 있는) 가공될 수 없는 것 자체로 나타나기 위해서는, [불연속적인] 입자는 사라져야만 하는 것입니다. 사진가는 빛의 효과에 의해서 인화지 위에 새겨진 입자를 조작하지 않습니다. 적어도 구분되는 방식으로는 아

　　　　　　　　　　　　　　구분되는 이미지

님니다. 물론, 사진 현상과 '가공' 등의 과정 속에는 점에 대한 어떤 조작, 사진가에 의한 어떤 처리와 같이 통용되는 기술이 있습니다. 그럼에도 불구하고 이 입자를 대량으로 늘리거나 줄인다 할지라도, 이 입자들에 대해서 상이한 어떤 접근을 하지는 못합니다. 이 입자들의 상이한 유형들을 분리할 수가 없습니다. 아주 예외적인 경우나 비사진적인 방식으로가 아니라면 말이지요. 인화할 때 입자를 가지고 작업할 수는 있지만, 이것이 빛을 구별하는 조작, 이미지를 형성하기 위해서 서로 차이화되고 있는 모든 요소들을 구별하는(diacritique) 조작에 접근하는 것은 아닙니다. 이런 방식이야말로 오히려 디지털화와 그것의 '외과적 정확성'이 가능하게 만드는 것입니다.

이러한 구분 작용은 바르트적인 빛, 기억의 빛이 갖는 연쇄에 근본적으로 영향을 미치고, 따라서 우리가 이미지 안에서 갖고 있는 믿음에 대해서도 영향을 미칩니다. 왜냐하면 이 연쇄만이 그리고 이것에 대한 우리의 직관적인 지식만이 이러한 믿음을 산출하기 때문입니다. 그러나 이 구분 작용은 어떤 지점까지만 영향을 미칩니다. 이 점이 아주 재미있는 부분이지요. 기억의 빛이 갖는 연쇄는 절대적으로 단절되지는 않습니다. 이것은 오히려 [아날로그 사진과는] 다르게 연결됩니다. 그렇지 않다면 더 이상 사진이라는 것은 전혀 존재하지 않을 것이고, 이른바 합성 이미지와 관련되어 있는, 디지털 사진에 대해서도 말할 수 없을 것입니다. 그런데 사진이 존재하며, 이는 디지털적인 것입니다. 다시 말하자면 낮의 빛과 밤의 빛이 존재합니다. 그와 동시에 접촉의 불확실성이 존재합니다. 아날로그-디지털 방식의 빛은 어느 날 낮에 감광판에 정말 접촉했습니까? 저는 그것이 접촉해야 했다는 것을 압니다. 그러나 그와 동시에 저는 그것을 확신하지 못한다는 것도 압니다. 어떤 지점까지 그것이 접촉했습니까? 어떤 '푼크툼'이 실제로 나를 접촉했습니까?

아날로그-디지털 사진들이 표현하는 외형질이 어느 날 낮에 감광판에 정말 접촉했는지는 아무도 알 수 없습니다.

*

접촉의 불확실성은 또한 빛에 대해 새롭게 이해할 수 있는 기회가 될 것입니다. 빛은 항상 이미 낮의 빛이었으면서 동시에 또한 밤의 빛, 밤 속의 빛이었으며, 이 밤은 결코 현재가 아니었던 어떤 과거의 밤,(바로 이것이 우리 꿈들의, 우리는 꿈으로 만들어진다고 프로스페로[6]가 말한 그 꿈들의 그물망입니다.) 〔시간화된〕 과거의 밤보다 항상 훨씬 더 깊은 어떤 과거의 밤이었다는 의미에서 말입니다.

이러한 빛의 이중 귀속과 불확실성 또는 그로부터 비롯되는 비-지식(non-savoir)은 여기에서 환원 불가능하게 됩니다. 그런데 지식은 바로 이러한 비-지식의 환원 불가능성으로부터 구성됩니다.

여기에서 모든 것은 구분 작용이 단절하는 (기억의 연쇄의, 스펙트럼 그 자체의) 연속성의 문제를 둘러싸고 있습니다.

벤야민의 분석(비판되어야 하지만)에 따르면 다음과 같이 구분되어야 합니다.

(1) 처음에는 손으로 쓰다가 나중에는 인쇄된, 문자의 재생 가능성, (2) 벤야민이 폭넓게 연구했던 아날로그 식 재생 가능성, 즉 사진적이고 영화적인 재생 가능성, (3) 디지털식 재생 가능성.

서양에서는 크게 이 세 가지 유형의 재생 가능성이 기억과 시간 관계에서 큰 시기들을 구성했고 이를 과잉 규정했습니다. 지금까지는 대립 작용을 통해서 상이한 재생 가능성의 시기들이 갖는 특수성들을 본

---

6 (옮긴이) Prospero. 셰익스피어의 희곡 「폭풍(The Tempest)」에 나오는 주인공.

구분되는 이미지

질적으로 강조해 왔습니다. 특히 한 편의 아날로그 방식과 다른 편의 문자 방식 및 디지털 방식 사이에서, 전자는 연속적인 것과 관계되고 후자는 불연속적인(또는 구분되는) 것과 관계된다는 점을 강조했습니다.[7] 이런 의미에서 볼 때 이미지는 유한한 수의 구분되는 요소들의 체계를 상정하는, 소쉬르에 의해서 시사된 기호학적 분석에 저항하는 것처럼 보입니다.

(따라서 서로 대립하지 않는 재생 가능성의 두 유형들이 접합된) 아날로그-디지털 이미지 기술이 현재 요구하는 것은, 사실상 두 항들이 계속해서 서로 함께 구성되어 왔던 이 대립들을 이론적으로 극복하는 것입니다. 아날로그 이미지의 연속성이란 하나의 현실 효과이며, 이로 인해 아날로그 이미지가 항상 이미 구분되어 있다는 사실이 숨겨져서는 안 됩니다. 이는 아날로그 이미지가 원자적인 입자들로 구성되어 있기 때문에만이 아니라, 위치 조절 조작과 피사계 심도 선택에 따라서도 좌우되기 때문에, 또 그것이 삽입되는 사진적 배경과 문자적 배경 등에 따라서 자신의 현실 효과를 갖기 때문에도 그렇습니다. 위조 가능성에 대해 말하지 않더라도, 그것은 항상 자신 안에 자신의 그것이 있었음이라는 속성을 환원하는 원리를 지니고 있습니다.

이것은 동영상의 경우에 훨씬 더 명백하게 드러나는데, 여기에서는 수많은 불연속적인 이미지들과 연출가의 기술 그리고 이 불연속성과 함께 움직이면서 (이 불연속성을 가리고) 이 불연속성을 지우는 필름 편집인의 기술이 서로 연계되어 있습니다. 이미지의 불연속성을 활용함으로써, 관객의 종합이란 측면에서의 연속성, 예를 들어 그것이 있었다는 믿

---

7 벤야민은 이런 종류의 구분을 하지 않았다. 그는 오히려 문자 방식 재생산과 아날로그 방식 재생산이 공통적으로 갖고 있는 지점들을 발전시켰다. 그는 영화와 관련해서, 분석적 과정의 작동을 강조했으며, 이로부터 새로운 통각 가능성, 즉 구분하는 통각의 가능성을 도출했다.

음을 불러일으킬 수 있습니다. 제작과 연출의 역할은 종합이 아니라 분석에 있습니다. 관객이 종합할 수 있게 하기 위해서는 좋은 아티스트가 필요합니다. 그의 작업은 〔관객의〕 종합이 훌륭하게 이루어지도록 〔그가〕 분석한 요소들을 모아 놓는 것입니다. 모으기란 하나의 로고스입니다. 관객의 종합은 망막 잔상 작용에 의해서만이 아니라, 몽타주의 불연속성이 교묘하게 조화될수록 그 불연속이 더 잘 사라지는 연쇄에 대한 기대들(우리가 말했던, 아티스트와 관객이 공유하는 꿈들)의 작용에 의해서도 잘 이루어질 것입니다. 이 기대들이란(이에 대해서는 길게 말해야만 하겠지만 어쨌든) 모든 의식에 거주하고 있는 유령들과 환상들이며, 대물-이미지들이 이 유령들과 환상들을 재활성화하고 소생시킵니다. 살아 움직이게 하기(animation)란 항상 〔유령들과 환상들을〕 다시 살아 움직이게 하기(réanimation)인 것입니다.

구분 작용은 아주 많이 진척되고 있습니다. 상대적으로 간단한 기술들이 이미 화면들을 구분해 주고 있는데, 이는 예를 들면 화면상의 변화를 통해서 우리가 텔레비전 뉴스를 볼 때 보지 않는 것, 주의하지 않고 그냥 지나치는 것 등을 강조하기 위해서입니다. 그런데 우리가 이미지를 바라보는 것은 화면의 변화들을 보지 않는 한에서입니다.[8] 이 변화들을 볼 수 있기 위해서는 어떤 태도의 변화를 실행해야만 합니다. 우리가 그것들을 보지 않는 정도만큼 그것들은 우리에게 효과를 지니고 있습니다.

이미지는 항상 구분되어 있습니다. 그런데 어떻게 보면 그것은 항상 가능한 한 가장 눈에 띄지 않게 되어 있습니다. 만일 그것이 조심스럽

---

8 국립시청각연구소에서 개발되고 또 국립시청각기록보관소의 연구를 넘겨받은 시청각독해연구소에 설치된 비디오스크립(VIDÉOSCRIBE) 소프트웨어가 바로 이런 기술을 사용하고 있다. 이 소프트웨어가 텔레비전 뉴스의 분석에 적용되고 있는 실례를 앞(「문화적 예외」참고)에서 볼 수 있다.

구분되는 이미지

지 않게(말하자면 신중하지 않게) 구분되어 있다면, 그것의 구분은 우리에게 어떠한 효과도 미치지 못할 것입니다.

기계는 화면들을 '봅니다'. 자동적으로, 기계적으로 그것들을 탐색합니다. 왜냐하면 기계는 아무것도 믿지 않고 아무것도 알지 못하기 때문에, 어떠한 실수에 대해서도 두려워하지 않기 때문에, 그리고 어떠한 유령에 의해서도 사로잡혀 있지 않기 때문입니다. 그리고 기계는 한 필름 안에 비슷한 불연속성들이 많이 있다는 것을 시계처럼[9] 보여 줍니다.

앞으로 디지털 기술은 화면의 위치 조절에서 상당히 발전해 나갈 것입니다. 화면에만 국한되지 않고 그것을 넘어서, 이 기술은 카메라가 움직이는 유형들, 한 필름 안에 나타나는 동일한 사물들, 인물들, 목소리들, 반복되는 배경들 등도 자동적으로 감지할 것입니다. 시간적인 간격들에 따라 표시를 하고 색인을 만드는 것도 가능할 것입니다. 이는 마치 목차나 색인이 생기고 나서 책을 볼 때 그렇게 할 수 있게 되었듯이, 항상 더 핵심적이고 되풀이되는 요소들을 찾기 위해서 이미지의 흐름 속을 비선형적으로 항해할 수 있게, 그리고 더 나아가 이렇게 해서 진짜 하이퍼미디어가 될 하이퍼텍스트 속을 항해할 수 있게 해 줄 것입니다. 한 필름 안에서 어떤 배경, 어떤 사물, 어떤 인물이 나타나는 모든 경우들을 찾아볼 수도 있을 것이고, 카메라의 움직임을 분석할 수도 있을 것이며, 화면의 유형들 및 결국에는 모든 구분된 규칙성들을 확인해 볼 수도 있을 것입니다. 이런 기술은 처음에 흑백 필름의 컬러화를 위해서 발전되었습니다. 이미 존재하고 있는(아직도 거의 사용되지 않고 있긴 하지만) 전자적인 주석 달기 기술과 결합된다면, 이런 소프트웨어 장치는 동영상에 대한 진정한 분석이 발전되도록 할 것입니다.

여기에다가 대상들, 운동들, 표현들, 소리들 등이 종합된 자료실, 즉

---

9 컴퓨터는 일종의 시계, 즉 시간을 계산하는 기계다.

내삽(interpolation), '모핑(morphing)', 복제, 삽입, 캡처 기술들, 그리고 더 일반적인 애니메이션 기술과 합성 이미지 산업이 만들어 내는 특수 효과 기술들을 덧붙여야만 합니다. 가상 현실은 말할 것도 없고, 그것의 아날로그 – 디지털 방식의 미래는 제게는 명백해 보입니다.

*

바르트가 말했던 사진의 현실 효과는 이제 디지털 처리 방식이 허용하는 모의 작용의 모든 기술들에 통합되어서 강화될 수도 있고 그만큼 축소될 수도 있게 되었습니다. 즉 그 자신의 임계점에 이르렀다고 할 수 있습니다. 아날로그의 연속성을 구분하면서, 디지털화는 이미지에 대한(이론적이고 과학적으로뿐만 아니라 예술적으로도) 새로운 지식의 가능성을 열고 있습니다.

이 새로운 인식은 아날로그 – 디지털 방식의 '그것이 아마도 없었을지 모른다'와 마찬가지로, 아날로그의 그것이 있었다가 갖고 있는 선행적이고 직관적인 지식의 토대로부터도 분리되어 있습니다. 신뢰와 불신은 스펙트럼을 있었던 것으로서 지향하는 관객이 만들어 내는 종합 이외의 아무것도 아닙니다. 연속적인 것을 구분하면서, 디지털화는 그것이 있었다를 분해하는 분석을 실행합니다. 관객과 이미지의 관계는, 예를 들면 그것이 있었다를 자발적으로 종합하는 것에서 볼 수 있는 것처럼 본질적으로 종합적이지만, 이렇게 해서 또한 분석적인 관계가 됩니다.

그러므로 문제는 종합과 분석의 관계입니다.

우선 여기에서 종합이란 말의 이중적 의미를 분명히 해 봅시다.

사진의 노에마는 지향의 측면에, 철학적으로 말하자면 관객에 의해 만들어진 종합이라는 측면에 있는 어떤 것이지, 다른 종합의 측면에, 예를 들면 기계에 의해 만들어진 종합[합성]의 측면에 있지 않습니다.

사실은 두 종류의 종합을 고려해야만 합니다. 하나는 일반적인 기술적 인공물에 해당하고, 다른 하나는 '자발적으로' 자신의 '정신적 이미지들'을 생산하는 주체의 활동성에 해당합니다. 그렇지만 바르트는 기계(사진기)가 만든 기술적인 합성이 지향적인 종합, 즉 그것이 있었다에 대한 신뢰를 가능하게 함을 아주 훌륭하게 보여 줍니다.

어떤 이미지를 바라본다, 즉 그것을 정신적 이미지로서 종합한다는 것은 그 산물(이 경우에는 은빛들이 반사하는 기억의 연쇄의 산물)의 기술적, 합성적, 인공적 조건들 가운데 어떤 것을 안다는 것을 의미합니다.

19세기 이후 출현한 이미지들의 세 유형들, 즉 아날로그형, 디지털형, 아날로그-디지털형에 그 이미지의 생산 조건들에 대한 직관적인 기술적 지식들의 세 유형이 결부되고, 여기에 상이한 믿음의 세 유형들[10]이 대응합니다.

신경심리학이 정당하게 사진 이미지, 또는 일반적인 대물-이미지, 그리고 시각적 이미지를 구별한다 할지라도, 또 관객의 편에서 일어나는 일을 신경심리학적으로 연구하는 것이 분명히 매우 중요하다 할지라도, 그래도 역시 시각적 이미지는 항상 두 가지 의미에서 종합적입니다. 즉 관객은 자신이 종합하는 방식대로 은 할로겐 효과(이것이 없다면 사진의 노에마가 찍히지 않았을)의 저장소인 사진-기록적 이미지의 영향을 받습니다. 그것이 있었다라는 효과, 믿음으로서의 종합은 관객의 편에 속한다고 말할 때는 두 종합(관객과 제작 기계)이 복합된 것을 말하는

---

10 여기엔 또 다른 유형, 즉 직접 전송된 아날로그 이미지의 유형을 덧붙여야 할 것이다. 프랑수아 조스트(François Jost)는 『우리의 이미지에 비친 세계(*Un monde à notre image*)』에서, 중계방송이라는 것을 알고 있는 일련의 텔레비전 이미지를 바라볼 때, 녹화방송이라고 알고 있을 때와 똑같이 바라보지는 않음을 정확하게 지적했다. 대물-이미지의 전송과 그것에 대해 내가 갖고 있는 지식이 그 전송의 효과를 구성한다. 즉 조스트가 관객의 태도라고 명명한 것을 전송과 지식이 조건짓는다.

데, 바로 이 복합이 유령을 낳습니다. 유령의 발생은 〔관객과 제작 기계 라는〕 이런 이중성을 상정하고 있기 때문에 심리학으로는 충분하지 않습니다. 이 이중적 발생은 기술을 필요로 합니다. 그것이 없다면 대물-이미지도 없고 따라서 정신적 이미지도 없을 것이기 때문입니다.(그런데 바르트가 종합의 기술적 조건들에 지위를 부여함으로써 문제 삼은 엄밀한 의미에서의 현상학도 더 이상 충분하지 않습니다.) 결과적으로 '주체'의 종합은 대물-이미지를 생산하는 기술적 조건들에 대해서 그가 갖고 있는 지식, 즉 그 대물적인 것〔대상〕 역시 하나의 흔적이고, 시간 관계(과거가 현재에 주어지는 한 방식)를 과잉 규정하는 하나의 대물-회상이라는 지식에서 비롯됩니다. (현상학과 마찬가지로) 심리학과 시각적 이미지에 속하는 것의 정신성은, 또한 항상 본질적으로 유령적이고 환상적이고 인공적인, 기술의 정신성에 의해서도 영향을 받고 있습니다. 호모 사피엔스 사피엔스의 이미지, 즉 라스코 동굴 벽화가 문제이든 고유한 의미에서 회화적 이미지가 문제이든 아날로그 식 사진 이미지가 문제이든 아날로그-디지털 식 이미지가 문제이든 간에, 이 모든 시각적 이미지는 자신이 관계하는 기술의 정신성에 의해서(기술에 대해 지니고 있는 어떤 지식에 따라) 항상 이미 영향받고 있습니다. 대물적인 것의 객관성 위에 분절되어 있는 시각적 이미지는 그것이 있었다라는 것을 알고 있습니다. 그것은 알고 있거나 알고 있다고 믿습니다. 그리고 바로 이런 한에서 신경심리학자가 연구하는 신경 체계는 자신이 알고 있는 어떤 기술의 가능성의 조건들에 따라 현실을 재구성할 수 있는 것입니다. 신경 체계는 이 가능한 기술을 알고 있습니다. 그리고 이에 대해 자신이 갖고 있는 지식에 따라 신경 체계는 자신이 보는 것을 '현실화시킵니다.'

시각적 이미지는 사진이 이제부터는 렌즈 앞에 전혀 물질화되어 있지 않은 것도 재현할 수 있다는 점을 알게 되면서부터, 그것이 있었음의 사진 이미지를 더 이상 같은 방식으로 바라보지 않기 시작합니다. 아날로그 식이든 아날로그 – 디지털 식이든 간에 모든 이미지에 대해 의문이 제기되자, 시각적 이미지는 새로운 형태의 지식 속에 뛰어드는데, 그것은 자신의 지식 속에 이미지에 대한 환원 불가능한 비 – 지식이 기입되어 있다는 것을 알고 있기 때문입니다.[11]

*

이미지에 대한 아날로그 – 디지털 기술(소리에 대한 기술도 마찬가지

---

[11] 이 모든 과정은 어떤 결핍을 채우려는 역사, 즉 400만 년 전부터 이루어져 온 우리 인간의 역사와 완전히 동질적인 과정에 속한다. 이 역사 내내 있었던 결핍의 충족에서 특히 오늘날 변한 것이 무엇인가? 이 거대한 역사는 인간의 역사이면서 동시에 그와 뗄 수 없게 연결되어 있는 기술의 역사이기도 하다. 다시 말하자면 기원적 결핍의 역사인 것이다. 채우면 채울수록 더욱더 결핍을 강화시키는(이는 아날로그 – 디지털 방식의 영상에서 아주 잘 볼 수 있는데) 보결물들을 통해 우리가 계속 채우고 있는 이 근원적 결핍이 우리를 사로잡고 있다. 그것이 유령처럼 우리를 사로잡고 있다. 아니 그것은 유령이다. 내가 여기에서 말하는 유령들이란, **그것이 있었다**와 같은 사진의 유령, 사진의 새로운 형태들, 이른바 '합성하는' 디지털 이미지들에서 발견되고 또 항상 유령적인 재현의 모든 형태에서 발견되는 그런 유령들에 관련되는 것인데, 이 모든 유령들은 단지 인물들이나 재현을,(근세 철학이나 심리학적 의미에서가 아니라 연극적인 의미에서) 니체가 말했던 가면들, 그 결핍이 필요로 하는 결핍에 대한 가면들일 뿐이다. 결핍은 유령을 필요로 한다. 왜냐하면 결핍은 우리가 발전시킨 이 모든 기계류의 생명력 그 자체이고 또 그것이 우리를 살아가게 하기 때문에, 그것이 우리를 원하게 하고, 욕구하게 하고, 두려워하게 하고, 사랑하게 하기 때문이다. 이 결핍은 기억의 결핍이다. 이것은 바르트가 아주 잘 이해했던 것이다. 그는 사진이 내가 체험하진 못했지만 그럼에도 불구하고 완전히 유령적인 현존/부재의 관계를 작동시키면서 내 앞에 현존하는 어떤 **그것이 있었다**에 접근하게 해 줌으로써 기억의 어떤 결핍을 채운다는 사실을 아주 잘 이해했다. 이 기억의 결핍은 내가 데리다를 따라서 파지적 유한성(finitude rétentionnelle)이라 부르는 것인데, 데리다 자신은 이 표현을 후설의 유령에서 얻고 있다. 아날로그 – 디지털 사진의 문제는 그러니까 이미 오스트랄로피테쿠스에서 네안데르탈인에 이르는 시기의 대뇌피질과 타제 석기의 관계에서 분석될 수 있는 어떤 상황의 한 가지 독특한 경우일 뿐이라는 것이다. 즉 우리는 인간이 물질을 자르기 시작할 때부터 유령적인 것과 관계를 맺고 있는 것이다. 이 물질에다가 형태를 기입하면서. 광자적인 방식의 물질이란, 디지털 방식의 것도 포함해서, 단지 '어마어마하게 오래된' 이 작업(노동)의 특수한 경우일 뿐이다.(나는 이런 관점을 『기술과 시간, 1권, 에피메테우스의 실수』(Galilée, 1994)에서 전개했다.)

로)은 대물 – 이미지에 대한 분석적 포착의 시대를 열어 놓습니다. 그리고 종합이란 것이 이중적이기 때문에, 새로운 분석적 능력의 이점은 또한 새로운 종합적 능력의 이점이기도 합니다. 지금까지 연속성을 이루는 것으로 이해되었던 모든 것 위에 이 구분 작용이 기입되어 있기 때문에, 모든 사진 문자(photogramme)를 '지향적인 것으로 만드는' 시선은 점진적으로 변화하게 될 것입니다.

이 변화는, 기원전 7세기에 고대 그리스에서 알파벳 문자 기록의 일반화에 의해 말(parole)의 구분 작용이 생겨나면서 일어난 변화에 어느 정도까지는 비교될 수 있을 것입니다. 말 역시 연속성의 효과들을 낳았는데, 이 효과들은 문자 기록의 출현과 함께 분석과 종합의 조건들에서 폭넓게 변하게 됩니다. 이른바 문자 기록이 없는 사회에서는, 말하는 사람이 자기 자신의 말과 다른 사람의 말에 대해 연속성의 관계를 유지합니다. 그는 구분되는 요소들을 이해하지 못합니다. 문자를 사용하는 우리들은 모든 말에는 기호 체계를 형성하는 분석적이고 구별적인 결합 요소들이 작동하고 있음을 안다고 믿습니다. 그러나 '자생적인' 태도는(특히 통상적인 의미에서 문자 기록이 없는 사회에서는) 말을 하나의 전체로, 하나의 연속성으로 지각하는 것입니다. 이것은 우리가 지금까지 살아 움직이는 사진 기록 이미지(동영상)에 대해서 유지해 왔던 것과 동일한 관계입니다.

(학교에서의) 분석(교육)을 경유하는 언어에 대한 서양적 관계는 이와는 다르게 종합합니다. 우리는 그리스 이래로, 논리학, 철학, 과학 등을 산출했으며, 또한 역사적이고 정치적인 큰 위기들도 산출했던, 언어에 대한 관계에서 위기의(임계의, critique) 시대에 살고 있습니다. 처음엔 아날로그와 함께, 그리고 지금은 아날로그 – 디지털과 함께 일어나고 있는 것도 같은 차원에 있습니다. 언어에 관해 그리스에서 발생했던 것(궤변술과 이에 대한 철학적 답변은 이것의 인식론적 귀결들입니다.)과 비

구분되는 이미지

교할 수 있을 만한 커다란 위기가 일어나고 있고 일반화된 회의가 제기되고 있습니다. 이러한 위기로부터 태어난 비판력〔식별력〕, 지극히 역동적인 분석력은 역사적인 현재를 문자 그대로〔문자를 통해〕 보존된 그 과거의 밤으로 밀어 넣으면서 혼란스럽게 만들었지만, 그와 동시에 이 현재에다가 광명을, 새로운 유형의 빛을, 말하자면 계몽을 가져다주었습니다. 그 시기〔기원전 7세기경〕에 문자 기록은 또한 두려움을 낳았다는 것도 잊지 맙시다. 문법을 자신의 학문으로 삼고 있는 문자 기록 말입니다.

문법이란 규준적입니다. 즉 이것은 필증적인(이상적이고 논리적 모순이 없는) 학문이 아닙니다. 문법이란 통상적인 의미에서는 언어의 여러 다른 상태들 가운데에서 자신이 선택한 언어의 어떤 한 상태를 기술(記述)하는 것입니다. 적어도 소쉬르 이후로는 '하나의' 언어란 하나의 인공물임을 알고 있습니다. 하나의 언어는 항상 이미 복수의 언어들입니다. 각각의 고유어는 말의 모든 수준에서 사투리와 개인어의 방식으로 특수화됩니다. 달리 말하자면 어떤 문법가가 '일반적인' 언어의 규칙들을 기술할 때, 실제로 그가 기술하는 규칙들이란 자신의 모국어나 특유의 개인어를 말할 때 사용하고 있는 것들이고, 이런 언어는 국지화되고 진화된 통시적 체계의 한 경우에 지나지 않습니다. 문법가는 어떤 용법을 확립하고 '올바른 사용'의 조건을 규정하는 것 외에 다른 어떤 일도 결코 하지 못합니다. 어떠한 문법 작용도 결코 순수하지 못합니다. 노암 촘스키(Noam Chomsky)의 경우처럼 보편적인 심층 구조에 대해서 말할 때는, 어떤 언어의 문법에 대해서 말하는 것이 아니라 모든 현실적인 언어 이전에 있는 언어 능력을 지배하는 보편적 규칙들에 대해서 말하는 것입니다. 저는 이런 규칙들이 존재하며 이것들이 규칙들이라는 주장에 회의적입니다.(여기에서 이 점을 논할 수는 없습니다만, 오히려 근원적인 비규칙성, 즉 규칙의 결핍, 예외의 법칙이 존재하는 것입니다.) 이는 언어 수행의 과정에서 발명되고 사용되는 것들에 선행하는 언어 능력의 순수한 규칙들이란 결코 존재하지 않는다는 의미입니다.

운동에 관해서, 그리고 아날로그-디지털 이미지로 인해 그 운동에 일어난 것에 관해서 말하자면, 그 귀결들은 다음과 같습니다. 즉 아날로그-디지털 방식으로 살아 움직이는 것이 필연적으로 운동의 규칙들을 드러나게 한다는 것이 사실이라면, 이 운동에 대한 기술(記述)은 운동의 변형입니다. 달리 말하자면 이는 단지 운동의 기술(description)일 뿐만이 아니라 오히려 그것의 기입(inscription), 그것의 발명인 것입니다.

여기에서 문법을 구성하는 것은 무엇보다 기술(technologie) 그 자체입니다. 즉 대물-이미지의 '연속성'에 대한 구분 작용은 '문법가'의 어떤 결정에 입각해서라기보다는 오히려 기술-과학적인 기회들(예를 들면 이러이러한 형태 인식 알고리즘의 발견)에 의해서 실행될 것입니다. 이러이러한 알고리즘은 진행 중에 있는 규준 논쟁들과 산업 전략들에 따라 발전되었습니다. 여기에서 중요한 것은, 예술가와 지식인 공동체가 이 기회들을 포착할 줄 알고, 또 탐구 방향과 발전 방향을 결정짓는 선택들에 참여하는 것입니다.

*

결코 서로 분리될 수 없는 두 가지 종합(관객과 기계 장치)에 대해서 제가 여러분에게 제시해 보였던 분석은, 기술적 합성의 진화가 관객의 종합의 진화를 함축한다는 것을 의미합니다. 이 두 종합(합성)은 사실상 시몽동(Simondon)이 변환적(transductive) 관계[12](자신의 항들을 구성

---

12 (옮긴이) 변환적 관계란 프랑스의 철학자 질베르 시몽동(Gilbert Simondon,

구분되는 이미지

하는 관계. 여기에선 한 항이 다른 항보다 먼저 존재할 수 없는데, 이는 이 관계항들이 이 관계 속에서만 존재하기 때문입니다.)라고 명명했던 과정 속에서 성립됩니다. 달리 말하자면, 새로운 대물 – 이미지들은 새로운 정신적 이미지들을 낳을 것입니다. 그뿐만 아니라 본질적으로 살아 움직이

1924~1989)이 개체화의 문제를 새롭게 사고하기 위해 고안해 낸 개념이다.

시몽동에 따르면 전통적인 개체화 이론은 크게 아리스토텔레스에서 유래하는 질료 – 형상론적 문제설정과 고대 원자론에서 유래하는 원자론적 문제 설정 두 가지로 분류될 수 있는데, 이 두 가지 문제설정은 모두 개체화 과정에 선행하는 개체 또는 관계에 선행하는 관계항을 전제하기 때문에 개체화 과정을 내재적으로 사고하는 데 근본적인 한계를 지니고 있다. 따라서 시몽동은 현대 자연과학 및 사회과학 이론들에서 여러 개념들을 빌려 와 전통적인 문제 설정의 한계를 극복하고 개체화 과정을 내재적·발생적으로 사고하려고 시도한다. 변환적 관계, 변환성(transduction)이라는 개념도 이런 개념들 중 하나이다.

transduction이란 개념은 원래 분자생물학적으로는 외부 인자에 의한 신호가 세포막에 존재하는 독특한 수용체(신경전달물질이나 호르몬 같은)에 의해 세포 안으로 전달·증폭되는 신호 전달 과정을 의미하며, 공학적으로는 하나의 에너지를 다른 에너지로 변환시키는 과정을 의미한다. 시몽동은 이런 의미들을 자신의 철학에 맞게 변용시키고 있는데, 이는 크게 두 가지 측면에서 이루어지고 있다. 첫째, transduction은 시몽동의 철학에서는 선개체적인 존재의 상태에서 개체들이 형성되는 과정, 또는 개체 형성의 작용을 가리킨다. 물리학에서 말하는 준안정 상태(metastable state)에 해당하는 선개체적인 존재의 상태는 개체들이나 형태들이 미리 형성되어 있는 것이 아니라 퍼텐셜들 사이의 긴장만이 존재하는 상태로, 위상 변화(déphasage)를 통해 이러한 긴장이 해소되고 새로운 안정된 체계를 형성하는 과정이 곧 개체화의 과정이다. 따라서 이때 형성된 개체는 개체화 과정의 특정한 한 국면을 의미할 뿐이기 때문에 미리 존재하던 개체성의 실현으로 볼 수는 없으며, 각각의 개체들은 항상 이미 새로운 변형의 잠재력, '생성의 여분'을 포함하고 있다. 따라서 시몽동에게는 개체보다는 개체화, (선험적인) 개체화 원칙보다는 개체화의 작용, 실체보다는 관계, 형태(forme)보다는 형태의 형성(information), 질료보다는 퍼텐셜 에너지 등이 일차적인 개념들이 된다.

둘째, transduction은 인식론 일반에 대해서도 새로운 개념화를 가능하게 해 주는데, 이는 새롭게 이해된 개체화 과정은 '이미 형성되어 있는 외부 관찰자'라는 관념을 인정하지 않고, 개체의 사유 활동 자체를 개체화 과정의 틀 안에서 재개념화하기 때문이다. 이런 관점에 따르면 사유 및 인식 활동 자체는 개체화에 대한 사유이기 이전에 그 자체가 하나의 개체화의 과정이며, 따라서 개체화 과정을 초월해 있는 선험적 주체에 의한 인식의 정초의 문제, 인식의 가능성의 조건들이라는 문제가 아니라 인식 주체, 인식 활동의 개체화의 문제가 중요하다. 이런 측면에서 시몽동의 철학은 주체와 객체 사이의 근원적인 분리에 기초하여 선험적인 감성의 형식과 경험적인 감각 재료를 분리하는 칸트의 철학보다는 역량(puissance)의 존재론의 관점에서 실존 역량과 사유 역량의 동일성, 평행성을 제시하는 스피노자의 철학에 훨씬 근접해 있다.

는 이미지[동영상]가 문제이기 때문에 운동에 대한 또 다른 지능도 낳을 것입니다. 지금 말한 지능이란 제가 이미지에 대한 새로운 지식들이라고 명명했던 것의 지능이 아닙니다. 여기에서 지능은 새로운 유형의 기술 – 직관적인 지식들(바르트적 의미에서의 지향들)을 가리키는데, 물론 이 기술 – 직관적인 지식들은 다른 한편 [이미지에 대한] 새로운 지식들에 의해서 영향을 받거나 영향을 받을 수 있을 것입니다. 그리고 바로 여기에 기회가 있습니다.

제가 연구를 시작할 무렵 저는 데리다가 25년 전에 기표와 기의의 대립에 대해서 제시했던 비판의 권위에 힘입었습니다. 여러분도 잘 알고 있듯이 이 비판의 주된 결과는 언어란 항상 이미 문자 기록이라는 것이고, 또 겉보기와는 반대로 먼저 구술 언어가 있고 그다음에 이 언어를 기록한 사본이 있다고 상정해서는 안 된다는 것, 통상적인 의미에서 기록될 수 있기 위해서는 이미 어떤 문자 기록이어야만 한다는 것, 즉 흔적들의, '문자들(grammes)'의, 구분되는 요소들의 어떤 체계이어야만 한다는 것입니다. 여기에서 제가 많은 것을 제안하긴 했습니다만, 잠정적으로 결론을 내리자면 저는 생명(아니마(anima, 정신적 이미지의 측면))이란 항상 이미 영화(아니마시옹(animation, 대물 – 이미지의 측면))라는 가설을 세워야만 한다고 말하겠습니다. 기술적인 합성이 생명의 복제나 중복이 아니듯이 문자 기록도 말의 복제는 아니며, 두 항이 전항적 관계 속에 있으면서 항상 함께 움직이는 문자 기록의 복합체가 존재하는 것입니다. 이런 관점에서, 우선은 대물 – 이미지를 전달하는 토대들의 역사일 재현의 역사 전체를 분명하게 확립해야 할 것입니다. 또한 각 시대들의 특수성도 표지해야 할 것입니다. 말하자면 실제로 어떤 유형의 문자 기록들은 어떤 유형의 반성성을 개방한다(알파벳 유형의 선형적 문자 기록이 없이는 특히 법, 과학, 역사는 생각할 수도 없는 것처럼)거나, 어떤 유형의 대물 – 이미지들은 알파벳 문자 기록이 언어의 구분적 특성들을 드러내는 것처럼 가시적인 것과 운동의 영역 안에서 틀림없이 반성성을 개방하는 데로 이르게 될 것이라는 식으로 말입니다.

살아 움직이는 이미지들을 디지털화하는 기술은 멀티미디어와 디지털 텔레비전을 통해 세계 사회로 매우 폭넓게 확산될 것입니다. 아날로그 이미지에 대한 관계가 대대적으로 구분화를 겪게 되면서 위기에 처하게 되고, 이미지에 대한 비판적 접근을 열어 놓게 될 것입니다. 바로 여기에, 수용의 문화를 발전시키기 위해서 포착해야 할 기회가 존재합니다. 이것은 문화적 예외의 문제를 다른 방식으로 정식화하도록 이끌 수 있을 것입니다. 여기에서 진짜 문제는, 지금까지 미국의 할리우드가 영화와 텔레비전이 속하는 문화 산업 영역에서 진행시켜 왔던 생산과 소비를 사물화하고 대립시키는 도식, 즉 한편에 분석(생산)을 놓고 다른 한편에 종합(소비)을 놓는 도식을 다른 방식으로 생각하는 것입니다. 기술은 이런 관계를 변화시킬 기회를 제공합니다. 문인이 문학 작품에 대해 맺고 있는 관계와 비슷한 의미의 관계로 말입니다. 즉 그 자신이 먼저 문자 그대로(문자에 따라) 분석해 보지 않고서는 한 권의 책을 종합할 수 없습니다. 쓸 줄 모르면 읽을 수도 없지요. 마찬가지로 우리는 머지않아 어떤 이미지를 분석적으로 바라볼 수 있게 될 것입니다. '영상'이 전적으로 '문자'에 대립되지는 않습니다.

사진 목록

(1) 70쪽: 데리다, 「자발적 기억」. 데리다와 스티글레르의 대담에서. 1993년 12월(미셸 리오레(Michel Lioret) 촬영, ⓒ INA)

(2) 108쪽: 스티글레르, 「자발적 기억」. 데리다와 스티글레르의 대담에서. 1993년 12월(미셸 리오레 촬영, ⓒ INA)

(3) 130쪽: 「걸프 전쟁에 대한 뉴스」. 시청각 자료 분석 장치에 나타난 화면 중에서(니콜 부롱(Nicole Bouron) 촬영, ⓒ INA)

(4) 149쪽: 「로드니 킹에 대한 구타 장면」. 1991년 3월(ⓒ Gamma Liasion. USA 030391 Video of Los Angeles, *Police beating man*)

(5) 163쪽: 데리다, 「자발적 기억」. 데리다와 스티글레르의 대담에서. 1993년 12월(미셸 리오레 촬영, ⓒ INA)

(6) 183쪽: 「루이스 페인의 초상」. 1865년(알렉상드르 가드너(Alexandre Gardner) 촬영. 롤랑 바르트, 『밝은 방: 사진에 대한 노트(*Cahier du Cinema*)』(Gallimard/Le Seuil, 1980)에서 발췌)

(7) 185쪽: 롤랑 바르트, 「왼손잡이」. 1975년(다니엘 부디네(Daniel Boudinet) 촬영, ⓒ ministere de la Culture, France)

(8) 190쪽: 파스칼 오지에. 켄 맥멀렌의 「유령 춤」의 한 장면. 1983년(Loose Yard LTD, Channel Four, ZDF)

(9) 214쪽: 데리다, 「자발적 기억」, 데리다와 스티글레르의 대담에서. 1993년 12월(미셸 리오레 촬영, ⓒ INA)

김재희

이화여대 철학과를 졸업하고, 서울대 철학과에서 박사 학위를 받았다. 현재 이화여대 이화인문과학원 HK연구교수로 재직 중이다. 저서로 『베르그손의 잠재적 무의식』, 『물질과 기억: 반복과 차이의 운동』이 있으며, 번역서로는 『기술적 대상들의 존재 양식에 대하여』, 『은유로서의 건축』, 『도덕과 종교의 두 원천』이 있다.

진태원

연세대 철학과와 동대학원을 졸업하고, 서울대 철학과에서 박사 학위를 받았다. 현재 고려대 민족문화연구원 HK연구교수로 재직 중이다. 저서로 『알튀세르 효과』, 『라캉의 재탄생』(공저), 『서양 근대 철학의 열 가지 쟁점』(공저), 『서양 근대 윤리학』(공저) 등이 있으며 번역서로는 『헤겔 또는 스피노자』, 『법의 힘』, 『마르크스의 유령들』, 『우리, 유럽의 시민들?』, 『폭력과 시민다움』 등이 있다.

현대사상의 모험 30

에코그라피

1판 1쇄 펴냄 2002년 3월 20일
2판 1쇄 펴냄 2014년 4월 14일
2판 3쇄 펴냄 2023년 10월 19일

지은이 자크 데리다, 베르나르 스티글레르
옮긴이 김재희, 진태원
발행인 박근섭·박상준
펴낸곳 **(주)민음사**

출판등록 1966. 5. 19. 제16-490호
주소 서울특별시 강남구 도산대로 1길 62 (신사동)
  강남출판문화센터 5층 (06027)
대표전화 02-515-2000/팩시밀리 02-515-2007
홈페이지 www.minumsa.com

한국어판 ⓒ **(주)민음사**, 2014. Printed in Seoul, Korea

ISBN 978-89-374-1631-6 (94160)
  978-89-374-1600-2 (세트)

* 잘못 만들어진 책은 구입처에서 교환해 드립니다.